∷ 中華文化促進會主持編纂

∷ 國家“十一五”重點圖書出版規劃項目

∷ 中國社會科學院哲學社會科學創新工程學術出版資助項目

出品人 王石 段先念

今注本二十四史

金史

一〇 傳〔一〕

元 脱脱等 撰

張博泉 程妮娜 主持校注

中国社会科学出版社

金史　卷六三

列傳第一

后妃上

始祖明懿皇后　德帝思皇后　安帝節皇后　獻祖恭靖皇后　昭祖威順皇后　景祖昭肅皇后　世祖翼簡皇后[1]　肅宗靖宣皇后　穆宗貞惠皇后　康宗敬僖皇后　太祖聖穆皇后　太祖光懿皇后　太祖欽憲皇后　太祖宣獻皇后　太祖崇妃蕭氏　太宗欽仁皇后　熙宗悼平皇后　海陵嫡母徒單氏　海陵母大氏　海陵后徒單氏　諸嬖附[2]

[1]世祖翼簡皇后："翼簡"，原作"簡翼"。局本作"翼簡"，據乙正。按本書卷二《太祖紀》，"母曰翼簡皇后拏懶氏"；卷三《太宗紀》，"母曰翼簡皇后拏懶氏"；卷三二《禮志五》，世祖"妣翼簡皇后"。皆作"翼簡"。

[2]海陵后徒單氏："海陵"原脱，據文例補。

古者天子娶后，三國來媵，[1]皆有娣姪，[2]凡十二女。[3]諸侯一娶九女。[4]所以正嫡妾，廣繼嗣，息妒忌，防淫慝，塞禍亂也。后亡，則媵爲繼室，各以其叙。無三媵，則娣姪繼室，亦各以其叙。繼室者，治其内政，不敢正其位號。禮，廟無兩祔，[5]不並尊也。魯成風始兩祔，[6]宋國三媵，[7]齊管氏三歸，[8]《春秋》皆譏之。[9]《周禮》内宰，[10]其屬則内小臣、閽人、寺人次之，九嬪、世婦、女御、女祝、女史、典婦功、典絲、典枲、内司服又次之。《昏義》稱"后立六宫、三夫人、九嬪、二十七世婦、八十一御妻"，[11]不與《春秋》《周禮》合，後世因仍其説，後宫遂至數千。

[1]三國來媵：見《公羊傳·成公十年》。媵，古諸侯女出嫁時，隨嫁或陪嫁的女人。

[2]娣：女弟，同嫁一夫之妹。　姪：此指姑對兄弟之女的稱呼。

[3]凡十二女：古時惟天子娶后，三國來媵，皆有娣侄隨嫁或陪嫁，故天子一娶十二女。

[4]諸侯一娶九女：見《公羊傳·莊公十九年》，"諸侯娶一國，則二國往媵之，以侄娣從"，故稱諸侯一娶九女。

[5]廟無兩祔：奉新死之神，立於祖廟，謂之祔。

[6]魯成風始兩祔：魯成風即魯莊公之妾成風氏，子僖公立，亦將其祔於祖廟。

[7]宋國三媵：宋諸侯國，三國來媵非禮。

[8]齊管氏三歸：《論語·八佾》："管氏有三歸。"管氏即管仲，婦人謂嫁曰歸，三歸即娶三姓之女。

[9]《春秋》：書名。孔子依魯國史書加以删定整理成書。

[10]《周禮》：書名。原名《周官》，西漢末列爲經而屬於禮，

故有《周禮》之名。　內宰：官名。在《周禮》爲天官的屬官，掌王宮的政令，教導王之嬪御。其屬下，詳見《周禮注疏·天官冢宰》。

[11]昏義：篇名，見《禮記》。引言出於此篇。

金代，后不娶庶族，甥舅之家有周姬、齊姜之義。[1]國初諸妃皆無位號，熙宗始有貴妃、賢妃、德妃之號。[2]海陵淫嬖，[3]後宮寖多，元妃、姝妃、惠妃、貴妃、賢妃、宸妃、麗妃、淑妃、德妃、昭妃、温妃、柔妃凡十二位。[4]大定後宮簡少，[5]明昌以後大備。[6]

[1]周姬、齊姜之義：周姬，指周朝姬姓王室。齊姜，指分封於齊的姜姓諸侯。姬、姜兩姓世爲甥舅之家。

[2]熙宗：廟號。名完顏亶。1135年至1149年在位。本書卷四有紀。

[3]海陵：封號。名完顏亮。1149年至1161年在位。本書卷五有紀。

[4]凡十二位：本卷《海陵后徒單氏傳》謂，海陵"後宮諸妃十二位，又有昭儀至充媛九位，婕妤、美人、才人三位，殿直最下，其他不可舉數"。

[5]大定：世宗的年號（1161—1189）。　後宮簡少：世宗諸妃，見本書記載者有元妃、惠妃、宸妃、貴妃、賢妃以及德妃，還有崇妃。

[6]明昌：金章宗年號（1190—1196）。　大備：本書卷五七《百官志三》"内命婦品"條所載，即章宗明昌之制。

內官制度：[1]諸妃視正一品，三夫人。昭儀、昭容、昭媛、脩儀、脩容、脩媛、充儀、充容、充媛，視正二品，九嬪。婕妤九人視正三品，美人九人視正四品，才人九人視正五品，二十七世婦。[2]寶林二十七人視正六品，御女二十七人視正七品，采女二十七人視正八品，比八十一御妻。又有尚宫、尚儀、尚服、尚食、尚寢、尚功，皆内官也。

[1]内官制度：宫廷的女官、妃嬪之類，稱爲内官。其制，參見本書卷五七《百官志三》"内命婦品"條與"宫人女官"條。

[2]"三夫人""九嬪""二十七世婦"：前皆空一格，南監本、北監本、殿本、局本在空格處皆有"比"字。

太祖嫡后聖穆生景宣，[1]光懿生宗幹，[2]有定策功，[3]欽憲有保佑之功，[4]故自熙宗時聖穆、光懿、欽憲皆祔。宣獻生睿宗，[5]大定祔焉。故太祖廟祔四后，睿、世、顯、宣皆祔兩后，[6]惟太宗、景宣、熙宗、章宗室祔一后。[7]貞、慈、光獻、昭聖雖庶姓，[8]皆以子貴。宣宗册温敦氏，[9]乃賜姓，變古甚矣。故自初起至于國亡，列其世次，著其族里，可考鑒焉。其無與於世道者，置不録。

[1]太祖：廟號。即完顔阿骨打，漢名旻。1115年至1123年在位。本書卷二有紀。　聖穆：謚號。太祖元配唐括氏。本卷有傳。景宣：謚號。名宗峻，太祖嫡子，熙宗亶之父。本書卷一九有紀。

[2]光懿：謚號。太祖妃裴滿氏。本卷有傳。　宗幹：太祖庶長子。本書卷七六有傳。

[3]定策功：指天會十年（1132）立熙宗亶爲儲嗣。

［4］欽憲：謚號。太祖妃紇石烈氏。本卷有傳。　保佑之功：熙宗即位尊紇石烈氏爲太皇太后，故稱有保佑之功。

［5］宣獻：謚號。太祖妃僕散氏。本卷有傳。　睿宗：廟號。即完顔宗輔，又名宗堯，世宗之父。本書卷一九有紀。

［6］世：即世宗廟號。名完顔雍，1161年至1189年在位。本書卷六至卷八有紀。　顯：即顯宗廟號。名完顔允恭，章宗之父。本書卷一九有紀。　宣：廟號。即宣宗，名完顔珣，本書卷一四至卷一六有紀。　皆祔兩后：睿宗祔兩后，一元配欽慈皇后蒲察氏；一妃李氏，世宗生母，貞懿皇后。世宗祔兩后，一元配明德皇后烏林荅氏；一元妃李氏，衛紹王生母光獻皇后。顯宗祔兩后，一元配徒單氏，章宗生母孝懿皇后；一妃劉氏，宣宗生母昭聖皇后。宣宗祔兩后，一元配王氏，賜姓温敦氏，立爲皇后；一宣宗妃，王皇后姊，哀宗生母明惠皇后。

［7］太宗：廟號。即完顔吴乞買，漢名晟。1123年至1135年在位。本書卷三有紀。　章宗：廟號。即完顔璟。1189年至1208年在位。本書卷九至卷一二有紀。　祔一后：太宗祔一后，欽仁皇后唐括氏。景宣祔一后，惠昭皇后蒲察氏。熙宗祔一后，悼平皇后裴滿氏。章宗祔一后，欽懷皇后蒲察氏。

［8］貞、慈、光獻、昭聖雖庶姓：按本卷下文海陵母大氏“尊謚曰慈憲皇后”，卷六四《后妃傳下》，世宗母李氏，“尊謚爲貞懿皇后”。施國祁《金史詳校》卷四認爲“貞慈”或當爲“貞懿、慈憲”。　光獻：衛紹王生母光獻皇后李氏。　昭聖：宣宗生母昭聖皇后劉氏。

［9］册温敦氏：宣宗貞祐二年（1214）七月，賜元妃王氏姓温敦氏，立爲皇后，改變了“金代后不娶庶族”之俗。

始祖明懿皇后，[1]完顔部人，年六十餘嫁始祖。[2]天會十五年追謚。[3]

[1]始祖：廟號。本名完顏函普。本書卷一有紀。　明懿皇后：謚號。本書卷三二《禮志五》謂："保民耆艾曰明，温柔聖善曰懿。"

[2]年六十餘嫁始祖：《三朝北盟會編》卷一八引《神麓記》載女真始祖掯浦（函普）"奔至阿觸胡，無所歸，遂依完顏，因而氏焉。六十未娶"，"有鄰寨鼻察異酋長，姓結徒姑丹，小名聖貨者，有室女年四十餘尚未婚。遂以牛馬財用農作之具，嫁之於掯浦"。其姓徒單，時年四十餘，與此異。

[3]天會十五年追謚：本書卷三二《禮志五》載天會十四年（1136）八月，"請上皇九代祖尊謚曰景元皇帝，廟號始祖，妣曰明懿皇后"。《大金集禮》卷三亦繫於天會十四年。"十五年"當是"十四年"之誤。以下至康宗敬僖皇后並同，不再一一注出。　天會：金太宗及金熙宗初年的年號（1123—1135、1135—1137）。

德帝思皇后，[1]不知何部人。天會十五年追謚。

[1]德帝：謚號。本名烏魯。本書卷一有紀。　思皇后：謚號。本書卷三二《禮志五》謂："道德純一曰思。"

安帝節皇后，[1]不知何部人。天會十五年追謚。

[1]安帝：謚號。本名完顏跋海。本書卷一有紀。　節皇后：謚號。本書卷三二《禮志五》謂："好廉自克曰節。"

獻祖恭靖皇后，[1]不知何部人。天會十五年追謚。

[1]獻祖：廟號。本名完顏綏可。本書卷一有紀。　恭靖皇后：

諡號。本書卷六三《禮志五》謂："尊賢讓善曰恭，柔德好衆曰靖。"

昭祖威順皇后徒單氏，[1]諱烏古論都葛，活剌渾水敵魯鄉徒單部人。[2]其父拔炭都魯海。[3]后性剛毅，人莫敢以爲室。獻祖將爲昭祖娶婦，曰："此子勇斷異常，柔弱之女不可以爲配。"乃爲昭祖娶焉。天會十五年追謚。

[1]昭祖：廟號。本名完顔石魯。本書卷一有紀。　威順皇后：諡號。本書卷六三《禮志五》謂："强毅執正曰威，慈仁和民曰順。"

[2]活剌渾水：今黑龍江省呼蘭至鐵力兩縣之間的呼蘭河。　敵魯鄉：鄉名。在活剌渾水。本書以族之部姓、籍貫、族屬連載，始見於此。

[3]拔炭都魯海：女真人。本書僅此一見。

景祖昭肅皇后，唐括氏，[1]帥水隈鴉村唐括部人，[2]諱多保真。父石批德撒骨只，[3]巫者也。[4]后有識度，在父母家好待賓客，父母出，則多置酒饌享鄰里，迨于行旅。景祖飲食過人，時人名之"活羅"，[5]解在《景祖紀》。昭祖曰："儉嗇之女吝惜酒食，不可以配。"烏古迺聞后性度如是，[6]乃娶焉。

[1]景祖：廟號。即完顔烏古迺。本書卷一有紀。　昭肅皇后：諡號。本書卷六三《禮志五》謂："明德有勞曰昭，執心決斷曰肅。"

[2]帥水：今黑龍江省呼蘭河北支通肯河與雙陽河。　限鴉村：村名。其村名似與五岳河名有關，待考。

[3]石批德撒骨只：女真人。本書僅此一見。

[4]巫者：本書卷六四《章宗元妃李氏傳》謂，國朝故事，“諸部長之家爲婚姻，娶后尚主”。此又稱其爲“巫者”，當是帥水唐括部的部長兼薩滿。

[5]活羅：景祖綽號。即《松漠紀聞》與《大金國志》的“胡來”，《三朝北盟會編》卷八一引《神麓記》作“貨羅”。本書卷一《世紀》：“活羅，漢語慈烏也。”然《女真館雜字》，活羅的漢字注音爲“回和羅”，其詞本義爲“鴉鶻”。

[6]烏古迺：景祖本名。

遼使同幹來伐五國蒲聶部，[1]景祖使后與劾孫爲質於拔乙門，[2]而與同幹襲取之，遼主以景祖爲節度使。[3]

[1]同幹：僅本傳與卷一《世紀》兩見，亦不見於《遼史》。其姓氏與職官不詳。　五國：即五國部，分布在今黑龍江省依蘭縣至黑龍江下游。　蒲聶部：五國部之一，即《遼史》中的蒲奴里。其部所居，當與生女真爲鄰。

[2]劾孫：景祖元配唐括氏第三子。本書卷六五有傳。　拔乙門：蒲聶部節度使。

[3]遼主：指遼興宗耶律宗真，1031年至1054年在位。　節度使：遼於北面部族，或置大王府，或置節度使司，或置詳穩司。節度使司的部族長官，稱節度使。遼人呼節度使爲太師，金人稱都太師者自此始。

后雖喜賓客，而自不飲酒。景祖與客飲，后專聽之。翊日，枚數其人所爲，[1]無一不中其綮肯。[2]有醉而喧呶者，輒自歌以釋其忿争。軍中有被笞罰者，每以酒食慰諭之。景祖行部，輒與偕行，政事獄訟皆與决焉。

[1]枚數其人所爲：時女真無文字，乃以草木瓦石爲籌，枚數其事而陳之。

[2]無一不中其綮肯：即肯綮，指事理的關鍵。這裏指都能説到點子上。

景祖没後，世祖兄弟凡用兵，[1]皆稟於后而後行，勝負皆有懲勸。農月，親課耕耘刈獲，遠則乘馬，近則策杖，勤於事者勉之，晏出蚤休者訓勵之。

[1]世祖：廟號。即完顔劾里鉢。1074年至1091年在位。本書卷一有紀。

后往邑屯村，[1]世祖、肅宗皆從。[2]會桓赧、散達偕來，[3]是時已有隙，被酒，語相侵不能平，遂舉刃相向。后起，兩執其手，謂桓赧、散達曰："汝等皆吾夫時舊人，奈何一旦遽忘吾夫之恩，與小兒子輩忿争乎。"因自作歌，桓赧、散達怒乃解。其後桓赧兄弟起兵來攻，當是時，肅宗先已再失利矣，世祖已退烏春兵，[4]與桓赧戰于北隘甸。部人失束寬逃歸，[5]袒甲而至，告后曰："軍敗矣。"后方憂懣，會康宗來報捷，[6]后乃喜。既而桓赧、散達皆降。

[1]邑屯村：爲桓赧、散達兄弟所居之村寨。

[2]肅宗：廟號。即完顔頗剌淑。1092年至1094年任聯盟長、

生女真部族節度使。本書卷一有紀。

[3]桓赧、散達：完顔部邑屯村二兄弟，國相雅達之子。本書卷六七有傳。

[4]烏春：阿跋斯水温都部人。本書卷六七有傳。　北隘甸：地名。在婆多吐水附近。

[5]部人失束寬：部，指完顔部。失束寬，女真人。本書僅此一見。

[6]康宗：廟號。即完顔烏雅束。1103 年至 1112 年任聯盟長、生女真部族節度使。本書卷一有紀。

后不妬忌，[1]闊略女工，能輯睦宗族，當時以爲有丈夫之度云。天會十五年追謚。

[1]后不妬忌：據本書卷六五《景祖諸子傳》，景祖還納有次室契丹人注思灰、温迪痕氏敵本。

世祖翼簡皇后，[1]拏懶氏。[2]大安元年癸酉歲卒。[3]天會十五年追謚。

[1]翼簡皇后：原作“簡翼”，局本作“翼簡”。《殿本考證》：“按《太祖》《太宗紀》《威泰傳》皆稱翼簡，考《禮志》亦同，今據改。”中華點校本改爲“翼簡”，是。翼簡，謚號。本書卷三二《禮志五》謂：“思慮深遠曰翼，一德不懈曰簡。”

[2]拏懶氏：女真部姓。本書《百官志》作“納闌”，《金國語解》作“納剌”，《三朝北盟會編》卷三作“那懶”。“拏”爲“拿”的異體字。

[3]大安元年癸酉歲卒：“元年”，局本作“九年”。《殿本考證》曰：“按《宋》《遼史》，宋、元《通鑑》諸書遼大安元年，乃

乙丑，非癸酉也。考《本紀》肅宗以大安八年襲位，越明年癸酉爲大安九年，干支本自相合。”　大安：遼道宗年號（1085—1094）。

肅宗靖宣皇后，蒲察氏。[1]太祖將舉兵，入告于后。后曰：“汝邦家之長，見可則行。吾老矣，無貽我憂，汝亦必不至是。”太祖奉觴爲壽，即奉后出門，酹酒禱天。后命太祖正坐，號令諸將。自是太祖每出師還，輒率諸將上謁，獻所俘獲。天會十五年追謚。

[1]靖宣皇后：謚號。《大金集禮》卷三，“肅宗妣曰静宣皇后”。知“靖宣”乃“静宣”之誤。本書卷三二《禮志五》，“靖宣”作“静宣”，謂“柔德好（合）衆曰静，聖善周聞曰宣”。

穆宗貞惠皇后，[1]烏古論氏。天會十五年追謚。

[1]穆宗：廟號。即完顏盈歌。1094年至1102年任聯盟長、生女真部族節度使。本書卷一有紀。　貞惠皇后：謚號。本書卷三二《禮志五》謂：“清白守節曰貞，愛民好與曰惠。”

康宗敬僖皇后，[1]唐括氏。天會十五年追謚。[2]

[1]敬僖皇后：謚號。本書卷三二《禮志五》謂：“夙夜共事曰敬，小心畏忌曰僖。”

[2]天會十五年追謚：“謚”，原作“贈”，據南監本、北監本、殿本、局本改。

太祖聖穆皇后，唐括氏。天會十三年追謚。[1]仍贈后父留速太尉、榮國公，祖迭胡本司徒、英國公，曾祖劾迺司空、温國公。[2]

[1]天會十三年追謚：本書卷四《熙宗紀》天會十三年（1135）："二月乙巳，追謚太祖后唐括氏曰聖穆皇后，裴滿氏曰光懿皇后。追册太祖妃僕散氏曰德妃，烏古論氏曰賢妃。"

[2]贈后父留速太尉、榮國公，祖迭胡本司徒、英國公，曾祖劾迺司空、温國公：太尉、司徒、司空爲三公，正一品。策國公、英國公、温國公，封爵名，天眷格，次國封號第二十八爲榮，第二十九爲英，第三十爲温。贈后族三代宗族，始見於此。

太祖光懿皇后，裴滿氏。天會十三年追謚。

太祖欽憲皇后，紇石烈氏。天會十三年，尊爲太皇太后，[1]宫號慶元。[2]十四年正月己巳朔，熙宗朝于慶元宫，然後御乾元殿，[3]受群臣賀。是月丁丑，崩于慶元宫。二月癸卯，祔葬睿陵。[4]

[1]尊爲太皇太后：本書卷四《熙宗紀》天會十三年（1135）謂，九月"戊寅，尊太祖后紇石烈氏、太宗后唐括氏皆爲太皇太后，詔中外"。

[2]宫號慶元：本書卷二四《地理志上》上京路條注謂："慶元宫，天會十三年建，殿曰辰居，門曰景暉。天眷二年安太祖以下御容，爲原廟。"

[3]乾元殿：本書卷二四《地理志上》上京路條小注謂："乾元殿，天會三年建，天眷元年更名皇極殿。"

[4]睿陵：太祖陵，在胡凱山。原稱和陵，皇統四年（1144）改曰睿陵。

太祖宣獻皇后，僕散氏，[1]睿宗母也。天會十三年，追策曰德妃。[2]大定元年追謚。[3]

[1]僕散氏：據本書卷八七《僕散忠義傳》，爲上京拔盧古河人。

[2]策：南監本、北監本、殿本、局本並作“册”。　德妃：依熙宗格，位於貴妃、賢妃之下。

[3]大定元年追謚：《大金集禮》卷六謂宣獻皇后追謚在“大定二年四月二十六日”。施國祁《金史詳校》卷四謂“元”當作“二”。

崇妃，蕭氏。[1]熙宗時封貴妃。天德二年正月，[2]封元妃。[3]是月，尊封太妃。[4]海陵母大氏事蕭氏甚謹。[5]海陵篡立，尊大氏爲皇太后，居永寧宫。[6]每有宴集，太妃坐上坐，大氏執婦禮。海陵積不能平，及殺宗義等，[7]誣太妃以隱惡，殺之，并殺所生子任王隈喝。[8]大定十九年，詔改葬。大宗正丞宗安監護葬事，[9]遣使致祭。上欲復太妃舊號，下禮官議。“前代稱太妃者皆以子貴。古者入廟稱‘后’繫夫，[10]在朝稱‘太’繫子，與今蕭妃事不同，恐不得稱‘太’，止當追封妃號。”詔從之，乃封崇妃云。[11]

[1]蕭氏：《大金集禮》卷七作“故石抹妃”。

[2]天德：金海陵王年號（1149—1153）。

[3]元妃：依海陵格，元妃爲諸妃之首。

[4]是月，尊封太妃：按《大金集禮》謂，天德二年（1150）正月二十五日，册太皇太妃。“太妃”當爲“太皇太妃”。

[5]海陵母大氏：本卷有傳。

[6]永寧宮：天德二年（1150）正月，海陵命生母大氏所居之西宮曰“永寧”。

[7]宗義：太祖母弟斜也第九子。本書卷七六有傳。

[8]所生子任王隈喝：任王隈可爲遼王斜也子，宗義弟，大定初贈龍虎衛上將軍，並非太祖崇妃蕭氏生子。詳見本書卷七六《宗義傳》。《金史詳校》卷七謂，“生當作養”。甚是。

[9]大宗正丞：大宗正府屬官。二員，從四品。一員於宗室中選能幹者充，一員不限親疏。“大”，原作“太”，從殿本改。　宗安：宗室子，不詳所出，與撒离喝子同名。前此曾任從六品兵部員外郎與正五品廣寧少尹。

[10]古者入廟稱‘后’繫夫：原脱“廟”字，《大金集禮》卷七《追封》，“入廟稱后繫夫，在朝稱太繫子”。中華點校本據補，從之。

[11]乃封崇妃云：詳見《大金集禮》卷七《追封》。

太宗欽仁皇后，唐括氏。熙宗即位，與太祖欽憲皇后俱尊爲太皇太后，號明德宮。[1]贈后父阿魯束太尉、宋國公，[2]祖實匹司徒、[3]英國公，曾祖阿魯瑣司空、[4]温國公。十四年正月己巳朔，上朝兩宮太后，然後御乾元殿受賀，自後歲以爲常。皇統元年，[5]上自燕京還京師，[6]朝謁于明德宮。明年，上如天開殿，[7]皇子生，[8]使使馳報太后。太后至天開殿，上與皇后親迎之。二年，[9]崩于明德宮。謚曰欽仁皇后，祔葬恭陵。[10]

[1]明德宮：上京宮城内有明德宮、明德殿，太后所居。熙宗嘗享太宗御容於此。

［2］太尉：三公之一，正一品。　宋國公：據熙宗天會十三年（1135），贈太祖聖穆皇后唐括氏之父、祖、曾祖例，“宋”字當爲“滎”字之形誤。

［3］司徒：三公之一，正一品。

［4］司空：三公之一，正一品。

［5］皇統：金熙宗年號（1141—1149）。

［6］燕京：貞元初改號中都，治所在今北京市。　京師：上京。治所在今黑龍江省阿城市南白城子。

［7］天開殿：行宫。天會十三年（1135）十一月，建於上京爻剌春水之地。

［8］皇子：名濟安。

［9］二年：局本作“三年”。按本書卷四《熙宗紀》，皇統三年（1143）三月“丁酉，太皇太后唐括氏崩”。中華點校本改爲“三年”。“二年”當爲“三年”之誤。

［10］恭陵：即太宗陵寢，在安出虎水源胡凱山。原與太祖陵同稱和陵，皇統四年（1144）改稱太祖陵爲睿陵，太宗陵爲恭陵。

熙宗悼平皇后，裴滿氏。[1]熙宗即位，封貴妃，天眷元年，立爲皇后。[2]父忽達拜太尉，[3]贈曾祖斜也司空，祖鶻沙司徒。皇統元年，熙宗受尊號，册爲慈明恭孝順德皇后。二年，太子濟安生。[4]是歲，熙宗年二十四，喜甚，乃肆赦，告天地宗廟。彌月，册爲皇太子，未一歲薨。

［1］悼平皇后，裴滿氏：女真人。按《大金集禮》册后制云：“夢月方娠，生而固異。”

［2］熙宗即位，封貴妃，天眷元年，立爲皇后：熙宗於天會十三年（1135）即帝位，本書卷四《熙宗紀》，天眷元年（1138）四

月壬午“立裴滿氏爲貴妃”，十二月“丁丑，立貴妃裴滿氏爲皇后”。施國祁謂，“即位封貴妃”五字當削。疑此處繫年有誤。天眷：金熙宗年號（1138—1140）。

[3]忽達：女真人。裴滿達本名忽撻，婆盧木部人。天眷二年（1139），拜太尉，封徐國公。本書卷一二〇有傳。

[4]太子濟安：女真人。本書卷八〇有傳。

熙宗在位，宗翰、宗幹、宗弼相繼秉政，[1]帝臨朝端默。雖初年國家多事，而廟筭制勝，齊國就廢，[2]宋人請臣，[3]吏清政簡，百姓樂業。宗弼既没，舊臣亦多物故，后干預政事，無所忌憚，朝官往往因之以取宰相。[4]濟安薨後，數年繼嗣不立，后頗掣制熙宗。熙宗内不能平，因無聊，縱酒酗怒，手刃殺人。左丞相亮生日，[5]上遣大興國以司馬光畫像、玉吐鶻、厩馬賜之，[6]后亦附賜生日禮物。熙宗聞之，怒，遂杖興國而奪回所賜。海陵本懷覬覦，因之疑畏愈甚，蕭牆之變，從此萌矣。近侍高壽星隨例遷屯燕南，[7]入訴於后。后激怒熙宗，殺左司郎中三合，[8]杖平章政事秉德，[9]而壽星竟得不遷。秉德、唐括辯之姦謀起焉，[10]海陵乘之，以成逆亂之計。

[1]宗翰：女真人。撒改長子。本書卷七四有傳。　宗幹：女真人。太祖庶長子。本書卷七六有傳。　宗弼：女真人。太祖第五或六子。本書卷七七有傳。

[2]齊國就廢：天會十五年（1137）十一月，廢齊國，降封劉豫爲蜀王，置行臺尚書省於汴。

[3]宋人請臣：皇統二年（1142）二月，宋使來許歲幣，進

誓表。

[4]朝官往往因之以取宰相：如劉筈以能得后意，致位宰相。蕭肄諂事悼后，累官參知政事。

[5]左丞相：爲宰相，掌丞天子，平章萬機。從一品。　亮：即完顏亮，女真人。宗幹第二子，金朝第四位皇帝。本書卷五有紀。

[6]大興國：渤海人。本書卷一三二有傳。　司馬光：宋人。宋哲宗元祐元年（1086），拜尚書左僕射兼門下侍郎，主持朝政。《宋史》卷三三六有傳。　玉吐鶻：束帶名。吐鶻又作“兔鶻”。　廄馬：尚廄局所調習牧養的御馬。

[7]近侍：近侍局屬員，又稱侍從。近侍局，掌侍從，承勑令，轉進奏帖。　高壽星：渤海人。家籍遼陽。　隨例還屯燕南：指皇統九年（1149）八月，宰臣議，徙遼陽渤海之民於燕南，熙宗從之。近侍高壽星隨例當還。

[8]左司郎中：初稱左司侍郎，天眷三年（1140）始更名左司郎中。掌本司奏事，總察吏、户、禮三部受事付事。正五品。　三合：女真人。其他事迹不詳。

[9]平章政事：爲宰相，掌丞天子，平章萬機。從一品。　秉德：女真人。宗翰孫。本書卷一三二有傳。

[10]唐括辯：女真人。尚熙宗女代國公主。本書卷一三二有傳。

久之，熙宗積怒，遂殺后，而納胙王常勝妃撒卯入宫繼之。[1]又殺德妃烏古論氏，妃夾谷氏、張氏、裴滿氏。明日，[2]熙宗遇弑。海陵已弑熙宗，欲收人心，以后死無罪，降熙宗爲東昏王，[3]追謚后爲悼皇后，封后父忽達爲王。大定間，復熙宗帝號，[4]加謚后爲悼平皇后，[5]祔葬思陵。

[1]胙王：封爵名。天眷格，小國封號第二十三。　常勝：女真人。熙宗弟。本書卷六四有傳。　撒卯：女真人。其他事迹不詳。女真舊俗，夫死，兄弟侄等皆可納之。然此時，其俗已衰，爲世人所不取。

[2]明日：指殺妃裴滿氏之第二天，即皇統九年（1149）十二月丁巳（初九）。

[3]東昏王：海陵天德二年（1150）二月"庚戌，降前帝爲東昏王"。

[4]復熙宗帝號：世宗大定元年（1161）謚武靈，廟號閔宗，陵曰思陵。二十七年改廟號爲熙宗。

[5]加謚后爲悼平皇后：大定十八年（1178）加悼皇后曰悼平皇后。

海陵嫡母，徒單氏。宗幹之正室也。徒單無子，次室李氏生長子鄭王充，[1]次室大氏生三子，[2]長即海陵庶人也。[3]徒單氏賢，遇下有恩意，大氏事之甚謹，相得歡甚。徒單雖養充爲己子，充與海陵俱爲熙宗宰相，[4]充嗜酒，徒單常責怒之，尤愛海陵。海陵自以其母大氏與徒單嫡妾之分，心常不安。及弑熙宗，徒單與太祖妃蕭氏聞之，相顧愕然曰："帝雖失道，人臣豈可至此。"徒單入宫見海陵，不曾賀，海陵銜之。

[1]李氏：當爲渤海人。　鄭王：封爵名。天眷格，次國封號第三。　充：本書卷七六有傳。

[2]大氏：渤海人。本卷有傳。

[3]海陵庶人：世宗大定二十年（1180）降海陵郡王爲海陵

庶人。

[4]充與海陵俱爲熙宗宰相：皇統九年（1149）初，充爲尚書左丞相，亮爲右丞相兼都元帥。

天德二年正月，徒單與大氏俱尊爲皇太后。[1]徒單居東宮，號永壽宫，[2]大氏居西宫，號永寧宫。天德二年，[3]太后父蒲帶與大氏父俱贈太尉，封王。徒單太后生日，酒酣，大氏起爲壽。徒單方與坐客語，大氏跽者久之。[4]海陵怒而出。明日，召諸公主、宗婦與太后語者皆杖之。大氏以爲不可。海陵曰："今日之事，豈能尚如前日邪。"自是嫌隙愈深。

[1]徒單與大氏俱尊爲皇太后：按本書卷三七《禮志十》："天德二年正月，詔有司：擇日奉册唐殷國妃、歧國太妃，仍别建宫名。"徒單氏與大氏俱尊爲皇太后之前，封號分别爲唐殷國妃與歧國太妃。

[2]永壽宫：位於上京。既是徒單氏所居宫室之號，亦是其人的代稱。及遷中都，徒單氏居壽康宫，史書仍時以"永壽宫"稱其人。

[3]天德二年：按本書卷五《海陵紀》天德二年（1150）二月，"永壽、永寧兩太后父祖，贈官有差"。"天德"當削，"年"當作"月"。

[4]跽者久之：跪而聳身直腰爲跽。大氏行壽禮跪拜，徒單氏未及應諾，久跽而不得起身落座。

天德四年，海陵遷中都，[1]獨留徒單於上京。徒單常憂懼，每中使至，必易衣以俟命。大氏在中都常思念徒單太后，謂海陵曰："永壽宮待吾母子甚厚，慎毋相忘也。"十二月十四日，徒單氏生日，海陵使祕書監納合椿年往上京爲太后上壽。[2]貞元元年，[3]大氏病篤，恨不得一見。臨終，謂海陵曰："汝以我之故，不令永壽宮偕來中都。我死，必迎致之，事永壽宮當如事我。"

[1]天德四年，海陵遷中都：海陵天德三年（1151）四月詔遷都燕京，四年二月從上京出發，貞元元年（1153）至燕京，改燕京爲中都。

[2]祕書監：秘書監長官。通掌經籍圖書，著作局、筆硯局、書畫局、司天臺皆隸秘書監。從三品。　納合椿年：女真人。本名烏野，貞元三年（1155）海陵賜名椿年。本書卷八三有傳。

[3]貞元：海陵年號（1153—1156）。

三年，右丞相僕散師恭、大宗正丞胡拔魯往上京奉遷山陵，[1]海陵因命永壽宮太后與俱來。繼使平章政事蕭玉迎祭祖宗梓宮於廣寧，[2]海陵謂玉曰："醫巫閭山多佳致，[3]祭奠禮畢，可奏太后於山水佳處游覽。"及至沙流河，[4]海陵迎謁梓宮，遂謁見太后。海陵命左右約杖二束自隨，跪於太后前，謝罪曰："亮不孝，久闕温凊，[5]願太后痛笞之。不然，且不安。"太后親扶起之，叱約杖者使去。太后曰："今庶民有克家子，立百金之産，尚且愛之不忍笞。我有子如此，寧忍笞乎。"十月，太后至中都，海陵帥百官郊迎，入居壽康宮。[6]是日，海陵及後宮、宰臣以下奉觴上壽，極歡而罷。

[1]右丞相：位左丞相之下，爲宰相，掌丞天子，平章萬機。從一品。　僕散師恭：女真人。上京老海達葛人。本名忽土，海陵時改名師恭。本書卷一三二有傳。　胡拔魯：其他事迹不詳。

[2]蕭玉：奚人。本書卷七六有傳。　廣寧：府名。治所在今遼寧省北寧市西南五里北鎮廟。

[3]醫巫閭山：今遼寧省北寧市西醫巫閭山。

[4]沙流河：今河北省唐山市豐潤區西北。

[5]久闕溫清（qìng）：久未問寒問暖。清，凉。

[6]壽康宫：位中都宫城内，大安殿正北。

海陵侍太后于宫中，外極恭順，太后坐起，自扶腋之，[1]常從輿輦徒行，太后所御物或自執之。見者以爲至孝，太后亦以爲誠然。及謀伐宋，[2]太后諫止之，海陵心中益不悦，每謁太后還，必忿怒，人不知其所以。

[1]自扶腋之：明國子監本作“自扶掖之”。

[2]及謀伐宋：本書卷五《海陵紀》載，正隆四年（1159）二月，“詔諭宰臣以伐宋事”。

及至汴京，[1]太后居寧德宫。[2]太后使侍婢高福娘問海陵起居，[3]海陵幸之，因使伺太后動静。凡太后動止，事無大小，福娘夫特末哥教福娘增飾其言以告海陵。及樞密使僕散師恭征契丹撒八，[4]辭謁太后，太后與師恭語久之。大概言，“國家世居上京，既徙中都，又自中都至汴，今又興兵涉江、淮伐宋，疲弊中國，我嘗諫止之，不見聽。契丹事復如此，奈何”。福娘以告海陵。海陵意謂太后以充爲子，充四子皆成立，[5]恐師恭將兵在外，太后或有異圖。乃召點檢大懷忠、翰林待制斡論、尚衣局使虎特末、武庫直長習失使殺太后于寧德宮，[6]命護衛高福、辭勒、蒲速斡以兵士四十人從，[7]且戒之曰："汝等見太后，但言有詔，令太后跪受，即擊殺之，勿令艱苦。太后同乳妹安特，[8]多口必妄言，[9]當令速死。"及指名太后左右數人，皆令殺之。太后方樗蒲，[10]大懷忠等至，令太后跪受詔。太后愕然，方下跪，虎特末從後擊之，仆而復起者再。高福等縊殺之，年五十三。并殺安特及郡君白散、阿魯瓦、叉察，[11]乳母南撒，侍女阿斯、斡里保，寧德宮護衛温迪罕查剌，直長王家奴、撒八，小底忽沙等。海陵命焚太后于宮中，棄其骨於水。并殺充之子檀奴、阿里白，元奴、耶補兒逃匿歸于世宗。自軍中召師恭還，殺之。及殺阿斯子孫、撒八二子、忽沙二子。封高福娘爲鄖國夫人，[12]以特末哥爲澤州刺史。[13]海陵許福娘征南回以爲妃，賜銀二千兩。敕戒特末哥："無酗酒毆福娘，毆福娘必殺汝。"

[1]汴京：國初曰"汴京"，貞元更號"南京"。今河南省開封市。

[2]寧德宮：本書卷二四《地理志上》謂，寧德宮在中都。按本書卷一三二《秉德傳》："秉德既死，其中都宅第，左副元帥杲居之。杲死，海陵遷都，迎其嫡母徒單氏居之。徒單氏遇害，世宗惡其不祥，施爲佛寺。"此即"寧德宮"的變遷沿革。

[3]高福娘：渤海人。其夫爲特末哥。

[4]樞密使：海陵天德二年（1150）十二月己未，改都元帥府

爲樞密院。樞密院長官爲樞密使，掌凡武備機密之事。從一品。撒八：契丹人。西北路招討司譯史。正隆五年（1160）海陵伐宋，徵諸道兵，撒八等人遂殺招討使而反。事迹見本書卷一三三《移剌窩斡傳》。

[5]充四子：檀奴、元奴、耶補兒、阿里白。

[6]點檢：殿前都點檢司有都點檢及左、右副都點檢，皆可簡稱點檢。此指殿前左副都點檢，兼侍衛親軍副都指揮使。從三品。大懷忠：渤海人。時爲殿前左副都點檢。　翰林待制：翰林院屬官。分掌詞命文字，分判院事。正五品。　尚衣局使：宣徽院尚衣局長官。掌御用衣服、冠帶等事。從五品。　武庫直長：武庫署隸殿前都點檢司。掌收貯諸路常課甲仗。其直長正八品。　習失：女真人。即伐宋前召入便殿侍坐，以“不過淮上”答所問的習失。

[7]護衛：天子、妃嬪的衛士稱護衛，歸殿前左右衛將軍總領，以年輕有門第、才行及善射者充當。

[8]安特：女真人。徒單太后乳母南撒之女。

[9]多口：即多言，好發議論，好講閑話。

[10]樗蒲：博戲名。以擲骰所得骰色决勝負的賭博游戲，後來泛稱賭博爲樗蒲。

[11]郡君：郡侯的母、妻封號，承安二年（1197）更名郡侯夫人。　白散：本書兩見，疑即太祖妃妹，蟬蠢之妻。　叉察：“叉”，原作“义”，北監本作“叉”。今據改。

[12]鄖國夫人：封號。天眷格，小國封號第十七。

[13]特末哥：南監本、北監本、殿本、局本並作“哥末特”，爲同名異譯。　澤州刺史：州長官。掌同府尹兼治州事。正五品。澤州治所在今山西省晋城市。

大定間，謚徒單氏曰哀皇后，自澤州械特末哥、福娘至中都誅之。其後貶海陵爲庶人。宗幹去帝號，復封遼王，[1]徒單氏降封遼王妃云。

[1]宗幹去帝號，復封遼王：海陵篡立，追謚其父宗幹爲“憲古弘道文昭武烈章孝睿明皇帝”，廟號德宗。世宗大定二年（1162），除去廟號，改謚明肅皇帝。二十二年，又追削明肅帝號，封爲皇伯、太師、遼王，謚忠烈。妻子諸孫皆從降。　遼王：封爵名。天眷格，爲大國封號第一。

海陵母，大氏。天德二年正月，與徒單氏俱尊爲皇太后。大氏居永寧宫。曾祖堅嗣贈司空，祖臣實贈司徒，父昊天贈太尉、國公，[1]兄興國奴贈開府儀同三司、衛國公。[2]十一月，昊天進封爲王。

[1]堅嗣、臣實、昊天：渤海人。姓大氏。其他事迹不詳。

[2]開府儀同三司：文散官。從一品上階。　衛國公：封爵名。天眷格，次國封號第四。

三年正月十六日，海陵生日，宴宗室百官於武德殿。[1]大氏歡甚，飲盡醉。明日，海陵使中使奏曰：“太后春秋高，常日飲酒不過數杯，昨見飲酒沉醉。兒爲天子，固可樂，若聖體不和，則子心不安，其樂安在。至樂在心，不在酒也。”及還中都，永壽宫獨留上京，大氏常以爲言。

[1]武德殿：在上京城。天德間，海陵常在此設宴宗室百官。

貞元元年四月，大氏有疾，詔以錢十萬貫求方藥。

及病篤，遺言海陵，當善事永壽宫。戊寅，崩。詔尚書省：[1]“應隨朝官至五月一日方治事。中都自四月十九日爲始，禁樂一月。外路自詔書到日後，官司三日不治事，禁樂一月，聲鐘七晝夜。”貞元三年，大祥，[2]海陵率後宫奠哭于菆宫。[3]海陵將遷山陵于大房山，[4]故大氏猶在菆宫也。九月，太祖、太宗、德宗梓宫至中都。尊謚曰慈憲皇后。[5]海陵親行册禮，與德宗合葬于大房山，升祔太廟。大定七年，[6]降封海陵太妃，削去皇后謚號。及宗幹降帝號，封遼王，詔以徒單氏爲妃，而大氏與順妃李氏、寧妃蕭氏、文妃徒單氏並追降爲遼王夫人。[7]

[1]尚書省：官署名。海陵王正隆元年官制改革（1156）以後，是金朝最高政務機構。

[2]大祥：父母去世兩周年的祭禮，稱大祥。

[3]菆（cuán）宫：菆，《禮記·檀弓》孔穎達疏謂：“菆，叢也。謂用木菆棺，而四面塗之。”這裏指停棺的廳堂。

[4]大房山：在今北京市房山區西北。

[5]慈憲皇后：按本書《海陵紀》與《徒單貞傳》皆作“慈憲”，《大金集禮》卷四作“慈獻”，卷六則作“慈憲”。

[6]大定七年：按《大金集禮》卷四，二十年十二月，“海陵庶人所生母尚有慈獻皇后名稱俱爲未當”。與此異。

[7]“而大氏”至“遼王夫人”：按，熙宗三妃號及海陵妃十二位，皆不見順妃、寧妃、文妃號。

廢帝海陵后，徒單氏。太師斜也之女。[1]初爲岐國妃，[2]天德二年封爲惠妃，[3]九月，[4]立爲皇后。三年十一月二十一日，后生日，百僚稱賀於武德殿。久之，海陵後宫寖多，后寵頗衰，希得進見。沈璋妻張氏嘗爲光英保母，[5]耶律徹在北京與海陵游從，[6]海陵使璋妻及徹妻侯氏入宫侍后。徹本名神涅，負官錢二千六百餘萬，海陵皆免之。正隆六年，[7]海陵幸南京。六月癸亥，左丞相張浩率百官迎謁。[8]海陵備法駕，乘玉輅，與后及太子光英共載而入。海陵伐宋，后與光英居守。海陵遇害，陀滿訛里也殺光英于汴。[9]后至中都，居于海陵母大氏故宫。頃之，世宗憐其無依，詔歸父母家于上京，歲賜錢二千貫，奴婢皆給官廩。大定十年卒。

[1]太師：三師之首，師範一人，儀刑四海。正一品。　斜也：女真人。徒單恭，本名斜也。本書卷一二〇有傳。

[2]岐國妃："岐"，原作"歧"，北監本、殿本、局本作"岐"，今據改。熙宗時，海陵爲岐國王，故稱其妻爲岐國妃。

[3]惠妃：海陵格十二妃位，第三位惠妃。

[4]九月：按本書卷三七《禮志十》册皇后儀，"天德二年十月九日，册妃徒單氏爲皇后"。"九月"當作"十月九日"。

[5]沈璋：奉聖州永興人。本書卷七五有傳。　光英：本名阿魯補，徒單后所生。本書卷八二有傳。

[6]耶律徹：契丹人。僅見於本傳。　北京：原遼中京，貞元元年（1153）改爲北京，治所在今内蒙古自治區寧城縣西大明城。

[7]正隆：金海陵王年號（1156—1161）。

[8]六月癸亥：據《海陵紀》張浩率百官迎謁，時在壬戌日。癸亥日，乃海陵入南京之日。　左丞相：位在右丞相之前，爲宰相。從一品。　張浩：遼陽渤海人。本姓高。本書卷八三有傳。

[9]陀滿訛里也：咸平路窟吐忽河人。亦作駞滿訛里也，時爲太子少師兼河南路統軍使。事迹另見於本書卷八二《光英傳》。本

書卷八三《張浩傳》謂："都督府使使殺太子光英於南京。"

海陵爲人善飾詐，初爲宰相，妾媵不過三數人。及踐大位，逞欲無厭，後宫諸妃十二位，又昭儀至充媛九位，婕妤、美人、才人三位，殿直最下，其他不可舉數。初即位，封岐國妃徒單氏爲惠妃，[1]後爲皇后。第二娘子大氏封貴妃，[2]第三娘子蕭氏封昭容，耶律氏封脩容。其後貴妃大氏進封惠妃，貞元元年進封姝妃，正隆二年進封元妃。昭容蕭氏，天德二年特封淑妃，貞元二年進封宸妃。脩容耶律氏，天德四年進昭媛，貞元元年進昭儀，三年進封麗妃。即位之初，後宫止此三人，尊卑之叙，等威之辨，若有可觀者。及其侈心既萌，淫肆蠱惑，不可復振矣。

[1]封岐國妃徒單氏爲惠妃："岐"，原作"歧"，據南監本、北監本、殿本、局本改。

[2]大氏：遼陽渤海人。

昭妃阿里虎，[1]姓蒲察氏，駙馬都尉没里野女。初嫁宗盤子阿虎迭。[2]阿虎迭誅，再嫁宗室南家。南家死，是時南家父突葛速爲元帥都監，[3]在南京，海陵亦從梁王宗弼在南京，欲取阿里虎，突葛速不從，遂止。及篡位方三日，詔遣阿里虎歸父母家，閲兩月，以婚禮納之。[4]數月，特封賢妃，再封昭妃。阿里虎嗜酒，海陵責讓之不聽，由是寵衰。

[1]昭妃阿里虎：按以下爲海陵“諸嬖”傳。

[2]宗盤：太宗長子，本書卷七六有傳。　阿虎迭：天眷二年（1139）七月與宗盤同時伏誅。

[3]是時：按海陵於天眷三年（1140）赴梁王宗弼軍前任使，皇統四年（1144）爲中京留守。是時，當指天眷三年之後。　元帥都監：都元帥府官員。從三品。

[4]以婚禮納之：女真漸習漢風，舊收繼婚俗已爲多數人所不取，故而海陵强令阿里虎歸父母家，以婚禮納之。

昭妃初嫁阿虎迭，生女重節。海陵與重節亂，阿里虎怒重節，批其頰，頗有詆訾之言。海陵聞之，愈不悦。阿里虎以衣服遺前夫之子，海陵將殺之，徒單后率諸妃嬪求哀，乃得免。凡諸妃位皆以侍女服男子衣冠，號“假廝兒”。有勝哥者，阿里虎與之同卧起，如夫婦。厨婢三娘以告海陵，海陵不以爲過，惟戒阿里虎勿笞棰三娘。阿里虎榜殺之。海陵聞昭妃閤有死者，意度是三娘，曰：“若果爾，吾必殺阿里虎。”問之，果然。是月，光英生月，海陵私忌，不行戮。阿里虎聞海陵將殺之也，即不食，日焚香禱祝，冀脱死。逾月，阿里虎已委頓不知所爲，海陵使人縊殺之，[1]并殺侍婢擊三娘者。

[1]縊殺之：據《海陵紀》，時在正隆五年（1160）四月。

貴妃定哥，姓唐括氏。有容色。崇義節度使烏帶之妻。[1]海陵舊嘗有私，侍婢貴哥與知之。烏帶在鎮，每遇元會、生辰，[2]使家奴葛魯、葛温詣闕上壽，定哥亦使貴哥候問海陵及兩宫太后起居。海陵因貴哥傳語定哥曰："自古天子亦有兩后者，能殺汝夫以從我乎。"貴哥歸，具以海陵言告定哥。定哥曰："少時醜惡，事已可耻。今兒女已成立，豈可爲此。"海陵聞之，使謂定哥："汝不忍殺汝夫，我將族滅汝家。"定哥大恐，乃以子烏荅補爲辭，曰："彼常侍其父，不得便。"海陵即召烏荅補爲符寶祗候。[3]定哥曰："事不可止矣。"因烏帶醉酒，令葛温、葛魯縊殺烏帶，天德四年七月也。海陵聞烏帶死，詐爲哀傷。已葬烏帶，即納定哥宫中爲娘子。貞元元年，封爲貴妃，大愛幸，許以爲后。每同輦游瑶池，[4]諸妃步從之。海陵嬖寵愈多，定哥希得見。一日獨居樓上，海陵與他妃同輦從樓下過，定哥望見，號呼求去，詛駡海陵，海陵陽爲不聞而去。

[1]崇義節度使：即崇義軍節度使。節度州長官。掌鎮撫諸軍防刺，總判本鎮兵馬之事，兼本州管内觀察使。從三品。崇義軍置義州，治所在今遼寧省義縣。　烏帶：女真人。姓完顔氏，漢名言，行臺右丞相阿魯補子。本書卷一三二有傳。

[2]元會：元旦群臣朝見皇帝，稱元會，也叫正會。

[3]烏荅補："荅"，原作"合"，上文作"烏荅補"，統一傳文，今改之。　符寶祗候：舊名牌印祗候，殿前都點檢司屬吏。大定二年（1162）改符寶祗候。此乃世宗時修史者，以當世之官名，稱前世之官職。

[4]瑶池：中都之瑶池。皇統元年（1141）熙宗至燕京，曾宴群臣於瑶池殿。

定哥自其夫時，與家奴閻乞兒通，嘗以衣服遺乞兒。及爲貴妃，乞兒以妃家舊人，給事本位。定哥既怨海陵踈己，欲復與乞兒通。有比丘尼三人出入宮中，定哥使比丘尼向乞兒索所遺衣服以調之。乞兒識其意，笑曰："妃今日富貴忘我耶。"定哥欲以計納乞兒宮中，恐閽者索之，乃令侍兒以大篋盛褻衣其中，遣人載之入宮。閽者索之，見篋中皆褻衣，固已悔懼。定哥使人詰責閽者曰："我，天子妃。親體之衣，爾故翫視，[1]何也？我且奏之。"閽者惶恐曰："死罪。請後不敢。"定哥乃使人以篋盛乞兒載入宮中，閽者果不敢復索。乞兒入宮十餘日，使衣婦人衣，雜諸宮婢，抵暮遣出。貴哥以告海陵。定哥縊死，[2]乞兒及比丘尼三人皆伏誅。封貴哥莘國夫人。[3]

[1]翫（wán）：觀賞。

[2]定哥縊死：據《海陵紀》，時在貞元元年（1153）十二月。

[3]莘國夫人：封號。天眷格，小國封號第二十九爲莘。

初，海陵既使定哥殺其夫烏帶，使小底藥師奴傳旨定哥，[1]告以納之之意。藥師奴知定哥與閻乞兒有姦，定哥以奴婢十八口賂藥師奴使無言與乞兒私事。定哥敗，杖藥師奴百五十。先是，藥師奴嘗盜玉帶當死，海陵釋其罪，逐去。及遷中都，復召爲小底。及藥師奴既以匿定哥姦事被杖，後與秘書監文俱與靈壽縣主有姦，[2]文杖二百除名，藥師奴當斬。海陵欲杖之，謂近臣曰："藥師奴於朕有功，再杖之即死矣。"丞相李睹等執奏藥師奴於法不可恕，[3]遂伏誅。海陵以葛温、葛魯爲護衛，葛温累官常安縣令，葛魯累官襄城縣令，[4]大定初，皆除名。

[1]小底：宫廷中服雜役的承應人。金有入殿小底與不入殿小底之别。　藥師奴：或爲渤海人。應是入殿小底。

[2]文：宗望子。本書卷七四有傳。　靈壽縣主：本名阿里虎，與海陵昭妃蒲察氏同名。王之女封縣主，視正二品。

[3]李睹：本書僅此一見。疑此處人名有誤。

[4]常安縣：章宗初更名挹樓，治所在今遼寧省瀋陽市北六十里懿路鎮古城。　襄城縣：本隸汝州，章宗泰和七年（1207）改屬許州，治所在今河南省襄城縣。　縣令：縣長官。從七品。

麗妃石哥者，定哥之妹，秘書監文之妻也。海陵私之，欲納宫中。乃使文庶母按都瓜主文家。[1]海陵謂按都瓜曰："必出而婦，[2]不然我將别有所行。"按都瓜以語文，文難之。按都瓜曰："上謂别有所行，是欲殺汝也。豈以一妻殺其身乎。"文不得已，與石哥相持慟哭而訣。是時海陵遷都，至中京，[3]遣石哥，至中都俱納之。海陵召文至便殿，使石哥穢談，戲文以爲笑。定哥死，遣石哥出宫。不數日復召入，封爲脩容。貞元三年，進昭儀。正隆元年，進封柔妃。二年，進麗妃。[4]

[1]文庶母按都瓜：宗望次室。本書僅此一見。

[2]而：同"爾"。

[3]中京：本遼中京，金初因之。貞元元年（1153）三月，改名爲北京。

[4]脩容、昭儀、柔妃、麗妃：海陵格，九嬪第五爲修容，第

一爲昭儀，十二妃位第十二爲柔妃，第七爲麗妃。

柔妃彌勒，姓耶律氏。天德二年，使禮部侍郎蕭拱取之于汴。[1]過燕京，拱父仲恭爲燕京留守，[2]見彌勒身形非若處女者，嘆曰："上必以疑殺拱矣。"及入宫，果非處女，明日遣出宫。海陵心疑蕭拱，竟致之死。彌勒出宫數月，復召入，封爲充媛，封其母張氏莘國夫人，伯母蘭陵郡君蕭氏爲鞏國夫人。[3]蕭拱妻擇特懶，[4]彌勒女兄也。海陵既奪文妻石哥，却以擇特懶妻文。既而詭以彌勒之召，召擇特懶入宫，亂之。其後彌勒進封柔妃云。[5]

[1]禮部侍郎：禮部尚書佐貳。正四品。　蕭拱：本書卷八二有傳。

[2]仲恭：遼宗戚子弟。本書卷八二有傳。　留守：帶本府尹，兼本路兵馬都總管。正三品。

[3]鞏國夫人：封號。天眷格，小國封號第二十六爲鞏。

[4]擇特懶：人名。本書卷七四《文傳》作术實懶。

[5]其後：原作"兵後"，北監本、殿本、局本作"其後"，據改。

昭妃阿懶，[1]海陵叔曹國王宗敏妻也。[2]海陵殺宗敏而納阿懶宫中，貞元元年，封爲昭妃。大臣奏"宗敏屬近尊行，不可"。乃令出宫。[3]

[1]阿懶：宗敏妃蒲察氏。

[2]曹國王：封爵名。天眷格，大國封號第二十。　宗敏：宗

幹異母弟，海陵叔。本書卷六九有傳。

[3]乃令出宮：按《三朝北盟會編》卷三載女真舊俗："父死則妻其母，兄死則妻其嫂，叔伯死則侄亦如之。故無論貴賤，人有數妻。"海陵遷都後，這種舊收繼婚俗已有改變，即使海陵有時也不得不有所回避。

修儀高氏，秉德弟糺里妻也。[1]海陵殺諸宗室，[2]釋其婦女。宗本子莎魯剌妻、宗固子胡里剌妻、胡失來妻及糺里妻，[3]皆欲納之宫中，諷宰相奏請行之。使徒單貞諷蕭裕曰：[4]"朕嗣續未廣，此黨人婦女有朕中外親，納之宫中何如？"裕曰："近殺宗室，中外異議紛紜，奈何復爲此邪。"海陵曰："吾固知裕不肯從。"乃使貞自以己意諷裕，必欲裕等請其事。貞謂裕曰："上意已有所屬，公固止之，將成疾矣。"裕曰："必不肯已，唯上擇焉。"貞曰："必欲公等白之。"裕不得已，乃具奏，遂納之。未幾，封高氏爲脩儀，加其父高耶魯瓦輔國上將軍，[5]母完顔氏封密國夫人。[6]高氏以家事訴於海陵。自熙宗時，[7]見悼后干政，心惡之，故自即位，不使母、后得預政事。於是，遣高氏還父母家。詔尚書省，凡后妃有請于宰相者，收其使以聞。

[1]秉德：宗翰孫。本書卷一三二有傳。　糺里：女真人。海陵族侄，不屬近尊行。

[2]海陵殺諸宗室：天德二年（1150）四月，海陵殺太宗子孫七十餘人，宗翰子孫三十餘人，諸宗室五十餘人。

[3]宗本：太宗子。本書卷七六有傳。　宗固：太宗子。本書卷七六有傳。天德三年（1151）五月，海陵納宗本子莎魯剌、宗固

子胡里剌、胡失來及秉德弟糺里等人之妻。

[4]徒單貞：武黑辟剌人。妻爲海陵同母女弟。本書卷一三二有傳。　蕭裕：奚人。本名遥折。本書卷一二九有傳。

[5]輔國上將軍：武散官。從三品中階。

[6]密國夫人：封號。天眷格，小國封號第二十二爲密。

[7]自熙宗時：北監本、殿本、局本其上有“海陵”二字。

昭媛察八，姓耶律氏。嘗許嫁奚人蕭堂古帶。[1]海陵納之，封爲昭媛。堂古帶爲護衛，察八使侍女習撚以軟金鵪鶉袋數枚遺之，事覺。是時，堂古帶謁告在河間驛，[2]召問之。堂古帶以實對，海陵釋其罪。海陵登寶昌門樓，[3]以察八徇諸后妃，手刃擊之，墮門下死，并誅侍女習撚。

[1]奚人蕭堂古帶：本書僅此一見。

[2]謁告：告假。　河間驛：設在河間府即今河北省河間市的驛館。

[3]寶昌門：在中都，屬宣徽院近侍局所轄，設有都監、同監。海陵嘗於貞元三年（1155）在此門樓觀角觝，於正隆二年（1157）在此觀鄭子聃等同進士雜試。

壽寧縣主什古，[1]宋王宗望女也。静樂縣主蒲剌及習撚，梁王宗弼女也。師姑兒，宗雋女也。皆從姊妹。[2]混同郡君莎里古真及其妹餘都，太傅宗本女也，[3]再從姊妹。[4]郕國夫人重節，[5]宗盤女孫，[6]再從兄之女。[7]及母大氏表兄張定安妻奈剌忽、麗妃妹蒲魯胡只，[8]皆有夫，唯什古喪夫。海陵無所忌耻，使高師姑、内哥、阿古等傳達言語，[9]皆與之私。凡妃主宗婦嘗私之者，皆分屬諸妃，出入位下。奈剌忽出入元妃位，蒲魯胡只出入麗妃位，莎里古真、餘都出入貴妃位，什古、重節出入昭妃位，蒲剌、師姑兒出入淑妃位。海陵使内哥召什古。先於暖位小殿置琴阮其中，[10]然後召之。什古已色衰，常譏其衰老以爲笑。唯習撚、莎里古真最寵，恃勢笞决其夫。海陵使習撚夫稍喝押護衛直宿，莎里古真夫撒速近侍局直宿。謂撒速曰："爾妻年少，遇爾直宿，不可令宿於家，常令宿於妃位。"每召入，必親伺候廊下，立久，則坐於高師姑膝上。高師姑曰："天子何勞苦如此。"海陵曰："我固以天子爲易得耳。此等期會難得，乃可貴也。"每於卧内遍設地衣，裸逐以爲戲。莎里古真在外爲淫泆。海陵聞之大怒，謂莎里古真曰："爾愛貴官，有貴如天子者乎。爾愛人才，有才兼文武似我者乎。爾愛娱樂，有豐富偉岸過於我者乎。"怒甚，氣咽不能言。少頃，乃撫慰之曰："無謂我聞知，便爾慚恧。遇燕會，當行立自如，無爲衆所測度也，恐致非笑。"後亦屢召入焉。餘都，牌印鬆古剌妻也。[11]海陵嘗曰："餘都貌雖不揚，而肌膚潔白可愛。"蒲剌進封壽康公主，什古進封昭寧公主，[12]莎里古真進封壽陽縣主，重節進封蓬萊縣主。重節即昭妃蒲察氏所生，蒲察怒重節與海陵淫，批其頰，海陵怒蒲察氏，終殺之者也。

[1]壽寧縣主什古：即本書卷一二〇《烏古論蒲魯虎傳》的"昭寧公主什古"，其夫爲烏古論蒲魯虎。

［2］從姊妹：四等親。海陵父宗幹與宗望、宗弼、宗雋，皆爲太祖子。海陵與什古等四人爲同祖，故稱從姊妹。

［3］太傅：三師之次。正一品。

［4］再從姊妹：六等親。宗幹父太祖與宗本父太宗，皆世祖子。海陵與莎里古真二人爲同一曾祖，故稱再從姊妹。

［5］郕國夫人：封號。天眷格，小國封號第十五爲郕。

［6］宗盤：太宗嫡長子。本書卷七六有傳。

［7］再從兄之女：七等親。重節父阿虎迭，阿虎迭父宗磐，祖太宗，曾祖世祖。海陵曾祖亦是世祖，故稱重節爲再從兄之女。

［8］張定安妻奈剌忽：張定安，渤海人，其他事迹不詳。奈剌忽，當是海陵表舅之妻。　蒲魯胡只：女真人。當姓唐括氏。

［9］高師姑、内哥、阿古等：此三人皆海陵侍婢。高師姑又稱縣君。按金制，武散官從四品懷遠大將軍以上母、妻封縣君。

［10］琴阮：樂器名。形似今之月琴，相傳爲晋阮咸所造，又稱之謂阮咸。

［11］牌印：官名。牌印祇候或牌印令史的省稱。

［12］蒲剌進封壽康公主，什古進封昭寧公主：按金制，皇女封公主，王之女封縣主。蒲剌與什古皆爲王之女，原本稱縣主，進封公主，則屬違制之特封。

凡宫人在外有夫者，皆分番出入。海陵欲率意幸之，盡遣其夫往上京，婦人皆不聽出外。常令教坊番直禁中，每幸婦人，必使奏樂，撤其幃帳，或使人説淫穢語於其前。嘗幸室女不得遂，使元妃以手左右之。或妃嬪列坐，輒率意淫亂，使共觀。或令人效其形狀以爲笑。凡坐中有嬪御，海陵必自擲一物於地，使近侍環視之，他視者殺。誡宫中給使男子，於妃嬪位舉首者刓其目。出入不得獨行，便旋，須四人偕往，所司執刀監護，不由路者斬之。日入後，下階砌行者死，告者賞錢二百萬。男女倉猝誤相觸，先聲言者賞三品官，後言者死，齊言者皆釋之。女使闢懶有夫在外，[1]海陵封以縣君，欲幸之，惡其有娠，飲以麝香水，躬自揉拉其腹，欲墮其胎。闢懶乞哀，欲全性命，苟得乳免，當不舉。海陵不顧，竟墮其胎。

[1]女使：宫人女官之最下者，稱女使。

蒲察阿虎迭女义察，[1]海陵姊慶宜公主所生，[2]嫁秉德之弟特里。秉德誅，當連坐，太后使梧桐請于海陵，[3]由是得免。海陵白太后欲納义察。太后曰："是兒始生，先帝親抱至吾家養之，至于成人。帝雖舅，猶父也，不可。"其後，嫁宗室安達海之子乙剌補。[4]海陵數使人諷乙剌補出之，因而納之。义察與完顏守誠有姦，[5]守誠本名遏里來，事覺，海陵殺守誠，太后爲义察求哀，乃釋之。义察家奴告义察語涉不道，海陵自臨問，責义察曰："汝以守誠死詈我邪？"遂殺之。

[1]蒲察阿虎迭：女真人。上京曷速河人。又作阿虎特、阿胡迭。本書卷一二〇有傳。

[2]海陵姊慶宜公主：本書卷一二〇《蒲察阿虎迭傳》作"海陵姊遼國長公主迪鉢"，同卷《蒲察鼎壽傳》作"海陵女弟慶宜公主"。

[3]太后：此指海陵嫡母徒單氏。　梧桐：兖本名梧桐，太后

大氏生，海陵母弟。本書卷七六有傳。

[4]安達海：女真人。或作按荅海，又名阿魯綰，宗雄次子。本書卷七三有傳。

[5]完顔守誠：本書僅見於此。

同判大宗正阿虎里妻蒲速碗，[1]元妃之妹，[2]因入見元妃，海陵逼淫之。蒲速碗自是不復入宫。

[1]同判大宗正：即同判大宗正事，太宗正府屬官，爲判大宗正事的副貳。從二品。　阿虎里：女真人。姓完顔太祖母弟斜也幼子，後封爲王，授世襲千户。

[2]元妃之妹：按本書卷七六《宗義傳》謂，阿虎里其妻撻不野女，海陵妃大氏"女兄"，與此言元妃之"妹"相異。

世宗爲濟南尹，[1]海陵召夫人烏林荅氏。[2]夫人謂世宗曰："我不行，上必殺王。我當自勉，不以相累也。"夫人行至良鄉自殺，[3]是以世宗在位二十九年，不復立后焉。

[1]濟南尹：府長官。掌宣風導俗，肅清所部，總判府事。正三品。　濟南府：治所在今山東省濟南市。

[2]烏林荅氏：世宗元配。大定二年（1162）追册爲昭德皇后，章宗大定二十九年改謚爲明德皇后。本書卷六四有傳。

[3]良鄉：大興府屬縣，治所在今北京市房山區良鄉鎮。

金史　卷六四

列傳第二

后妃下

睿宗欽慈皇后　睿宗貞懿皇后　世宗昭德皇后　世宗元妃張氏　世宗元妃李氏　顯宗孝懿皇后　顯宗昭聖皇后　章宗欽懷皇后　章宗元妃李氏　衛紹王后徒單氏　宣宗皇后王氏　宣宗明惠皇后　哀宗徒單皇后

睿宗欽慈皇后，[1]蒲察氏。睿宗元配。后之母，太祖之妹也。[2]睿宗爲左副元帥，天會十三年薨，追封潞王，[3]后封潞王妃。皇統六年，進號冀國王妃。[4]天德間，進國號。正隆例，親王止封一字王，睿宗封許王，[5]后封許王妃。世宗即位，[6]睿宗升祔，[7]追謚欽慈皇后。贈后曾祖賽補司空、韓國公，祖蒲剌司徒、鄭國公，父按補太尉、曹國公。[8]大定二年，祔葬景陵。[9]

[1]睿宗：廟號。初名宗輔，後名宗堯，世宗父。本書卷一九

有紀。

［2］后之母，太祖之妹：后之母爲世祖女，夫爲蒲察按補，女爲欽慈皇后。太祖：廟號。即完顏阿骨打，漢名旻。1115 年至 1123 年在位。本書卷二有紀。

［3］左副元帥：元帥府屬官。正二品。　天會：金太宗及金熙宗初年號（1123—1135，1135—1137）。　潞王：封爵名。天眷格，次國封號第七。

［4］皇統：金熙宗年號（1141—1149）。　冀國王妃：封號。此時睿宗追進冀國王，蒲察氏亦進號冀國王妃。天眷格，大國封號第十五。

［5］天德：金海陵王年號（1149—1153）。　正隆：金海陵王年號（1156—1161）。　許王：封爵名。天眷格，大國封號第十二。

［6］世宗：廟號。名雍。1161 年至 1189 年在位。本書卷六至八有紀。

［7］升祔：奉新死之神立於祖廟，謂之祔。此指世宗尊其父爲帝，奉於祖廟。

［8］司空、司徒、太尉：三公。掌論道經邦，燮理陰陽。皆正一品。　韓國公、鄭國公、曹國公：封爵名。大定格，次國封號第四爲韓、第二爲鄭，大國封號第二十爲曹。

［9］大定：金世宗及金章宗初年的年號（1161—1189）。　景陵：大定二年（1162）十月戊子，改葬睿宗於大房山，號景陵。

世宗嘗曰：“今之女直，不比前輩，雖親戚世叙，亦不能知其詳。太后之母，太祖之妹，人亦不能知也。”謂宗叙曰：[1]“亦是卿父譚王之妹，[2]知之乎?”宗叙曰：“臣不能知也。”上曰：“父之妹且不知，其如疎遠何。”十九年，后族人勸農使莎魯窩請致仕，[3]宰相以莎魯窩未嘗歷外，請除一外官，以均勞佚。[4]上曰：“莎魯窩不閑政事，不可使治民。雖太后戚屬，富貴之可也。”不聽。

[1]宗敘：女真人。姓完顏氏，完顏闍母第四子。本書卷七一有傳。

[2]譚王：封爵名。天眷格，小國封號第十八。

[3]勸農使：勸農使司長官。掌勸課天下力田之事。正三品。涉魯窩：女真人。姓蒲察。大定七年（1167）九月，嘗以勸農使爲賀宋生日使。

[4]佚：同“逸”。

貞懿皇后，李氏，[1]世宗母，遼陽人。[2]父鶵訛只，[3]仕遼，官至桂州觀察使。[4]天輔間，[5]選東京士族女子有姿德者赴上京，[6]後入睿宗邸。七年，世宗生。天會十三年，睿宗薨，世宗時年十三。后教之有義方，嘗密謂所親曰：“吾兒有奇相，貴不可言。”居上京，內治謹嚴，臧獲皆守規矩，[7]衣服飲食器皿無不精潔，敦睦親族，周給貧乏，宗室中甚敬之。后性明敏，剛正有決，容貌端整，言不妄發。

[1]李氏：渤海人。名洪願，睿宗次室，世宗母。見遼陽發現的《通慧圓明大師塔銘》（《考古》1984年第2期）。

[2]遼陽：府名。治所在今遼寧省遼陽市。

[3]鶵訛只：渤海人。據本書卷八四《李石傳》，卒於金太祖收國二年（1116），高永昌據東京之初。

[4]桂州觀察使：寄祿官名。遼無桂州。唐寄祿官有名桂州觀察使者，不駐本州，遼承唐制，因唐舊名授東京武官鶵訛只。其官

階高於防禦使而低於承宣使。

[5]天輔：金太祖年號（1117—1123）。

[6]東京：東京留守司置遼陽府。　上京：即金上京。金之舊土，初爲會寧州，太宗以建都升爲府，熙宗天眷元年（1138）號上京，治所在今黑龍江省阿城市南白城子。天輔年間上京，爲原遼上京。此處“上京”當是“京師”之誤。

[7]臧獲：奴婢的賤稱。

舊俗，婦女寡居，宗族接續之。后乃祝髮爲比丘尼，[1]號通慧圓明大師，賜紫衣，歸遼陽，營建清安禪寺，[2]别爲尼院居之。[3]貞元三年，[4]世宗爲東京留守。[5]正隆六年五月，后卒。[6]世宗哀毀過禮，以喪去官。未幾，起復爲留守。是歲十月，后弟李石定策，[7]世宗即位于東京，尊謚爲貞懿皇后，[8]其寢園曰孝寧宫。

[1]祝髮：削髮爲僧尼。　比丘尼：梵語，又稱“苾刍尼”“煏刍尼”，即受過具足戒的女僧。

[2]清安禪寺：又稱清安寺，爲佛教禪宗寺院。

[3]别爲尼院：即在寺内另建尼院。其尼院，《大金集禮》稱“静因院”。

[4]貞元：金海陵王年號（1153—1156）。

[5]留守：留守司長官。帶本府尹兼本路兵馬都總管。正三品。

[6]后卒：《通慧圓明大師塔銘》謂：“門世六十有八歲，僧夏一十有七也。”

[7]李石：渤海族人。本書卷八六有傳。

[8]尊謚爲貞懿皇后：大定元年（1161）十一月甲申，世宗追謚皇妣李氏曰貞懿皇后。

大定二年，改葬睿宗於景陵。初，后自建浮圖于遼陽，是爲垂慶寺，臨終謂世宗曰："鄉土之念，人情所同，吾已用浮屠法置塔于此，不必合葬也。我死，毋忘此言。"世宗深念遺命，乃即東京清安寺建神御殿，詔有司增大舊塔，起奉慈殿於塔前。勅禮部尚書王競爲塔銘以敘其意。[1]贈后曾祖參君司空、潞國公，祖波司徒、衛國公，父雛訛只太尉、隋國公。[2]四年，封后妹爲邢國夫人，[3]賜銀千兩、錦綺二十端、絹五百匹。九年，神御殿名曰報德殿，[4]詔翰林學士張景仁作《清安寺碑》，[5]其文不稱旨，詔左丞石琚共修之。[6]十三年，東京垂慶寺起神御殿，[7]寺地褊狹，詔買傍近民地，優與其直，不願鬻者以官地易之。二十四年，世宗至東京，幸清安、垂慶寺。[8]

[1]禮部尚書：尚書省禮部長官。正三品。　王競：字無競，彰德人。本書卷一二五有傳。

[2]潞國公、衛國公、隋國公：均爲封爵名。大定格，次國封號第五爲潞，第三爲衛，第一爲隋。

[3]邢國夫人：封號。大定格，次國封號第十六爲邢。

[4]報德殿：按《大金集禮》卷二一謂，大定十八年（1178），"東京大清安禪寺立貞懿皇后功德碑，其殿曰報德，之殿門名亦同。"

[5]翰林學士：翰林學士院屬官。掌制撰詞命。正三品。　張景仁：遼西人。本書卷八四有傳。

[6]左丞：執政官。爲宰相之貳，佐治省事。正二品。　石琚：定州人。本書卷八八有傳。

[7]東京垂慶寺起神御殿：《大金集禮》卷二一謂："大定十年，

東京垂慶寺太后影殿曰孝思。”施國祁《金史詳校》卷七謂，“起神御殿”下，當加“名曰孝思”。

[8]“二十四年”至“垂慶寺”：據《金文最》卷一〇八引《元文類》元好問《尚書右丞相耶律公神道碑》載，此後，世宗從禮部議，依常典，已遷貞懿皇后陵寢祔葬於景陵。

世宗昭德皇后。烏林荅氏，其先居海羅伊河，[1]世爲烏林荅部長，率部族來歸，居上京，[2]與本朝爲婚姻家。曾祖勝管，[3]康宗時累使高麗。[4]父石土黑，騎射絶倫，從太祖伐遼，領行軍猛安。[5]雖在行伍間，不嗜殺人。以功授世襲謀克，[6]爲東京留守。

[1]海羅伊河：《黑龍江輿地圖説》《黑龍江志稿》均謂富爾澗河。張博泉《金史論稿》認爲，富爾澗與海羅伊音不諧，亦無實據可證。疑“海羅伊”即“孩懶”的異寫，而海懶水即今牡丹江支流海浪河（張博泉等《金史論稿》第一卷，吉林文史出版社1986年版，第65頁）。

[2]率部族來歸，居上京：金初承用遼上京，在今内蒙古自治區巴林左旗林東鎮。此處上京當爲金内地的“京師”。

[3]勝管：亦作勝昆。康宗四年（1106）丙戌歲，高麗背約，爲其所害。

[4]康宗：廟號。即完顔烏雅束。1103年至1113年在位。本書卷一有紀。

[5]行軍猛安：軍官名。指戰時授予掌管軍務的猛安。

[6]世襲謀克：女真地方行政建置長官，具有政治、軍事、生産等多種職能。爲世襲職，稱世襲謀克，也用於女真封爵名稱。據本書卷一二〇《烏林荅暉傳》，此世襲謀克，即納鄰河猛安親管謀克。

后聰敏孝慈，容儀整肅，在父母家，宗族皆敬重之。既歸世宗，事舅姑孝謹，治家有叙，甚得婦道。睿宗伐宋，得白玉帶，蓋帝王之服御也。睿宗没後，世宗寶畜之。后謂世宗曰："此非王邸所宜有也，當獻之天子。"世宗以爲然，獻之熙宗，[1]於是悼后大喜。[2]熙宗晚年頗酗酒，[3]獨於世宗無間然。

[1]熙宗：廟號。名完顏亶。1135年至1149年在位。本書卷四有紀。

[2]悼后：熙宗后，裴滿氏。本書卷六三有傳。

[3]酗酒：原作"酒酗"，中華點校本依其文意改爲"酗酒"，是。

海陵篡立，[1]深忌宗室。烏帶譖秉德以爲意在葛王。[2]秉德誅死，后勸世宗多獻珍異以説其心，[3]如故遼骨睹犀佩刀、吐鶻、[4]良玉茶器之類，皆奇寶也。海陵以世宗恭順畏己，由是忌刻之心頗解。

[1]海陵：封號。名完顏亮。1149年至1161年在位。本書卷五有紀。

[2]烏帶：女真人。姓完顏氏，漢名言，行臺左丞相阿魯補子。本書卷一三二有傳。　秉德：女真人。姓完顏氏，宗翰孫。本書卷一三二有傳。　葛王：封爵名。天眷格，小國封號第二十七。世宗於皇統年間被封爲葛王，此指世宗。

[3]説：通"悦"。

[4]骨睹犀：又作骨突犀、骨咄犀，犀中最貴重者。如象牙帶

黄色，萬株犀無一。　吐鶻：又作兔鶻，腰間束帶。

后不妬忌，爲世宗擇後房，廣繼嗣，雖顯宗生後，[1]而此心不移。后嘗有疾，世宗爲視醫藥，數日不離去。后曰："大王視妾過厚，其知者以爲視疾，不知者必有專妬之嫌。"又曰："婦道以正家爲大，第恐德薄，無補内治，安能效嬪妾所爲，惟欲己厚也。"

[1]顯宗：廟號。名允恭，世宗第二子，母烏林荅氏。本書卷一九有紀。

世宗在濟南，海陵召后來中都。[1]后念若身死濟南，海陵必殺世宗，惟奉詔，去濟南而死，世宗可以免。謂世宗曰："我當自勉，不可累大王也。"召王府臣僕張謹言諭之曰：[2]"汝，王之腹心人也。爲我禱諸東岳，我不負王，使皇天后土明監我心。"[3]召家人謂之曰："我自初年爲婦以至今日，未嘗見王有違道之事。今宗室往往被疑者，皆奴僕不良，傲恨其主，以誣陷之耳。汝等皆先國王時舊人，[4]當念舊恩，無或妄圖也。違此言者，我死後於冥中觀汝所爲。"衆皆泣下。后既離濟南，從行者知后必不肯見海陵，將自爲之所，防護甚謹。行至良鄉，[5]去中都七十里，從行者防之稍緩，后得間即自殺。海陵猶疑世宗教之使然。

[1]濟南：府名。治所在今山東省濟南市。　中都：舊名燕京，海陵定都後改稱中都，治所在今北京市。

[2]張謹言：張覺子。侍世宗讀書，遂使主家事。本書卷一三三有附傳，作“張僅言”。

[3]監：通“鑑”。

[4]先國王：指世宗父宗輔。

[5]良鄉：縣名。治所在今北京市房山區良鄉鎮。

世宗自濟南改西京留守，[1]過良鄉，使魯國公主葬后于宛平縣土魯原。[2]大定二年，追册爲昭德皇后，[3]立别廟。[4]贈三代，曾祖勝管司空、徐國公，曾祖母完顔氏徐國夫人，祖术思黑司徒、代國公，祖母完顔氏代國夫人，父石土黑太尉、瀋國公，母完顔氏瀋國夫人。[5]勑有司改葬，命皇太子致奠。以后兄暉子天錫，[6]爲太尉石土黑後，授世襲猛安。[7]上謂天錫曰：“朕四五歲時與皇后定婚，乃祖太尉置朕于膝上曰：‘吾壻七人，此壻最幼，後來必大吾門。’今卜葬有期，疇昔之言驗矣。”

[1]西京：治所在今山西省大同市。

[2]魯國公主：即世宗長女，與顯宗同爲烏林荅氏所生，嫁太祖外孫烏古論元忠。世宗時先封豫國公主，後進封魯國公主，章宗時稱魯國大長公主。　宛平縣：治所在今北京市豐臺區。　土魯原：按《女真館雜字》，“都魯温”義爲“陽”，《爾雅·釋地》謂“廣平爲原”，土魯原當指宛平附近一山坡陽面廣闊平坦之地。

[3]大定二年，追册爲昭德皇后：按《大金集禮》卷六謂，時在該年四月二十六日。

[4]立别廟：援唐典爲昭德皇后立别廟於太廟内垣東北。

[5]徐國公、代國公、瀋國公：皆封爵名。大定格，次國封號

第十一爲徐，第九爲代，第七爲瀋。

[6]暉：女真人。即烏林荅暉。本書卷一二〇有傳。　天錫：烏林荅暉第三子。

[7]世襲猛安：女真地方行政建置長官的名稱，具有政治、軍事、生産多種職能，爲謀克上一級建置，世襲職，也用於女真封爵名稱。前文謂石土黑“以功授世襲謀克”，《烏林荅暉傳》亦謂“詔以暉第三子天錫，世襲納鄰河猛安親管謀克”。“猛安”當爲“謀克”之誤。

六年，利涉軍節度副使烏林荅鈔兀捕逃軍受贓，[1]當死。有司奏，鈔兀，后大功親，[2]當議。[3]詔論如法。

[1]節度副使：位在同知節度使之下，從五品。　利涉軍：置濟州，治所在今吉林省農安縣。

[2]大功親：已婚女對伯叔父、兄弟、侄等，皆稱大功之親。

[3]當議：即當議親。議親爲“八議”之一，可以此減刑或免刑。源於周代的“八辟”，漢代改稱“八議”。

八年七月，章宗生，[1]世宗喜甚。謂顯宗曰：“得社稷冢嗣，朕樂何極。此皇后貽爾以陰德也。”

[1]章宗：廟號。名璟。1190年至1208年在位。本書卷九至卷一二有紀。

十年十月，將改葬太尉石土黑，有司奏禮儀，援唐葬太尉李良器、司徒馬燧故事，[1]百官便服送至都門外五里。上曰：“前改葬太后父母，未嘗用此故事。但以本朝禮改葬之，惟親戚皆送。”詔皇太子臨奠。

[1]李良器：名晟。《舊唐書》卷一三三、《新唐書》卷一五四皆有傳。唐貞元九年（793）八月卒，德宗廢朝五日，令百官就第臨弔，命京兆尹監護喪事。　馬燧：《舊唐書》卷一三四、《新唐書》卷一五五皆有傳。唐貞元十一年八月卒，德宗廢朝四日，詔京兆尹韓皋監護喪事，嗣吳王獻爲弔祭贈賵使。

十一年，皇太子生日，[1]世宗宴於東宫。[2]酒酣，命豫國公主起舞。上流涕曰：“此女之母皇后，婦道至矣。朕所以不立中宫者，念皇后之德今無其比故也。”

[1]皇太子生日：皇太子允恭，生於皇統六年（1146）十一月庚子。

[2]東宫：即皇太子所居的承華殿。

十二年四月，立皇后别廟于太廟東北隅。[1]是歲五月，車駕幸土魯原致奠。十九年，改卜于大房山。[2]十一月甲寅，[3]皇后梓宫至近郊，百官奉迎。乙卯，車駕如楊村致祭。丙辰，上登車送，哭之慟。戊午，奉安于磐寧宫。[4]庚申，葬于坤厚陵，諸妃祔焉。[5]二十九年，祔葬興陵。[6]章宗時，有司奏太祖謚有“昭德”字，[7]改謚明德皇后。

[1]于太廟東北隅：按本書卷三三《禮志六》：“後以殿制小，又於太廟之東别建一位。十二年八月，廟成。”“北”當爲衍字。　太廟：金朝皇帝的祖廟。

[2]大房山：在今北京市房山區西北。

[3]十一月甲寅：按《宋史·孝宗紀》淳熙六年（1179，即金大定十九年）謂“十一月乙卯朔”，“甲寅”當在十月，下文“乙卯”始爲“十一月”。

[4]磐寧宫：大房山行宫，建成於貞元三年（1155）十月。

[5]坤厚陵：位於大房山，葬世宗昭德皇后烏林荅氏。左光慶典領其工役。　諸妃祔焉：是時以世宗元妃張氏陪葬。大定二十八年（1188）九月，元妃李氏與賢妃石抹氏、德妃徒單氏、柔妃李氏，又俱陪葬於坤厚陵。

[6]興陵：世宗陵號。

[7]太祖謚有昭德字：金皇統五年（1145）十月辛卯，增謚太祖爲“應乾興運昭德定功睿神莊孝仁明大聖武元皇帝”，内有“昭德”二字。

元妃張氏，父玄徵。[1]母高氏，與世宗母貞懿皇后葭莩親。[2]世宗納爲次室，生趙王永中，而張氏卒。[3]大定二年，追封宸妃。是歲十月，追進惠妃。十九年，追進元妃。

[1]玄徵：渤海人。即張玄徵，張玄素之兄，張汝弼之父。官至彰信軍節度使。

[2]葭莩親：葭莩，蘆葦中的薄膜，比喻關係疏遠淡薄。後泛稱戚屬爲葭莩。

[3]生趙王永中，而張氏卒：本書卷八五《世宗諸子傳》，作“生鎬王永中、越王永功，而張氏卒”。

大定二十五年，[1]皇太子薨。永中於諸子最長，而世宗與徒單克寧議立章宗爲太孫。[2]世宗嘗曰：“克寧與永中有親，而建議立太孫，真社稷臣也。”尚書左丞汝弼者，[3]玄徵子，永中母舅。汝弼妻高陀斡屢以邪言怵永中，[4]畫元妃像，朝夕事之，覬望徼福，及挾左道。[5]明昌五年，[6]高陀斡誅死，事連汝弼及永中。汝弼以死後事覺，得不追削官爵。而章宗心疑永中，累年不釋。諫官賈守謙、路鐸上疏欲寬解上意，[7]章宗愈不悦。平章政事完顏守貞持其事不肯决。[8]章宗怒守貞，罷知濟南府，[9]諸諫官皆斥外，賜永中死。[10]金代外戚之禍，惟張氏云。

[1]大定二十五年：前文已云大定，此處“大定”二字，依例當削。

[2]徒單克寧：其先金源縣人，後占籍山東萊州，時爲太尉兼左丞相。本書卷九二有傳。　立章宗爲太孫：章宗於大定二十六年（1186）十一月庚申被立爲皇太孫，翌年三月辛亥授皇太孫册。

[3]尚書左丞：執政官，爲宰相之貳，佐治省事。從二品。　汝弼：即張汝弼，渤海人。本書卷八三有傳。

[4]高陀斡：渤海人。張汝弼妻，明昌五年（1194）十月庚戌，以謀逆伏誅。

[5]左道：即旁門邪道。據本書卷一〇〇《路鐸傳》載，行左道之術者，當爲郝忠愈。

[6]明昌五年：原作“明昌二年”。按本書卷一〇《章宗紀二》，明昌五年（1194）冬十月“庚戌，張汝弼妻高陀斡以謀逆，伏誅”。又卷八五《永中傳》，“明昌五年，高陀斡坐詛祝誅”。中華點校本據改，是。

[7]賈守謙：時爲右諫議大夫。　路鐸：冀州人。路伯達之子，時爲右拾遺。本書卷一〇〇有傳。

[8]平章政事：爲宰相，掌丞天子，平章萬機。從一品。　完顔守貞：完顔希尹孫。本書卷七三有傳。

[9]知濟南府：府官。知府事，本書《百官志》不載，世宗大定年間始設，官品高於同知，或低於府尹。章宗朝及以後，不授府尹，以知府事代之，掌宣風導俗，肅清所部，總判府事。官品或與府尹同，正三品。

[10]賜永中死：明昌六年（1195）五月乙未，判平陽尹鎬王永中以罪賜死，並及二子。

元妃李氏，南陽郡王李石女。[1]生鄭王允蹈、衛紹王允濟、潞王允德。[2]豫王允成母昭儀梁氏早卒，[3]上命允成爲妃養子。大定元年，封賢妃。二年，進封貴妃。七年，進封元妃。世宗即位，感念昭德皇后，不復立后。嘗曰："朕所以不復立后者，今後宫無皇后之賢故也。"元妃下皇后一等，在諸妃上。石有定策功，世宗厚賞而深制之，寵以尚書令之位，而責成左右丞相以下，[4]妃雖貴，不得預政，宫壼無事。

[1]南陽郡王李石：本書卷八六《李石傳》，衹見其封號道國公、平原郡王與廣平郡王。卷三一《禮志四》亦稱李石爲廣平郡王。疑"南陽郡王"爲"廣平郡王"之誤。

[2]鄭王允蹈、衛紹王允濟、潞王允德：鄭、衛、潞爲封爵名。大定格，次國封號第二爲鄭，第三爲衛，第五爲潞。允蹈、允德，本書卷八五有傳。衛紹王允濟，金朝第七位皇帝，本書卷一三有紀。

[3]豫王：封爵名。大定格，大國封號第十四。　允成：本書卷八五有傳。

［4］寵以尚書令之位，而責成左右丞相之下：本書卷八六《李石傳》載，世宗謂李石曰："軍國大事涉於利害者，議其可否，細事不煩卿也。"　尚書令：總領紀綱，儀刑端揆。正一品。　左右丞相：即左丞相和右丞相，均爲宰相，掌丞天子，平章萬機。從一品。

大定二十一年二月，上如春水，次長春宫。[1]戊子，妃以疾薨。詔允成、允蹈、允濟、允德皆服衰絰居喪。己丑，皇太子及扈從臣僚，奉慰于芳明殿。[2]辛卯，留守官平章政事唐括安禮、曹王允功等上表奉慰。[3]御史中丞張九思提控殯事，[4]少府監左光慶、大興少尹王脩典領鹵簿儀仗。[5]宫籍監别治殯所，[6]還殯京師。乙未，入自崇智門，[7]百官郊迎，親戚迎奠道路，殯于興德宫西位别室。[8]庚子，上至京師，幸興德宫致奠。比葬，三致奠焉。詔平章政事烏古論元忠監護葬事。[9]癸未，啓菆，[10]上輟朝。皇太子、親王、宗戚、百官送葬。甲申，葬於海王莊。[11]丙戌，上如海王莊燒飯。[12]二十八年九月，與賢妃石抹氏、德妃徒單氏、柔妃大氏俱陪葬于坤厚陵。[13]衛紹王即位，追謚光獻皇后，贈妃弟獻可特進。[14]貞祐三年九月，削皇后號。[15]

［1］長春宫：行宫。在灤州石城縣，今河北省唐山市北郊徒河南岸。

［2］芳明殿：宫殿名。僅此一見，當在長春行宫。

［3］唐括安禮：女真人。時以平章政事，留守中都尚書省。本書卷八八有傳。　曹王：封爵名。大定格，大國封號第二十。　允功：本書卷八五有傳。

［4］御史中丞：御史臺屬官。協助御史大夫掌糾察朝儀、彈劾官邪、勘鞫官府公事，審斷所屬部門理斷不當引起上訴的案件。從三品。　張九思：錦州人。本書卷九〇有傳。

［5］少府監：少府監長官。掌邦國百工營造之事。正四品。　左光慶：左企弓孫。本書卷七五有傳。　大興：府名。京師所在地，今北京市。　大興少尹：少尹爲府尹佐貳，協助府尹處理本府政務。正五品。　王翛：涿州人。本書卷一〇五有傳。

［6］宫籍監：官署名。掌内外監户及土地錢帛小大差發。隸殿前都點檢司。凡没入官良人，隸宫籍監爲監户。

［7］崇智門：京師燕城城門有十三，北面有崇智門。

［8］興德宫：在中都宫城内。時上京原睿宗所居的興德宫，已更名爲永祚宫。

［9］烏古論元忠：女真人。其先上京獨拔古人。本書卷一二〇有傳。

［10］啓菆（zōu）：《禮記・檀弓》孔穎達疏云："菆，叢也，謂用木菆棺而四面塗也。"這裏指把棺木停放在一個地方，准備下葬。

［11］海王莊：亦名海王村。今北京琉璃廠，舊名海王莊。

［12］燒飯：《大金國志》卷三九謂："其祀，飲食之物盡焚之，謂之燒飯。"按契丹、女真、蒙古皆有是俗。

［13］賢妃石抹氏：似即永升母才人石抹氏。　德妃徒單氏、柔妃大氏：二氏本書僅此一見。

［14］獻可：渤海人。李石之子，本書卷八六有傳。　特進：文散官。從一品中次階。

［15］貞祐：宣宗年號（1213—1217）。　削皇后號：黜光獻皇后尊謚，太廟神主、啓慶宫畫像，一並遷出。

顯宗孝懿皇后，徒單氏。其先忒里闢剌人也。[1]曾祖抄，[2]從太祖取遼有功，命以所部爲猛安，世襲之。祖婆盧火，[3]以戰功多，累官開府儀同三司，[4]贈司徒、齊國公。[5]父貞尚遼王宗幹女梁國公主，[6]加駙馬都尉，贈太師、廣平郡王。[7]

[1]忒里闢剌：其地以水爲名，即本書卷一三二《徒單貞傳》的“忒黑闢剌”。張博泉《金史論稿》認爲此水已難確指，可能是忽蘭河的一條支流（張博泉等《金史論稿》第一卷，吉林文史出版社1986年版，第66頁）。

[2]抄：女真人。即徒單抄。章宗即位，贈司空、魯國公。

[3]婆盧火：女真人。即大定間所定的衍慶亞次功臣齊國公婆盧火。

[4]累官：“官”，原作“宫”，據南監本、北監本、殿本、局本改。　開府儀同三司：文散官。從一品上階。

[5]齊國公：封爵名。大定格，大國封號第七。

[6]貞：即徒單貞。本書卷一三二有傳。　梁國公主：海陵同母女弟。章宗即位追封梁國夫人，又進封梁國公主。

[7]駙馬都尉：官名。凡尚公主者多授此官，無具體職掌。正四品。　太師：三公之首。師範一人，儀刑四海。正一品。　廣平郡王：封號。正一品曰郡王，封王之郡號第二爲廣平。

后以皇統七年生於遼陽。母夢神人授以寶珠，光焰滿室，既寤而生，紅光燭于庭。后性莊重寡言，父母嘗令總家事，細大畢辦，諸男不及也。世宗初即位，貞爲御史大夫，[1]自南京馳見。[2]世宗喜謂之曰：“卿雖廢主腹心臣，然未嘗助彼爲虐，況卿家法可尚，其以卿女爲朕子妃。”及顯宗爲皇太子，大定四年九月，備禮親迎於貞第。世宗臨宴，盡歡而罷。是年十一月，顯宗生辰，初封爲皇太子妃。

[1]御史大夫：御史臺長官。舊爲正三品，大定十二年（1172）升爲從二品。

[2]南京：治所在今河南省開封市。

八年七月，上遣宣徽使移剌神獨斡以名馬、寶刀、御膳賜太子及妃，[1]仍諭之曰："妃今臨蓐，願平安得雄。有慶之後，宜以此刀置左右。"既而皇孫生，是爲章宗。時上幸金蓮川，[2]次冰井，[3]翌日，上臨幸撫視，宴甚歡。又賜御服佩刀等物，謂顯宗曰："祖宗積慶，且皇后陰德至厚，而有今日，社稷之洪福也。"又謂李石、紇石烈志寧曰：[4]"朕諸子雖多，皇后止有太子一人而已。今幸得嫡孫，觀其骨相不凡，又生麻達葛山，[5]山勢衍氣清，朕甚嘉之。"因以山名爲章宗小字。

[1]宣徽使：宣徽院長官。掌朝會、燕享，凡殿庭禮儀及監知御膳。有左右之分，皆正三品。此爲"右宣徽使"的簡稱。　移剌神獨斡：契丹人。曾以右宣徽使爲賀宋生日使。

[2]金蓮川：原名曷里滸（羊城泊）東川，世宗更名爲金蓮川，指流經今河北省沽源縣與内蒙古自治區正藍旗的閃電河。

[3]冰井：在今河北省沽源縣境内。

[4]紇石烈志寧：女真人。上京胡塔安人。本書卷八七有傳。

[5]麻達葛山：在今河北省沽源縣境内。章宗即位，更此山名爲胡土白山，義爲福山。明昌六年（1195）又封其山神爲瑞聖公。

后素謙謹，每畏其家世崇寵，見父母流涕而言曰：“高明之家，古人所忌，願善自保持。”其後，家果以海陵事敗，蓋其遠慮如此。世宗嘗謂諸王妃、公主曰：“皇太子妃容止合度，服飾得中，爾等當法効之。”章宗即位，尊爲皇太后，更所居仁壽宫名曰隆慶宫。[1]詔有司歲奉金千兩、銀五千兩、重幣五百端、絹二千疋、綿二萬兩、布五百疋、錢五萬貫。他所應用，内庫奉之，毋拘其數。

[1]更所居仁壽宫名曰隆慶宫：章宗即位，大定二十九年（1189）正月，名生母所居曰仁壽宫，設衛尉等官。二月，尊母爲皇太后，又更仁壽宫名隆慶。後於明昌五年，又易隆慶宫爲東宫。

上月或五朝六朝，而后愈加敬儉，見諸大長公主，[1]禮如平時，惇睦九族，恩紀皆洽。尤惡聞人過，諛佞之言無所得入。恕以容物，未嘗見喜愠。然御下公平，雖至親無所阿徇。嘗誡諸姪曰：“皇帝以我故，乃推恩外家，當盡忠圖報。勿謂小善爲無益而弗爲，小惡爲無傷而弗去。毋藉吾之貴，輒肆非違，以干國家常憲。”一日，妹并國夫人、嫂涇國夫人等侍側，[2]因諭之曰：“爾家累素重，且非豐厚，宜節約財用，勿以吾爲可恃。吾受天下之養，豈有所私積哉。況財用者，天下之財用也。吾終不能多取以富爾之私室。”家人有以玉盂進者，却之，且曰：“貴異物而殫財用，非我所欲也。況我之賜予有度，今爾以此爲獻，何以自給。徒費汝財，我實無用，後勿復爾。”明昌元年，禮官議以五月奉上册寶，后弗許。上屢爲之請，后曰："今世宗服未終，遽衣錦綉、佩珠玉，於禮何安。當俟服闋行之。"上諭有司曰："太后執意甚堅，其待來年。"明昌二年正月，崩於隆慶宫，年四十五。謚曰孝懿，祔葬裕陵。[3]

[1]大長公主：皇帝之姑稱大長公主。

[2]并國夫人：本書卷一〇〇《完顔伯嘉傳》又稱晋國夫人。并爲明昌格大國封號第五，晋爲大定格大國封號第五，章宗即位之初，仍沿大定舊格。其夫名吾也藍。　涇國夫人：本書卷一二〇《徒單銘傳》謂"祖貞"，"父特進涇國公"。涇國夫人，當是徒單銘之母。明昌格次國封號第一爲涇。

[3]裕陵：顯宗允恭陵。

后好《詩》《書》，尤喜《老》《莊》，[1]學純淡清懿，造次必於禮。逮嬪御以和平，其有生子而母亡者，視之如己所生，慈訓無間。上時問安，見事有未當者，必加之嚴誡云。

[1]《詩》：即《詩經》。　《書》：即《尚書》，又稱《書經》。　《老》：即《老子》，老聃撰。　《莊》：即《莊子》，莊周撰。

昭聖皇后，劉氏，遼陽人。天眷二年九月己亥夜，[1]后家若見有黄衣女子入其母室中者，俄頃，后生。性聰慧，凡字過目不忘。初讀《孝經》，旬日終卷。最喜佛書。世宗爲東京留守，因擊毬，見而奇之，使見貞懿皇后于府中，進退閑雅，無忞睢之色。大定元年，選入東宮，時年二十三。

[1]天眷：金熙宗年號（1138—1140）。

三年三月十三日，宣宗生。[1]是日，大雨震電，后驚悸得疾，尋卒。承安五年，[2]贈裕陵昭華。[3]宣宗即位，追尊爲皇太后，升祔顯宗廟，追謚昭聖皇后。[4]

[1]宣宗：廟號。名珣。1213年至1223年在位。本書卷一四至卷一六有紀。

[2]承安：金章宗年號（1196—1200）。

[3]昭華：按本書《百官志》内命婦品條，九嬪之位不見昭華。本書亦未見金諸后妃有封昭華者。似章宗爲其庶母所加的特封。

[4]追謚昭聖皇后：按本書卷一四《宣宗紀上》謂，貞祐三年（1215）十二月“乙未，勅贈昭聖皇后三代官爵”。本傳從略。

章宗欽懷皇后，蒲察氏，上京路曷速河人也。[1]曾祖太神，[2]國初有功，累階光禄大夫，[3]贈司空、應國公。[4]祖阿胡迭，[5]官至特進，贈司徒、譙國公。[6]父鼎壽尚熙宗鄭國公主，[7]授駙馬都尉、中都路昏得渾山猛安、曷速木單世襲謀克，[8]累官至金吾衛上將軍，[9]贈太尉、越國公。[10]

[1]曷速河：屬上京路，具體所在無考。

[2]太神：人名。本書僅此一見。

[3]光禄大夫：文散官。從一品中次階。

[4]應國公：封爵名。按天眷格小國封號第十九，大定格與明昌格則改爲“杞”，參及其子孫的封爵，“應”或爲明昌格大國封號第十一“鄖”。因音近而致誤。

[5]阿胡迭：女真人。又作阿虎迭、阿虎特。本書卷一二〇有傳。

[6]譙國公：封爵名。明昌格，大國封號第十。本書卷一二〇《蒲察阿虎迭傳》作楚國公，乃海陵正隆間所贈。明昌間以楚爲昔有天下者之號，不宜封臣下，改贈阿胡迭爲譙國公。

[7]鼎壽：即蒲察鼎壽。本書卷一二〇有傳。　鄭國公主：熙宗女，“熙宗”下當加一“女”字。天眷格，次國封號第三爲鄭。

[8]中都路昏得渾山猛安：本書卷一二〇《徒單銘傳》作“中都路渾特山猛安”。卷一三二《徒單貞傳》作“臨潢路昏斯魯猛安”，日本學者三上次男謂與“咸平路窟吐忽河”有關。其初地不可確指。曷速木單或曷速河謀克，原當在上京，後南遷中都路（［日］三上次男：《金代女真研究》，金啓孮譯，黑龍江人民出版社 1984 年版，第 501 頁）。

[9]金吾衛上將軍：武散官。正三品中階。

[10]越國公：封爵名。明昌格，大國封號第九。

后之始生，有紅光被體，移時不退。就養於姨冀國公主，[1]既長，孝謹如事所生。大定二十三年，章宗爲金源郡王，[2]行納采禮。[3]世宗遣近侍局使徒單懷忠就賜金百兩、銀千兩、廐馬六匹、重綵三十端。[4]拜命間，慶雲見于日側，觀者異之。是年十一月，[5]備禮親迎，詔親王、宰執三品已上官及命婦會禮。封金源郡王夫人，後進封妃，崩。[6]

［1］冀國公主：公主封號。其人當與熙宗女鄭國公主爲姊妹，與烏古論粘没曷所尚睿宗女冀國長公主爲兩人。

［2］金源郡王：封王之郡號第一爲金源，正一品。章宗於大定十八年（1178）被封爲金源郡王。

［3］行納采禮：古代婚禮之一，即男家向女家送求婚的禮物。

［4］近侍局使：近侍局屬官。掌侍從，承勑令，轉進奏帖。從五品。　徒單懷忠：泰和年間嘗任右宣徽使及同判大睦親府事。

［5］是年：即前文所見的"二十三年"。

［6］後進封妃，崩：施國祁《金史詳校》卷七據本書卷九三《洪裕傳》謂，"妃"下當加"二十六年生絳王洪裕，三歲薨。大定末"。

后性淑明，風儀粹穆，知讀書爲文。帝即位，遂加追册，仍詔告中外，奉安神主于坤寧宫，[1]歲時致祭。大安初，祔葬于道陵。[2]

［1］坤寧宫：坤寧宫與太廟、衍慶宫等，同歸太廟署令丞提舉。

［2］大安：金衛紹王年號（1209—1211）。　道陵：章宗陵號。

元妃李氏師兒，其家有罪，没入宫籍監。父湘，母王盻兒，皆微賤。大定末，以監户女子入宫。是時宫教張建教宫中，[1]師兒與諸宫女皆從之學。故事，宫教以青紗隔障蔽内外，宫教居障外，諸宫女居障内，不得面見。有不識字及問義，皆自障内映紗指字請問，宫教自障外口説教之。諸女子中惟師兒易爲領解，建不知其誰，但識其音聲清亮。章宗嘗問建，宫教中女子誰可教者。建對曰："就中聲音清亮者最可教。"章宗以建言求得之。宦者梁道譽師兒才美,[2]勸章宗納之。章宗好文辭,妃性慧黠,能作字,知文義,尤善伺候顔色,迎合旨意,遂大愛幸。明昌四年,封爲昭容。[3]明年,進封淑妃。[4]父湘追贈金紫光禄大夫、上柱國、隴西郡公。[5]祖父、曾祖父皆追贈。

[1]張建:蒲城人。明昌初召爲宫教。本書卷一二六有傳。

[2]梁道:章宗時有宦者梁道、李新喜干政。世傳梁道勸章宗納李妃後宫,本書不載梁道始末。

[3]昭容:位九嬪第二。正二品。

[4]淑妃:位諸妃第三。正一品。

[5]金紫光禄大夫:文散官。正二品上階。　上柱國:勛級,正二品。　隴西郡公:封號。正從二品曰郡公。

兄喜兒舊嘗爲盜,與弟鐵哥皆擢顯近,勢傾朝廷,風采動四方,射利競進之徒争趨走其門。南京李炳、中山李著與通譜系,[1]超取顯美。胥持國附依以致宰相。[2]怙財固位,上下紛然,知其姦蠹,不敢擊之,雖擊之,莫能去也。紇石烈執中貪愎不法,[3]章宗知其跋扈,而屢斥屢起,[4]終亂天下。

[1]李炳:本書凡四見。曾任左司都事、監察御史和禮部侍郎,又曾推問知大興府事紇石烈執中斷案事。　中山:府名。治所在今河北省定州市。　李著:據本書卷九九《孫鐸傳》,泰和間嘗任户部員外郎。

[2]胥持國:經童出身,後爲相,與李妃表里,管擅朝政。本書卷一二九有傳。

［3］紇石烈執中：本名胡沙虎，阿踈裔孫。本書卷一三二有傳。

［4］而屢斥屢起：施國祁《金史詳校》卷七謂"而"下當有脱句，否則，紇石烈執中"屢斥屢起"，與師兒何涉。

自欽懷皇后没世，中宫虛位久，章宗意屬李氏。而國朝故事，皆徒單、唐括、蒲察、拏懶、僕散、紇石烈、烏林荅、烏古論諸部部長之家，世爲姻婚，娶后尚主，而李氏微甚。至是，章宗果欲立之，大臣固執不從，臺諫以爲言，帝不得已，進封爲元妃，[1]而勢位熏赫，與皇后侔矣。一日，章宗宴宫中，優人玳瑁頭者戲于前。[2]或問："上國有何符瑞？"優曰："汝不聞鳳皇見乎。"[3]其人曰："知之，而未聞其詳。"優曰："其飛有四，所應亦異。若嚮上飛則風雨順時，嚮下飛則五穀豐登，嚮外飛則四國來朝，嚮裏飛則加官進禄。"上笑而罷。

［1］進封爲元妃：金承安四年（1199）十二月，李氏由淑妃進封元妃。皇后之下，元妃爲諸妃之首。

［2］優人：善於戲謔開玩笑的藝人。　玳瑁頭：綽號或藝名。玳瑁，形狀似龜的爬行動物。

［3］鳳皇：同"鳳凰"。

欽懷后及妃姬嘗有子，或二三歲或數月輒夭。承安五年，帝以繼嗣未立，禱祀太廟、山陵。少府監張汝猷因轉對，[1]奏"皇嗣未立，乞聖主親行祀事之後，遣近臣詣諸岳觀廟祈禱"。詔司空襄往亳州禱太清宫，[2]既而止之，遣刑部員外郎完顔匡往焉。[3]

[1]張汝猷：渤海人。張浩之子。

[2]襄：女真人。姓完顔氏。昭祖五世孫。本書卷九四有傳。　亳州：治所在今安徽省亳州市。　太清宫：道教廟宇。

[3]遣刑部員外郎完顔匡往焉：按本書卷一一《章宗紀三》，承安四年（1199）正月，“簽樞密院事完顔匡爲尚書右丞”。此處官職有誤，或人名有誤。　刑部員外郎：尚書省刑部屬官。從六品。
完顔匡：始祖九世孫。本書卷九八有傳。

泰和二年八月丁酉，[1]元妃生皇子忒隣，[2]群臣上表稱賀。宴五品以上于神龍殿，[3]六品以下宴于東廡下。詔平章政事徒單鎰報謝太廟，[4]右丞完顔匡報謝山陵，[5]使使亳州報謝太清宫。[6]既彌月，詔賜名，封爲葛王。葛王，世宗初封，大定後不以封臣下，由是三等國號無葛。尚書省奏，請於瀛王下附葛國號，[7]上從之。十二月癸酉，忒隣生滿三月，[8]敕放僧道度牒三千道，設醮于玄真觀，[9]爲忒隣祈福。丁丑，御慶和殿，浴皇子。[10]詔百官用元旦禮儀進酒稱賀，五品以上進禮物。[11]生凡二歲而薨。

[1]泰和：金章宗年號（1201—1208）。

[2]忒隣：本書卷九三有傳。

[3]神龍殿：中都宫室。貞元元年（1153）建，大定二年（1162）焚，後又重建。

[4]徒單鎰：女真人。上京路速速保子猛安人。本書卷九九有

傳。 報謝太廟：泰和二年（1202）冬十月戊寅，報謝於太廟及山陵。

[5]右丞：執政官。爲宰相之貳，佐治省事。從二品。

[6]使使亳州：據本書卷九四《襄傳》，“襄復自請報謝”，其使仍爲襄。

[7]尚書省奏，請於瀛王下附葛國號：天眷格與大定格，“葛”皆爲小國封號第二十七。大定後不以封臣下，明昌格遂改“葛”爲“蔣”。“瀛”在明昌格爲次國封號第二十四，其下爲“沂”，因“請於瀛王之下附葛國號”。

[8]忒鄰生滿三月：按本書卷九三《忒鄰傳》作“生滿百日”，卷一一《章宗紀三》作“以皇子晬日”。自其八月丁酉生，至此十二月癸酉，爲九十六日。實則滿三月之後，爲將至的百日而行祈福。

[9]玄真觀：京城道觀名。

[10]丁丑，御慶和殿，浴皇子：慶和殿，世宗與章宗常在此殿受臣下朝見或宴臣下。按自八月丁酉至十二月丁丑，整整一百天。女真人進入中原後，亦行百日洗兒禮。

[11]用元旦禮儀，五品以上進禮物：按本書卷九三《忒隣傳》作“百官用天壽節禮儀進酒稱賀，三品以上進禮物”。但《忒隣傳》“三品以上”與此異。施國祁《金史詳校》卷七認爲“元旦當作天壽”。考之卷三六《禮志九》，元日與聖誕上壽儀相同。

兄喜兒，累官宣徽使、安國軍節度使。[1]弟鐵哥，[2]累官近侍局使、少府監。[3]

[1]喜兒：章宗賜名仁惠。 累官宣徽使：承安初，李仁惠爲提點太醫、近侍局使。泰和間，爲左宣徽使。 安國軍節度使：州長官。掌鎮撫諸軍防刺，總判本鎮兵馬之事，兼本州管内觀察使

事。安國軍置河北西路邢州，治所在今河北省邢臺市。從三品。

[2]鐵哥：章宗賜名仁願。

[3]累官近侍局使：明昌間，李仁願曾爲近侍局直長，後進爲近侍局使。

至大定八年，[1]承御賈氏及范氏皆有娠，[2]未及乳月，[3]章宗已得嗽疾，頗困。是時衛王永濟自武定軍來朝。[4]章宗於父兄中最愛衛王，欲使繼體立之，語在《衛紹王紀》。衛王朝辭，是日，章宗力疾與之擊毬，謂衛王曰："叔王不欲作主人，遽欲去邪?"元妃在傍，謂帝曰："此非輕言者。"十一月乙卯，章宗大漸，衛王未發，元妃與黄門李新喜議立衛王，[5]使内侍潘守恒召之。[6]守恒頗知書，識大體，謂元妃曰："此大事，當與大臣議。"迺使守恒召平章政事完顔匡。匡，顯宗侍讀，最爲舊臣，有征伐功，故獨召之。匡至，遂與定策立衛王。丙辰，章宗崩，遺詔皇叔衛王即皇帝位。詔曰："朕之内人，見有娠者兩位。如其中有男，當立爲儲貳。如皆是男子，擇可立者立之。"

[1]大定八年："大定"，局本作"泰和"。《殿本考證》："賈范有娠爲泰和八年事，大定之訛無疑，今改正。"章宗於泰和八年(1208)年底去世，下文所言皆泰和八年事，此"大定"應爲"泰和"之誤。

[2]承御：宫闈内職有大小承御，亦稱掖庭内人。

[3]未及乳月：生子曰乳，未及乳月，即未至産期。

[4]衛王：封爵名。大定格，次國封號第三。　武定軍：州軍名。置奉聖州，大安元年(1209)升爲府，名德興，治所在今河北

省涿鹿縣。

［5］黄門：内侍寄禄官。即黄門郎，泰和二年（1202）設。從六品。　李新喜：宦者。

［6］潘守恒：本書卷一三一有附傳。

衛紹王即位，大安元年二月，詔曰："章宗皇帝以天下重器畀于眇躬，遺旨謂掖庭内人有娠者兩位，如得男則立爲儲貳。申諭多方，皎如天日。朕雖凉菲，實受付托，思克副於遺意，每曲爲之盡心，擇静舍以俾居，遣懿親而守視。欽懷皇后母鄭國公主及乳母蕭國夫人晝夜不離。[1]昨聞有爽於安養，已用軫憂而弗寧，爰命大臣專爲調護。今者平章政事僕散端、左丞孫即康奏言，[2]承御賈氏當以十一月免乳，今則已出三月，來事未可度知。范氏産期，合在正月，而太醫副使儀師顔言，[3]自年前十一月診得范氏胎氣有損，調治迄今，脉息雖和，胎形已失。及范氏自願於神御前削髮爲尼。重念先皇帝重屬大事，[4]豈期聞此，深用怛然。今范氏既已有損，而賈氏猶或可冀，告於先帝，願降靈禧，默賜保全，早生聖嗣。尚恐衆庶未究端由，要不匿於播敷，使咸明於吾意。"

［1］蕭國夫人：封號。章宗大定二十九年（1189）閏五月，封乳母孫氏爲蕭國夫人。

［2］僕散端：女真人。中都路火魯虎必剌猛安人。本書卷一〇一有傳。　孫即康：其先滄州人，後占籍大興。本書卷九九有傳。

［3］太醫副使：官屬太醫院，位在提點與使之下，掌諸醫藥，總判院事。從六品。

［4］屬：通“囑”，托付。

四月，詔曰：“近者有訴元妃李氏，潛計負恩，自泰和七年正月，章宗暫嘗違豫，李氏與新喜竊議，爲儲嗣未立，欲令宫人詐作有身，計取他兒詐充皇嗣。遂於年前閏月十日，因賈承御病嘔吐，腹中若有積塊，李氏與其母王盼兒及李新喜謀，令賈氏詐稱有身，俟將臨月，於李家取兒以入，月日不偶則規别取，以爲皇嗣。章宗崩，謀不及行。當先帝彌留之際，命平章政事完顔匡都提點中外事務，明有勅旨，‘我有兩宫人有娠’，更令召平章。左右並聞斯語。李氏并新喜乃敢不依勅旨，欲唤喜兒、鐵哥，事既不克，竊呼提點近侍局烏古論慶壽與計，［1］因品藻諸王，議復不定。知近侍局副使徒單張僧遣人召平章，［2］已到宣華門外，［3］始發勘同。［4］平章入内，一遵遺旨，以定大事。方先帝疾危，數召李氏，李氏不到。及索衣服，李氏承召亦不即來，猶與其母私議。先皇平昔或有幸御，李氏嫉妬，令女巫李定奴作紙木人、鴛鴦符以事魘魅，致絶聖嗣。所爲不軌，莫可殫陳。事既發露，遣大臣按問，俱已款服。命宰臣往審，亦如之。有司議，法當極刑。以其久侍先帝，欲免其死。王公百僚，執奏堅確。今賜李氏自盡。王盼兒、李新喜各正典刑。李氏兄安國軍節度使喜兒、弟少府監鐵哥如律，仍追除，復係監籍，於遠地安置。諸連坐並依律令施行。承御賈氏亦賜自盡。”

［1］提點近侍局：殿前都點檢司下屬機構近侍局長官。掌侍從，

承敕令，轉進奏帖。正五品。　烏古論慶壽：河北西路猛安人。本書卷一〇一有傳。

[2]近侍局副使：近侍局屬官。位在提點與使之下。從六品。徒單張僧：女真人。本書僅此一見。

[3]宣華門：中都宮内前殿大安殿的正門。

[4]始發勘同：金沿唐制，殿門開關皆要交驗符契。始發勘同，即始令發送勘驗符契。勘同也稱勘合。

蓋章宗崩三日，而稱范氏胎氣有損。[1]章宗疾彌留，亦無完顏匡都提點中外事務敕旨。或謂完顏匡欲專定策功，構致如此。[2]自後天下不復稱元妃，但呼曰李師兒。

[1]蓋章宗崩三日，而稱范氏胎氣有損：本書卷一〇一《僕散端傳》謂："泰和八年十一月二十日，章宗崩。二十二日，太醫副使儀師顏狀，診得范氏胎氣有損。"

[2]或謂完顏匡欲專定策功，構致如此：本書卷九八《完顏匡傳》謂："匡與元妃俱受遺詔立衛王，匡欲專定策功，遂構殺李氏。數日，匡拜尚書令，封申王。"

及胡沙虎弑衛王，[1]立宣宗，請貶降衛王，降爲東海郡侯。其詔曰："大安之初，頒諭天下，謂李氏與其母王盼兒及李新喜同謀，令賈氏虚稱有身，各正罪法。朕惟章宗皇帝聖德聰明，豈容有此欺紿。近因集議，武衛軍副使兼提點近侍局完顏達、霍王傅大政德皆言賈氏事内有冤。[2]此時，達職在近侍，政德護賈氏，所以知之。朕親臨問左證，其事曖昧無據，[3]當時被罪貶責者可俱令放免還家。"由是李氏家族皆得還。

［1］胡沙虎：女真人。姓紇石烈氏，又名紇石烈執中。

［2］武衛軍副使：武衛軍都指揮使司屬官。隸尚書兵部，掌防衛都城，警捕盜賊。從四品。　完顏達：女真人。本書僅此一見。　霍王傅：顯宗子霍王從彝親王府屬官。掌師范輔導，參議可否，若親王在外，亦兼本節鎮同知。正四品。　大政德：渤海人。本書僅此一見。

［3］曖昧無據：原脱"無"字，中華點校本據文意補，從之。

衛紹王后徒單氏，大安元年，立爲皇后。至寧元年，[1]胡沙虎亂，與衛王俱遷于衛邸。帝遇弑，宣宗即位，衛王降爲東海郡侯，[2]徒單氏削皇后號。貞祐二年，遷都汴，詔凡衛紹王及鄗厲王家人皆徙鄭州，[3]仍禁錮，不得出入。男女不得婚嫁者十九年。[4]天興元年，[5]詔釋禁錮。是時，河南已不能守，子孫不知所終。[6]

［1］至寧：金衛紹王年號（1213）。

［2］東海郡侯：封號。正從三品曰郡侯。

［3］鄗厲王：指世宗庶長子永中。"鄗"爲其封號，"厲"爲其謚號。　鄭州：防禦州。治所在今河南省鄭州市。

［4］十九年：自宣宗貞祐二年（1214），至哀宗天興元年（1232），凡十九年。

［5］天興：金哀宗年號（1232—1234）。

［6］子孫不知所終：宣宗貞祐四年（1216）潼關被破，徙衛紹王家人於汴。天興二年（1233）哀宗奔歸德，元兵破汴京，衛紹王子從恪死，其他不知所終。

宣宗皇后王氏，中都人，明惠皇后妹也。其父微時嘗夢二玉梳化爲月，已而生二后，及没，有芝生于柩。初，宣宗封翼王，[1]章宗詔諸王求民家子，以廣繼嗣。是時，后與龐氏偕入王邸，及見后姊有姿色，又納之。貞祐元年九月，封后爲元妃，姊爲淑妃，龐氏爲真妃。[2]淑妃生哀宗，真妃生守純，[3]后無子，養哀宗爲己子。貞祐二年七月，賜姓温敦氏，[4]立爲皇后。追封后曾祖得壽司空、冀國公，曾祖母劉氏冀國夫人，祖璞司徒、益國公，祖母楊氏益國夫人，父彦昌太尉、汴國公，母馬氏汴國夫人。[5]

[1]翼王：封爵名。明昌格，次國封號第十七。

[2]元妃、淑妃、真妃：諸妃位貞祐格，元妃爲第一，淑妃爲第四，真妃爲第三。

[3]哀宗：廟號。名守緒。1224 年至 1234 年在位。本書卷一七、一八有紀。　守純：宣宗第二子。本書卷九三有傳。

[4]賜姓温敦氏：温敦，爲女真人庶姓。金俗，后不娶庶族，更不娶他族。本書卷六三《后妃傳序》譏“宣宗册温敦氏，乃賜姓，變古甚矣”。據本書卷一五《宣宗紀中》，興定三年（1219）又追賜皇后父彦昌，姓温敦。

[5]冀國公、益國公、汴國公：皆封爵名。從一品曰國公。明昌格，大國封號第十三爲冀，第六爲益，第三爲汴。

三年，莊獻太子薨，[1]哀宗爲皇太子。宣宗崩，哀宗即位。正大元年，[2]尊后爲皇太后，號其宫曰仁聖，進封后父曰南陽郡王。[3]

[1]莊獻太子：謚號。名守忠，宣宗長子，被立爲太子，其母未詳。本書卷九三有傳。

[2]正大：金哀宗年號（1224—1231）。

[3]南陽郡王：封王之郡號，第四爲南陽。

或曰：宣宗爲諸王時，莊獻太子母爲正妃，及即位，尊爲皇后。貞祐元年九月，詔曰："元妃某氏久奉侍於潛藩，已賜封於國號，可立爲皇后。"其名氏蓋不可考也。或又曰：自王氏姊妹入宮而后寵衰，尋爲尼，王氏遂立爲后，皆后姊明惠之謀也。初，王氏姊妹受封之日，[1]大風昏霾，黄氣充塞天地。已而，后夢丐者數萬踵其後，心甚惡之。占者曰："后者，天下之母也。百姓貧窶，將誰訴焉？"后遂勑有司，京城設粥與冰藥。壬辰、癸巳歲，[2]河南饑饉。大元兵圍汴，加以大疫，汴城之民，死者百餘萬，后皆目睹焉。

[1]受封之日：哀宗正大元年（1224）正月戊午。

[2]壬辰、癸巳歲：即哀宗天興元年（1232）與二年。

哀宗釋服，[1]將禘饗太廟，先期，有司奏冕服成。上請仁聖、慈聖兩宫太后御内殿，[2]因試衣之以見，兩宫大悦。上更便服，奉觴爲兩宫壽。仁聖太后諭上曰："祖宗初取天下甚不易。何時使四方承平，百姓安樂，天子服此法服，於中都祖廟行禘饗乎？"上曰："阿婆有此意，臣亦何嘗忘。"慈聖太后亦曰："恒有此心，則見此當有期矣。"遂酌酒爲上壽，歡然而罷。

[1]釋服：即除去喪服，當在喪後百日。

[2]仁聖、慈聖兩宫太后：指宣宗皇后王氏與其姐明惠皇后。

天興元年冬，哀宗遷歸德。[1]二年正月，遣近侍徒單四喜、术甲荅失不奉迎兩宫。[2]后御仁安殿，[3]出鋌金及七寶金洗，分賜從行忠孝軍。[4]是夜，兩宫及柔妃裴滿氏等乘馬出宫，[5]行至陳留，[6]城左右火起，疑有兵，不敢進。后亟命還宫。明日，入京憩四喜家。少頃，輦迎入宫。方謀再行，京城破，后及諸妃嬪北遷，不知所終。惟寶符李氏從至宣德州，[7]居摩訶院。[8]李氏自入院，止寢佛殿中，作爲幡旆。會當同后妃北行，將發，佛像前自縊死，且自書門紙曰“寶符御侍此處身故”。

[1]歸德：府名。治所在今河南省商丘市南。

[2]徒單四喜：哀宗皇后弟。本書卷一二〇有傳。　术甲荅失不：女真人。爲近侍局奉御。　兩宫：此兩宫與前所見之兩宫不同，宣宗明惠皇后已崩於正大八年（1231）。此當指明惠皇后妹宣宗皇后王氏與哀宗皇后徒單氏。

[3]仁安殿：在汴京都城内，位正殿大慶殿與德儀殿之次，正寢純和殿之前。

[4]忠孝軍：宣宗末年，即有以脅從人號忠孝軍者。哀宗時，取河朔諸路歸正人送樞密院，以藝優者充忠孝軍。月給增三倍於他軍，進軍征戰則令居前。

[5]柔妃：貞祐格，妃位第六位爲柔妃。正一品。

[6]陳留：縣名。治所在今河南省開封市東南陳留城。

[7]寶符：寶符御侍的省稱。貞祐格，内命婦正七品。　宣德

州：治所在今河北省宣化縣。

［8］摩訶院：宣德州佛寺名。“摩訶”爲梵語音譯，義爲“大”“多”或“勝”。

宣宗明惠皇后，王皇后之姊也。生哀宗。宣宗即位，封爲淑妃。及妹立爲后，進封元妃。哀宗即位，詔尊爲皇太后，號其宮曰慈聖。后性端嚴，頗達古今。哀宗已立爲皇太子，有過尚切責之，及即位，始免檟楚。[1]一日，宮中就食，尚器有玉碗楪三，一奉太后，[2]二奉帝及中宮。[3]荆王母真妃龐氏以瑪瑙器進食，[4]后見之怒，召主者責曰："誰令汝妄生分别，荆王母豈卑我兒婦耶。非飲食細故，已令有司杖殺汝矣。"是後，宮中奉真妃有加。或告荆王謀不軌者，下獄，議已決。[5]帝言于后，后曰："汝止一兄，[6]奈何以讒言欲害之。章宗殺伯與叔，[7]享年不永，皇嗣又絶，何爲欲効之耶。趣赦出，使來見我。移時不至，吾不見汝矣。"帝起，后立待，王至，涕泣慰撫之。

［1］檟楚：指檟木、荆條製成的鞭打刑具。

［2］太后：指宣宗皇后王氏。

［3］帝：指哀宗。　中宮：指哀宗后徒單氏，即明惠皇后所云之“我兒婦”。

［4］荆王：指完顔守純，其於正大元年（1224）進封荆王。明昌格，次國封號第二十六。　龐氏：荆王母，時又稱荆國太妃。

［5］或告荆王謀不軌者，下獄，議已決：事在正大元年（1224）三月。

［6］汝止一兄：宣宗四子，玄齡早卒，長子守忠卒於貞祐三年

(1215)，次子荆王守純，三子哀宗守緒。故謂哀宗曰“汝止一兄”。

[7]章宗殺伯與叔：指章宗於明昌間，殺其叔父鄭王永蹈，與伯父鎬王永中。

哀宗甚寵一宫人，欲立爲后。后惡其微賤，固命出之。上不得已，命放之出宫，語使者曰：“爾出東華門，[1]不計何人，首遇者即賜之。”於是遇一販繒者，遂賜爲妻。點檢撒合輦教上騎鞠，[2]后傳旨戒之云：“汝爲人臣，當輔主以正，顧乃教之戲耶。再有聞，必大杖汝矣。”

[1]東華門：南京宫城東門，與西華門相直。

[2]點檢：殿前都點檢或左右副都點檢的省稱。都點檢爲正三品，左右副都點檢爲從三品。按本書卷一一五《赤盞尉忻傳》言及此事，稱撒合輦爲“同判睦親府”。《撒合輦》本傳，亦不見其爲點檢的記載。此處記載或有誤，或其“久在禁近”，兼有點檢一職。撒合輦：女真人。姓完顔氏，内族。本書卷一一〇有傳。

比年小捷，[1]國勢頗振，文士有奏賦頌以聖德中興爲言者。后聞不悦曰：“帝年少氣鋭，無懼心則驕怠生。今幸一勝，何等中興，而若輩諂之如是。”

[1]比年小捷：指正大初年有小勝戰。

正大八年九月丙申，后崩，遺命園陵制度，務從儉約。十二月己未，葬汴城迎朔門外五里莊獻太子墓之西。[1]謚明惠皇后。[2]

[1]迎朔門：汴城十四門之一，位在北面。按本書卷一七《哀宗紀上》天興元年四月謂："癸亥，明惠皇后陵被發，失柩所在，遣中官往視之，至是始得。以兵護宫女十人出迎朔門奉柩至城下，設御幄安置。是夜復葬之。"本傳從略。

[2]謚明惠皇后：按趙秉文《滏水集》，有挽詞四十首，又有謚議及謚册。

哀宗皇后，徒單氏。宣宗及后有疾，后嘗刲膚以進，宣宗聞而嘉之。興定四年，后父鎮南軍節度使頑僧有罪，[1]宣宗以后純孝，因曲赦之，聽其致仕。正大元年，詔立爲皇后。哀宗遷歸德，遣后弟四喜等詣汴奉迎，夜至陳留，不敢進，復歸于汴。未幾，城破北遷，不知所終。

[1]鎮南軍節度使：州長官。章宗泰和八年（1208）蔡州升爲節度，軍曰鎮南，治所在今河南省汝南縣。　頑僧：女真人。姓徒單氏。本書卷五四《選舉志四》載有宣宗興定元年（1217）徒單頑僧有關省選的進言。

贊曰：《周禮》"九嬪，掌婦學之法，婦德、婦言、婦容、婦功"。[1]班昭氏論之曰：[2]"婦德，不必才明絶異也。婦言，不必便口利辭也。婦容，不必顏色美麗也。婦功，不必功巧過人也。清閑貞静，守節整齊，行己有耻，動静有法，是謂婦德。擇辭而説，不道惡語，時然後言，不厭於人，是謂婦言。盥浣塵穢，服飾鮮潔，沐浴以時，身不垢辱，是謂婦容。專心紡績，不好戲笑，潔齊酒食，以奉賓客，是謂婦功。”後世婦學不脩，麗色以相高，巧言以相傾，衒能以市恩，逢迎以固寵。是故悼平掣頓皇統，[3]以隕其身；海陵蠱惑群嬖，幾亡其國。道陵李氏擅寵蠹政，[4]卒僨其宗。嗚呼，可不戒哉。

[1]婦德、婦言、婦容、婦功：引自《周禮·天官·冢宰》。鄭氏注謂：“婦德謂貞順，婦言謂辭令，婦容謂婉娩，婦功謂絲枲。”

[2]班昭氏：東漢班彪女，曹世叔妻，作有《女誡》七章。《後漢書》卷八四有傳。引文出自《女誡》之四《婦行》。

[3]悼平掣頓皇統：指悼平皇后裴滿氏掣制熙宗。

[4]道陵李氏：指章宗妃李師兒。

金史　卷六五

列傳第三

始祖以下諸子

斡魯　輩魯[1]　謝庫德　孫拔達　謝夷保　子盆納　謝里忽　烏古出　跋黑　崇成　本名僕灰　劾孫　子蒲家奴　麻頗　子謾都本[2]　謾都訶[3]　斡帶　斡賽　子宗永　斡者　孫璋　昂　本名吾都補[4]　子鄭家

始祖明懿皇后生德帝烏魯，[5]季曰斡魯，女曰注思版，皆福壽之語也。[6]以六十後生子，異之，故皆以嘉名名之焉。

[1]輩魯：依例，應加小注“重孫劾者”。

[2]謾都本：原脱“本”字，依殿本補。

[3]謾都訶：依例，應加小注“姪蠻覩、姪玄孫惟鎔”。

[4]吾都補：原作“吴都補”，依殿本與下文本傳改爲“吾都補”。

［5］始祖：廟號。名函普。本書卷一有紀。　明懿皇后：謚號。完顔部人。本書卷六三有傳。　德帝：謚號。名烏魯。本書卷一有紀。

［6］皆福壽之語：《女真館雜字》謂“忽突兒”爲“福”。

德帝思皇后生安帝，[1]季曰輩魯。輩魯與獻祖俱徙海姑水，[2]置屋宇焉。

［1］思皇后：謚號。不知何部人。本書卷六三有傳。　安帝：謚號。名跋海，參本書卷一。

［2］獻祖：廟號。名綏可，安帝子。本書卷一有紀。　海姑水：今黑龍江省阿城市東阿什河支流海溝河。

輩魯之孫胡率。胡率之子劾者，與景祖長子韓國公劾者同名。[1]韓國公前死，所謂肅宗納劾者之妻加古氏者是也。[2]穆宗四年伐阿踈。[3]阿踈走遼。遼使使來止伐阿踈軍。穆宗陽受遼帝約束，先歸國，留劾者守阿踈城。凡三年，卒攻破之。天會十五年贈特進。[4]

［1］景祖：廟號。名烏古迺。本書卷一有紀。　韓國公：封國名。從一品曰國公。天眷格，次國封號《大金集禮》第六、本書《百官志》第四爲韓。

［2］肅宗：廟號。名頗剌淑。1092年至1094年在位。本書卷一有紀。　納劾者之妻加古氏：肅宗爲韓國公劾者之弟，兄終弟及的接繼婚乃女真舊俗。

［3］穆宗：廟號。名盈歌。1094年至1103年在位。本書卷一有紀。　阿踈：星顯水紇石烈部人。本書卷六七有傳。所居阿踈城，

在今吉林省延吉市布林哈通河附近。

［4］天會：金太宗及金熙宗初年號（1123—1135、1135—1137）。　特進：文散官。從一品中次階。章宗明昌五年（1194），劾者又以特進配享世祖廟，本傳略去。

安帝節皇后生獻祖，[1]次曰信德，次曰謝庫德，次曰謝夷保，次曰謝里忽。

［1］節皇后：本書卷六三有傳。

謝庫德之孫拔達，謝夷保之子盆納，皆佐世祖有功。[1]盆納勇毅善射，當時有與同名者，嘗有貳志，目之曰"惡盆納"。天會十五年，拔達贈儀同三司，[2]盆納贈開府儀同三司。[3]在世祖時，歡都、冶訶及劾者、拔達、盆納五人者，[4]不離左右，親若手足，元勳之最著者也。明昌五年皆配饗世祖廟廷。[5]

［1］世祖：廟號。名劾里鉢。1074年至1092年在位。本書卷一有紀。

［2］儀同三司：文散官。從一品中階。

［3］開府儀同三司：文散官。從一品上階。

［4］歡都：完顏部人。本書卷六八有傳。　冶訶：系出景祖，神隱水完顏部勃堇。本書卷六八有傳。　劾者：即胡率子劾者。

［5］明昌：金章宗年號（1190—1196）。

准德、束里保者，皆加古部人。申乃因、醜阿皆駞滿部人。[1]富者粘没罕，完顏部人。阿庫德、白達皆雅達瀾水完顏部勃堇。[2]此七人者，當携離之際，能一心竭力輔戴者也。

[1]駞："駝"的異體字。

[2]白達：完顏婁室父。《完顏婁室神道碑》作白答，爲七水部長。與謝庫德之孫拔達同名。陳述《金史拾補五種》却誤認爲同一人。　雅達瀾水：所謂"七水"之一，與拿鄰水相鄰，當在今拉林河流域。　勃堇：部族官名。金建國前後，稱部長或部族官爲勃堇。

達紀、胡蘇皆术甲部勃堇。勝昆、主保皆术虎部人。阿庫德，[1]温迪痕部人。此五人者，又其次者也。

[1]阿庫德：此爲温迪痕部人阿庫德，與雅達瀾水勃堇阿庫德同名。

世祖初年，跋黑爲變，[1]烏春盛强，[2]使人召阿庫德、白達。阿庫德曰："吾不知其他，死生與太師共之。"[3]太師，謂世祖也。白達大喜曰："我心正如此耳。烏春兵來，堅壁自守，勿與戰可也。"達紀、胡蘇居琵里郭水，[4]烏春兵出其間，不爲變，終拒而不從。勝昆居胡不干村，[5]其兄滓不乃勃堇，[6]烏春止其家，而以兵圍勝昆。烏春解去，世祖殺滓不乃，勝昆請無孥戮，世祖從之。世祖破桓赧、散達，[7]主保死焉。天會十五年，准德、申乃因、阿庫德、白達皆贈金紫光禄大夫。[8]束里保、醜阿、富者粘没罕、達紀、胡蘇、勝昆、主保、温迪痕阿庫德皆贈銀青光禄大夫，[9]皆天會十五年追贈。[10]

[1]跋黑：又作孛黑。景祖異母弟、世祖之叔。本卷有傳。

[2]烏春：又作烏蠢。阿跋斯水温都部人，景祖命爲部長。本書卷六七有傳。

[3]太師：遼人呼節度使爲太師，遼以景祖爲生女真部族節度使後，金人亦稱其部族節度使爲都太師或太師。

[4]琵里郭水：即拔盧古水。舊説謂，今黑龍江省木蘭縣境内的佛特庫河。女真語音“古”，亦譯音爲“買”，拔盧古水似即婆盧買水。《〈中國歷史地圖集〉釋文匯編·東北卷》謂，婆盧買水爲今黑龍江省通河縣東的烏拉琿河。

[5]胡不干村：又作胡不村。據本書《烏春傳》，當在來流水，即今拉林河上游北岸。

[6]滓不乃：术虎部勝昆兄，居阿里矮村。

[7]桓赧、散達：兄弟二人皆國相雅達之子，居完顔部邑屯村。本書卷六七有傳。

[8]金紫光禄大夫：文散官。正二品上階。

[9]温迪痕阿庫德：與贈金紫光禄大夫的雅達瀾水完顔部阿庫德有别，於此特冠以部姓。　銀青光禄大夫：後改爲銀青榮禄大夫。文散官。正二品下階。

[10]皆天會十五年追贈：此八字與前“天會十五年”相重，當削去。

又有胡論加古部勝昆勃堇、蟬春水烏延部富者郭赧，[1]畏烏春强，請世祖兵出其間，以爲重也。世祖使斜列、躍盤將别軍過之。[2]郭赧教斜列取先在烏春軍中二十二人，烏春覺之，[3]殺二人，得二十人。郭赧又以土人益斜列軍。穆宗他日嘉此功不能忘，以斜列之女守寧，妻郭赦子胡里罕焉。[4]

[1]胡論：地名。本書卷六七《阿踈傳》有“胡論嶺”，卷八一《迪姑迭傳》有“胡論水”。胡論水，來流河支流，即今吉林省舒蘭市境内拉林河支流活龍河。　勝昆：與前术虎部勝昆同名。　蟬春水：舊多以爲是潺春水。按，潺春水與星顯水近，而蟬春水則與胡論水近，二者並非一水。蟬春水應是本書卷六七《烏春傳》提到的斜寸水，即今吉林省蛟河市的蛟河（張博泉等《金史論稿》第一卷，吉林文史出版社1986年版，第69頁）。

[2]斜列、躍盤：二人皆世祖部將。　將别軍過之：即率一支偏師道經郭赦所居之斜寸嶺，出兵伐烏春。

[3]二十二人：指先前亡入烏春軍中的斜寸水烏延部人。　烏春覺之：是時烏春已死，應如《烏春傳》，在“烏春”之下加一“軍”字。

[4]以斜列之女守寧，妻郭赦子胡里罕焉：此舉，是本書中所見賜婚的最早記載。守寧與胡里罕的事迹，本書僅見於此。

婆多吐水裴滿部斡不勃堇附於世祖，[1]桓赧焚之。斡不卒，世祖厚撫其家。因併録之，以見立國之艱難云。

[1]婆多吐水：又作破多吐水、破多退水。此婆多吐水或謂今蜚克圖河，或謂今黑龍江省五常市境内，《吉林通志》所云的孛多庫河（張博泉等《金史論稿》第一卷，第67頁）。

謝里忽者，昭祖將定法制，[1]諸父、國人不悦，[2]已執昭祖，將殺之。[3]謝里忽亟往，彎弓注矢，射於衆中，衆乃散去，昭祖得免。國俗，有被殺者，必使巫覡以詛祝殺之者，迺繫刃于杖端，與衆至其家，歌而詛之曰："取爾一角指天、一角指地之牛，無名之馬，向之則華面，背之則白尾，横視之則有左右翼者。"[4]其聲哀切悽婉，若《蒿里》之音。[3]既而以刃畫地，劫取畜産財物而還。其家一經詛祝，家道輒敗。

[1]昭祖：廟號。名石魯。本書卷一有紀。　將定法制：即"欲稍立條教"。

[2]國人：指宗室完顏部"部衆"。

[3]已執昭祖，將殺之：本書卷一《世紀》亦有記載，此爲本書記載宗室完顏部内鬥争的首例。

[4]"取爾一角指天"至"左右翼者"：此爲巫覡即薩滿所唱詛祝之歌的開頭數語。内容爲報唱所領的守護神靈。其牛，一角指天，一角指地。其無名之馬，爲花面白尾有左右翼者（王可賓《女真國俗》，吉林大學出版社 1988 年版，第 301 頁）。

[3]蒿里：古代送喪的挽歌名。

及來流水烏薩扎部殺完顏部人，[1]昭祖往烏薩扎部以國俗治之，大有所獲，頒之於諸父昆弟而不及謝里忽。謝里忽曰："前日免汝於死者吾之力，往治烏薩扎部者吾之謀也。分不及我，何邪。"昭祖於是早起，自齎間金列鞢往餽之。[2]時謝里忽猶未起，擁寢衣而問曰："爾爲誰?"昭祖曰："石魯先擇此寶，而後頒及他人，敢私布之。"謝里忽既揚言，初不自安，至是迺大喜。列鞢者，腰佩也。

［1］來流水：今拉林河。

［2］間金列鞢：列鞢，即腰佩。間金列鞢，即錯金腰佩。《遼史·國語解》謂，“鞢帶，武官束帶也”。《契丹國志》卷二三謂：“鞢帶，以黄紅色條裹革爲之，用金、玉、水晶、碧石綴飾。”

獻祖恭靖皇后生昭祖，[1]次曰朴都，次曰阿保寒，次曰敵酷，次曰敵古迺，次曰撒里輦，次曰撒葛周。

［1］恭靖皇后：謚號。不知何部人。本書卷六三有傳。

昭祖威順皇后生景祖，[1]次曰烏古出。次室達胡末，烏薩扎部人，[2]生跋黑、僕里黑、斡里安。次室高麗人，生胡失荅。

［1］威順皇后：謚號。活剌渾水敵魯鄉徒單部人，名烏古論都葛。本書卷六三有傳。

［2］達胡末：本書卷六八《歡都傳》稱“達回”，蜀束水烏薩扎部人。

烏古出。[1]初，昭祖久無子，有巫者能道神語，甚驗，迺往禱焉。巫良久曰：“男子之魂至矣。此子厚有福德，子孫昌盛，可拜而受之。若生，則名之曰烏古迺。”是爲景祖。又良久曰：“女子之魂至矣，可名曰五鵶忍。”又良久曰：“女子之兆復見，可名曰斡都拔。”又久之，復曰：“男子之兆復見，然性不馴良，長則殘忍，無親親之恩，必行非義，不可受也。”昭祖方念後嗣未立，乃曰："雖不良，亦願受之。"巫者曰："當名之曰烏古出。"既而生二男二女，其次第先後皆如巫者之言，遂以巫所命名名之。

[1]烏古出：又作"烏骨出"。本書《金國語解》謂："烏古出，方言曰再休，猶言再不復也。"

景祖初立，烏古出酗酒，[1]屢悖威順皇后。后曰："巫言驗矣，悖亂之人終不可留。"遂與景祖謀而殺之。部人怒曰："此子性如此，在國俗當主父母之業，[2]奈何殺之？"欲殺景祖。后乃匿景祖，出謂衆曰："爲子而悖其母，率是而行，將焉用之？吾割愛而殺之，烏古迺不知也，汝輩寧殺我乎？"衆乃罷去。烏古出之子習不失，自有傳。[3]

[1]古：原作"骨"，與上下文用字不同，據殿本改。

[2]在國俗當主父母之業：按國俗，嫡子兄弟不分長幼，皆有繼承父母之業的平等權利。

[3]習不失：又作辭不失，烏古出之次子。本書卷七〇有傳。

跋黑及同母弟二人，自幼時每爭攘飲食，昭祖見而惡之，曰："吾娶此妾而生子如此，後必爲子孫之患。"世祖初立，跋黑果有異志，誘桓赧、散達、烏春、窩謀罕離間部屬，[1]使貳於世祖。世祖患之，迺加意事之，使爲勃堇而不令典兵。[2]

[1]窩謀罕：又作窩謀海，烏春屬部，本書未著其姓氏。所居窩謀罕城，在今吉林省敦化市額穆鎮東南黑石屯村。

[2]使爲勃堇而不令典兵：女真之俗，作爲勃堇的部長，皆有領兵之權。此乃特例，慮其爲變不使將兵。

跋黑既陰與桓赧、烏春謀計，國人皆知之，而童謡有“欲生則附於跋黑，欲死則附於劾里鉢、頗剌淑”之語。世祖亦以策探得兄弟部人向背。[1]烏春、桓赧相次以兵來攻，世祖外禦强兵，而内畏跋黑之變。將行，聞跋黑食於其愛妾之父家，[2]肉張咽而死，[3]且喜且悲，乃迎尸而哭之。

[1]探得兄弟部人向背：詳見本書卷一《世紀》。

[2]愛妾之父家：據本書卷六七《桓赧傳》，其愛妾之父居匏滿村，當爲匏滿部人。

[3]肉張咽而死：肉膨脹卡在嗓子裹噎死。張與“脹”通，意爲膨脹。

崇成，[1]本名僕灰，泰州司屬司人，[2]昭祖玄孫也。[3]大定十八年收充奉職，[4]改東宫入殿小底，[5]轉護衛。[6]二十五年，章宗爲原王，[7]充本府祗候郎君。[8]明年，上爲皇太孫，復爲護衛。上即位，授河間府判官，[9]以憂去職。起復爲宿直將軍，[10]累遷武衛軍都指揮使。[11]泰和三年卒，[12]賻贈有加。崇成謹飭有守，宿衛二十餘年，未嘗有過，故久侍密近云。

[1]崇成：原名宗成。章宗時避睿宗諱，改名崇成。

[2]泰州司屬司：置泰州。明昌二年（1191），金大宗正府所屬諸宗室將軍，更名曰司屬司。泰州，治所在今吉林省洮南市東北雙塔鄉城四家子舊城址，一説在今黑龍江省泰來縣塔子城。金承安三年（1198）移治長春縣（今吉林省前郭爾羅斯蒙古族自治縣西北塔虎村）。

[3]昭祖玄孫：孫之孫爲玄孫。昭祖爲崇成高祖。

[4]大定：金世宗年號（1161—1189）。　奉職：隨朝承應人。

[5]東宫入殿小底：東宫承應人。

[6]護衛：此指東宫護衛。

[7]章宗：廟號。名璟。1189年至1208年在位。本書卷九至一二有紀。　原王：封國名。大定格，次國封號《大金集禮》第十六、本書《百官志》第十五爲原。

[8]本府祗候郎君：即原王府承應人祗候郎君。

[9]河間府判官：府屬官。掌紀綱衆務，分判吏、户、禮案事，專掌通檢推排簿籍。從六品。河間府，治所在今河北省河間市。

[10]宿直將軍：屬殿前都點檢司。掌總領親軍，凡宫城諸門衛禁，並行從宿衛之事。從五品。

[11]武衛軍都指揮使：司隸尚書兵部。掌防衛都城，警捕盜賊。從三品。

[12]泰和：金章宗年號（1201—1208）。

景祖昭肅皇后生韓國公劾者，[1]次世祖，次沂國公劾孫，[2]次肅宗，次穆宗。次室注思灰，契丹人，生代國公劾真保。[3]次室温迪痕氏，名敵本，生虞國公麻頗、隋國公阿离合懣、鄭國公謾都訶。[4]劾者、阿离合懣别有傳。[5]

[1]昭肅皇后：帥水隈鴉村唐括部人。名多保真。本書卷六三

有傳。

［2］沂國公：封國名。天眷格，次國封號《大金集禮》第二十七、本書《百官志》第二十五爲沂。

［3］代國公：封國名。天眷格，次國封號《大金集禮》第十一、本書《百官志》第九爲代。

［4］虞國公：封國名。天眷格，次國封號第十二爲虞。　隋國公："隋"，原作"隋"，金代封國名無"隋"，殿本作"隋"，是。隋爲天眷格，次國封號《大金集禮》第二、本書《百官志》第一。　鄭國公：封國名。天眷格，次國封號《大金集禮》第三、本書《百官志》第二爲鄭。

［5］劾者、阿离合懣别有傳：劾者，本書無傳；阿离合懣，本書卷七三有傳，故"劾者"二字當削。

劾孫。天會十四年大封宗室，[1]劾孫追封王爵。正隆例降封鄭國公。[2]

［1］天會十四年：按，本卷《謾都訶傳》謂"天會十五年大封宗室"。與此異。

［2］正隆：金海陵王年號（1156—1161）。　降封鄭國公：按，前文及本書卷五九《宗室表》皆作"沂國公"。

子蒲家奴又名昱，嘗從太祖伐留可、塢塔。[1]太祖使蒲家奴招詐都，[2]詐都即降。康宗八年，[3]係遼籍女直紇石烈部阿里保太彎阻兵，[4]招納亡命，邊民多亡歸之。蒲家奴以偏師夜行晝止，抵石勒水，[5]襲擊破之，盡俘其孥而還。邊氓自此無復亡者。後與宗雄視泰州地土，[6]太祖因徙萬家屯田于其地。

[1]太祖：廟號。本名阿骨打，漢名旻。1115 年至 1123 年在位。本書卷二有紀。　留可：統門水與渾蠢水合流之地烏古論部人。本書卷六七有傳。所居留可城，在今吉林省琿春市。　塢塔：此爲人名，亦爲部名、城名。其城在今吉林省琿春市西北密江村。

[2]詐都：渾蠢水徒單部勃堇。

[3]康宗：廟號。世祖長子，名烏雅束。1103 年至 1113 年在位。本書卷一有紀。

[4]係遼籍女直：指遼寧及吉林南部地區遼統治下的女真人。其首領接受遼官號和官印，人户編入遼籍，按户抽丁。故稱係遼籍女真，或作係遼女真、係籍女真。此指在今吉林省南部女真。　阿里保：本書卷六八《歡都傳》有係案女直“阿魯不太彎”。中華點校本謂“阿魯不”即“阿里保”。“阿魯不”與“阿里保”雖爲同音異寫，於女真語爲一名，然女真亦多有重名者，或非一人，待考。　太攣：中華點校本改爲“太彎”。太彎爲官稱。遼所屬大部族的“大王”，本書音譯爲“太彎”，本名夷離菫。

[5]石勒水：本書僅此一見，似鄰咸平路。待考。

[6]宗雄：康宗長子。本書卷七三有傳。

天輔五年，[1]蒲家奴爲昊勃極烈，[2]遂爲都統，[3]使襲遼帝，[4]而以雨潦不果行。既而，忽魯勃極烈杲都統内外諸軍以取中京，[5]蒲家奴等皆爲之副。遼帝西走，都統杲使蒲家奴以兵一千助撻懶擊遼都統馬哥，[6]與撻懶不相及。蒲家奴與賽里、斜野降其西北居延之衆，[7]而降民稍復逃散。毗室部亦叛，[8]遂率兵襲之，至鐵吕川，[9]遇敵八千，遂力戰，兵敗。察剌以兵來會，[10]追及敵兵于黄水，[11]獲畜産甚衆。是役也，奥燉按打海被十一創，[12]竟敗敵兵而還。

[1]天輔：金太祖年號（1117—1123）。

[2]昊勃極烈："昊"應爲"昃"之誤。昃勃極烈，女真朝官名，陰陽之官。昃音"拙"，直譯爲"二"，其序次位阿買勃極烈之後。

[3]都統：唐宋置都統，征戰時節制諸軍兵馬，兵罷則省。金承遼宋之制，亦置有都統。

[4]遼帝：此指遼天祚帝耶律延禧。

[5]忽魯勃極烈：女真朝官名。統數部者曰忽魯，忽魯勃極烈猶云總帥。　杲：本名斜也，世祖第五子，太祖母弟。本書卷七六有傳。　中京：指遼中京大定府，治所在今内蒙古自治區寧城縣西大明城。

[6]撻懶：即完顔昌，穆宗子。本書卷七七有傳。　馬哥：契丹人。即林牙耶律馬哥，時爲遼都統。天會初爲金所獲。

[7]賽里：宗賢本名，習不失孫。本書卷七〇有傳。　斜野：女真人。似即海陵時烏古迪烈招討斜野。　居延：地名。故城在今内蒙古自治區額濟納旗西北。

[8]毗室部：遼部族名。毗室，又作脾室、皮室。即遼太祖與太宗時選天下精甲所置的御帳親軍皮室軍，又稱腹心部。

[9]鐵吕川：遼之西南邊境，似在今山西省應縣一帶。

[10]察剌：奚人。即降金的西京留守蕭察剌。

[11]黄水：此指今黄河。按，本書卷二《太祖紀》天輔六年（1122）四月謂，"追至黄水北，大破之"。"黄水"應作"黄水北"。

[12]奥燉按打海：女真人。奥燉，《百官志》姓氏譜作"奥屯"。其人事迹不詳。

軍于旺國崖西，[1]賽里亦以兵會太祖。自草濼追遼帝，[2]蒲家奴、宗望爲前鋒，[3]戒之曰："彼若深溝高壘，未可與戰，即偵伺巡邏，勿令遁去，以俟大軍。若其無備，便可擊也。"上次胡离畛川，[4]吴十、馬和尚至小魚濼，[5]夜潛入遼主營，執新羅奴以還，[6]遂知遼帝所在。蒲家奴等晝夜兼行，追及于石輦鐸。[7]我兵四千，至者才千人，遼兵圍之。余睹指遼帝麾蓋，[8]騎兵馳之，遼帝遁去，兵遂潰，所殺甚衆。

[1]旺國崖：在今河北省張北縣附近。太祖伐遼嘗駐蹕於此，大定八年（1168）更名静寧山，明昌六年（1195）又册其山神爲鎮安公。

[2]草濼：距旺國崖不甚遠，本書卷一九《顯宗紀》又謂，乃"山後高凉"之地。以此度之，當在今河北省張北、崇禮縣一帶。

[3]宗望：太祖第二子。本書卷七四有傳。

[4]胡离畛川：川澤名。又作回离畛川。

[5]吴十：遼降將。天眷二年（1139）以謀反伏誅。　馬和尚：遼降將。大定二十三年（1183）以謀反伏誅。　小魚濼：湖泊名。本書僅此一見，待考。

[6]新羅奴：人名。其他不詳。

[7]石輦鐸：地名。又作石輦驛，"鐸"似爲"驛"的形誤。據本書《太祖紀》與《遼史·天祚紀》，應距居延北不遠。其地不確指。

[8]余睹：即耶律余睹，遼宗室子。本書卷一三三、《遼史》卷一〇二皆有傳。

宗翰爲西北西南兩路都統，[1]蒲家奴、斡魯爲之副。[2]烏虎部叛，[3]蒲家奴討平之。天會間，爲司空，[4]封王。天眷二年，[5]宗磐等誅，[6]辭及蒲家奴，詔奪司空。是年，薨。天德初，[7]配享太祖廟廷。[8]正隆二年，例封豫國公。[9]

[1]宗翰：撒改長子。本書卷七四有傳。　西北西南兩路都統：天輔七年（1123）置，駐兵雲中。

[2]斡魯：韓國公劾者第二子。本書卷七一有傳。

[3]烏虎部：西北部族名。烏虎，又作烏虎里、烏古。天會二年（1124）閏三月來降，七月以諸營叛，平後徙庞葛城。陳述《金史拾補五種》誤以爲"烏虎似即术虎"。

[4]司空：三公之一。論道經邦，燮理陰陽。正一品。

[5]天眷：金熙宗年號（1138—1140）。

[6]宗磐：太宗長子。本書卷七六有傳。

[7]天德：金海陵王年號（1149—1153）。

[8]配享太祖廟廷：按，本書卷三一《禮志四》"功臣配享"條，天德二年（1150）以功臣配享太祖位與太宗位者不見蒲家奴，大定十八年（1178）圖畫功臣始見"黜習失，而次蒲家奴於阿离合懣下"。

[9]豫國公：封國名。天眷格，大國封號《大金集禮》第十六、本書《百官志》第十四爲豫。

麻頗。天會十五年封王，正隆例封虞國公。

長子謾都本，孝友恭謹，多謀而善戰。年十五，隸軍中，從攻窩盧歡。[1]及係遼女直胡失荅等爲變，[2]謾都本自爲質，遂從胡失荅歸，中途以計殺守者而還。攻寧江州，[3]取黄龍府，[4]破高永昌，[5]取春、泰州，[6]皆有功，多受賞賚，遂爲謀克。[7]討嶺東未服州郡，[8]過土河東山，[9]敗賊三千人。奚、契丹寇土河西，與猛安蒙葛、麻吉擊之。[10]謾都本對敵之中，推鋒力戰，破其衆九萬人。奚衆萬餘保阿鄰甸，[11]復擊敗之，降其旁近居人。復以五百騎破遼兵一千，生擒其將以歸。與闍母攻興中府，[12]中流矢卒，年三十七。天眷中，贈金紫光禄大夫，謚英毅。

[1]窩盧歡：人名。本書僅此一見。

[2]胡失荅：人名。本書僅此一見。

[3]寧江州：治所在今何地説法甚多。主要有：大烏拉，即今吉林省永吉縣烏拉街（高士奇《扈從東巡日録》）；厄黑木站，即今吉林省蛟河市天崗（楊賓《柳邊紀略》）；石頭城子，即今吉林省松原市三岔河鄉石頭城子（《吉林通志》卷一一）；吉林省松原市榆樹溝（日本學者池内宏《遼代混同江考》，載《滿鮮史研究》中世第一册）；吉林省松原市小城子或五家站（日本學者三上次男《金史研究》第一册《金代女真社會的研究》）；吉林省松原市伯都訥古城（李健才《東北史地考略》）；吉林省榆樹市大坡古城（紹維、志國《榆樹大坡古城調查——兼論遼寧江州治地望》，《博物館研究》1982年創刊號；張英《遼代寧江州治地望新證》，《長春文物》1982第2期）。

[4]黄龍府：治所在今吉林省農安縣。

[5]高永昌：渤海人。據東京自立，收國二年（1116）五月兵敗被殺。

[6]取春、泰州：春州，即遼長春州。其治所見解不一。主要有今吉林省洮南市東雙塔鄉城四家子古城及今吉林省前郭爾羅斯蒙古族自治縣他虎城二説。泰州，即遼泰州。

［7］謀克：女真族地方行政設置及官長稱和軍事編制及軍官稱，亦用爲榮譽爵稱。在此則指世襲謀克。世襲謀克爲金朝授予皇族和對國家有大功的女真高官顯貴的世襲爵位，受封者領有謀克的人口和封地，爵位由子孫世襲。

［8］嶺東：在此指大興安嶺以東。

［9］土河：今内蒙古自治區西拉木倫河支流老哈河。

［10］猛安：女真族行政設置及官長稱和軍事編制及軍官稱，亦用爲榮譽爵稱。位在謀克之上。此爲官稱和世襲爵位稱。　蒙葛：即本書卷七二《麻吉傳》所見的蒙刮勃堇。　麻吉：宗室子，銀术可母弟。本書卷七二有傳。

［11］阿鄰甸：地名。女真語謂山爲"阿鄰"。本書卷七二《麻吉傳》謂，麻吉"屯兵高州。以兵援蒙刮勃堇，大破敵兵，復敗恩州兵五萬人"。以此度之，阿鄰甸在遼中京北部山谷地帶。

［12］闍母：世祖十一子，太祖異母弟。本書卷七一有傳。　興中府：治所在今遼寧省朝陽市。

謾都訶。[1]屢從征伐，天會二年爲阿捨勃極烈，[2]參議國政，明年薨。天會十五年，[3]大封宗室，追封王。正隆例封鄭國公。明昌五年，謚定濟。

［1］謾都訶：按，本書卷八〇《阿离補傳》謂，大定間定鄭國公謾都訶爲衍慶亞次功臣，卷七六《宗義傳》謂，謀里野爲謾都訶次子。本傳皆從略。

［2］阿捨勃極烈：女真朝官。天輔七年（1123）阿買勃極烈辭不失卒，天會二年（1124）以謾都訶補其闕，改稱阿舍勃極烈。

［3］天會十五年：本書卷六五《勃孫傳》謂，"天會十四年大封宗室"，與此異。

蠻覩，[1]襲父麻頗猛安。蠻覩卒，子掃合襲。掃合卒，子撒合輦襲。撒合輦卒，子惟鎔襲。

[1]蠻覩：又作謾睹，謾都本之弟，謾都訶之侄。按，蠻覩之子孫，既不見本卷目録，又不見本書《宗室表》。

惟鎔本名没烈，字子鑄，駢脅多力，喜周急人。至寧初，[1]守楊文關有功，[2]兼都統，護漕運。[3]貞祐二年，[4]佩金牌護親軍家屬遷汴，[5]遥授同知祁州軍州事，[6]充提控。[7]貞祐三年，破紅襖賊於大沫堌，[8]惟鎔入自北門，諸軍繼進，生獲劉二祖，[9]功最。遷泰安軍節度副使，[10]改遂王府尉、都水少監、東平府治中。[11]坐誤以刃傷同知府事紇石烈牙吾塔，[12]當削降殿年，[13]仍從軍自効。討花帽賊于曹、濟間，[14]行省蒙古綱奏其功，[15]復前職。遷邳州經略使，[16]卒。子從傑襲猛安，累功遥授鎮南軍節度副使。[17]

[1]至寧：金衛紹王年號（1213）。

[2]楊文關：關隘名。本書僅此一見，地點不詳。

[3]漕運：水道運糧之事。

[4]貞祐：金宣宗年號（1213—1217）。

[5]汴：國初曰汴京，貞元元年（1153）更號南京。治所在今河南省開封市。

[6]遥授：即遥領，有其官銜而不任其職。　同知祁州軍州事：正七品。祁州，治所在今河北省安國市。

[7]提控：此指護親軍家屬遷汴提控。金泰和六年（1206）後，長官常加“提控”之稱。

[8]紅襖：即紅襖軍。金末山東、河北等地農民起義軍，因穿紅襖而得是名。　大沬堌：在今山東省費縣西南的大沬崮。

[9]劉二祖：泰安（今山東省泰安市）人，金末紅襖軍首領。

[10]泰安軍節度副使：泰安軍，治所在今山東省泰安市。節度副使，位在節度使與同知節度使之下，從五品。

[11]遂王：此指宣宗子守禮。　府尉：親王府尉。掌警嚴侍從，兼統本府之事。從四品。　都水少監：都水監佐貳。從五品。　東平府：山東西路首府，治所在今山東省東平縣。　治中：衛紹王以後始置治中，爲州官助理，主掌文書案卷。

[12]同知府事：掌通判府事。從四品。　紇石烈牙吾塔：本書卷一一一有傳。

[13]削降殿年：本書兩見，疑爲削去原官降職使用，爲期一年。

[14]花帽：即花帽軍。大安中李雄募兵，郭仲元應募，號花帽軍。後花帽軍張提控降蒙反金，又作亂於滕州一帶。　曹：州名。治所在今山東省荷澤市。　濟：州名。治所在今山東省濟寧市。

[15]行省：此指設在山東地方的行尚書省。　蒙古綱：咸平府（治於今遼寧省開原市老城鎮）猛安人。本書卷一〇二有傳。

[16]邳州：治所在今江蘇省邳州市。　經略使：宣宗南遷後，於邊州別置經略使，掌一路兵民之事。

[17]鎮南軍：泰和八年（1208），升蔡州爲節度，軍曰鎮南。治所在今河南省汝南縣。

世祖翼簡皇后生康宗，[1]次太祖，次魏王斡帶，[2]次太宗，[3]次遼王斜也。[4]次室徒單氏生衛王斡賽，[5]次魯王斡者。[6]次室僕散氏生漢王烏故迺。[7]次室朮虎氏生魯王闍母。[8]次室朮虎氏生沂王查剌。[9]次室烏古論氏生鄆王昂。[10]

［1］翼簡皇后：謚號。拏懶氏。本書卷六三有傳。

［2］魏王斡帶：本卷有傳。天眷格，大國封號第九爲魏。

［3］太宗：廟號。即吴乞買，漢名晟。1123年至1135年在位。本書卷三有紀。

［4］遼王斜也：杲本名斜也，本書卷七六有傳。天眷格，大國封號第一爲遼。

［5］衛王斡賽：本卷有傳。天眷格，次國封號《大金集禮》第四、本書《百官志》第三爲衛。

［6］魯王斡者：本卷有傳。天眷格，大國封號《大金集禮》第十四、本書《百官志》第十二爲魯。

［7］漢王烏故迺：本書卷一九《世紀補》謂，天輔六年(1122)，“黄龍府安福哥誘新降之民以叛，帝與烏古迺討平之”的烏古迺，似即漢王烏故迺。天眷格，大國封號《大金集禮》第七、本書《百官志》第六爲漢。

［8］魯王闍母：本書卷七一有傳。大定格，大國封號第十二爲魯。

［9］沂王查剌：據本書卷四《熙宗紀》其漢名爲暈，官至咸州詳穩。天眷格，次國封號《大金集禮》第二十七、本書《百官志》第二十六爲沂。

［10］鄆王昂：本卷有傳。天眷格，次國封號《大金集禮》第二十三、本書《百官志》第二十一爲鄆。依例，此下當加“斜也、闍母别有傳”。

斡帶。年二十餘，撒改伐留可，[1]斡帶與習不失、阿里合懣等俱爲裨將。[2]諸將議攻取，斡帶主攻城便。太祖將至軍，斡帶迎之，謂太祖曰：“留可城且下，勿惑他議。”太祖從之。至軍中，衆議迺決。斡帶急起治攻具。其夜進兵攻城，遲明破之。及二涅囊虎路、二蠢出路寇盜，[3]斡帶盡平之。

[1]撒改：景祖孫，韓國公劾者子。本書卷七〇有傳。

[2]裨將：即副將。

[3]二涅囊虎路、二蠢出路：兩地區名。其地俱在今吉林省琿春市境内。

康宗二年甲申，蘇濱水諸部不聽命，[1]康宗使斡帶等往治其事。行次活羅海川撒阿村，[2]召諸部。諸部皆至，惟含國部斡豁勃堇不至。[3]斡准部狄庫德勃堇、職德部厮故速勃堇亦皆遁去，[4]遇塢塔於馬紀嶺，[5]塢塔遂執二人以降。於是，使斡帶將兵伐斡豁，募軍于蘇濱水，斡豁完聚固守，攻而拔之。進師北琴海闢登路，[6]攻拔泓忒城，[7]取畔者以歸。

[1]蘇濱水：今大綏芬河。

[2]活羅海川：今牡丹江。　撒阿村：當在牡丹江中上游。

[3]含國部：時居蘇濱水，今大綏芬河一帶。興凱湖在明清時，仍音譯爲“恨克”“興喀”“旱卡”，皆由“含國”轉音而來。其部原本居住在興凱湖附近，後來遷至蘇濱水一帶（張博泉等《金史論稿》第一卷，第71頁）。

[4]斡准部狄庫德勃堇、職德部厮故速勃堇：斡准部、職德部，據上文“蘇濱水諸部不聽命”，此二部皆在今大綏芬河一帶。

[5]馬紀嶺：今牡丹江與大綏芬河間的老爺嶺。

[6]北琴海：今興凱湖。　闢登路：當在興凱湖附近。此“闢登”，與本書卷一三五《高麗傳》中的“闢登水”，不是一水。乃

是“必心”的異寫，即今烏蘇里江東支流“比金河”（張博泉等《金史論稿》第一卷，吉林文史出版社 1986 年版，第 71 頁）。

［7］泓忒城：在今烏蘇里江上游，興凱湖東北。

太祖於母弟中最愛斡帶。斡帶歸自泓忒城，太祖以事如寧江州，欲與斡帶偕行。斡帶曰：“兵役久勞，未及息也。”遂不果行。太祖還，晝寐于來流水傍，夢斡帶之場圃火，[1]禾盡焚，不可撲滅，覺而深念之，以爲憂。是時，斡帶已寢疾，太祖至，聞之，過家門不下馬，徑至斡帶所問疾。未幾薨，年三十四。太祖每哭之慟，謂人曰：“予强與之偕行，未必死也。”

［1］場圃：收穀物，種菜蔬之地。春夏爲圃，秋冬爲場。

斡帶剛毅果斷，[1]服用整肅，臨戰决策，有世祖風。世祖之世，軍旅之事多專任之。太祖平遼，嘆曰：“恨斡帶之不及見也。”天會十五年，追封儀同三司、魏王，謚曰定肅。[1]

［1］斡帶：本書卷七六《宗義傳》謂，魏王斡帶有孫名活里甲，本傳從略。

斡賽。穆宗初，斡准部族相鈔略，遣納根涅孛堇以其兵往治。[1]納根涅擅募蘇濱水人爲兵，不聽，輒攻略之。其人來告，穆宗使斡賽及冶訶往問狀。納根涅雖伏而不肯償所取，因遁去。冶訶等皆不欲追。斡賽督軍而進，至把忽嶺西毛密水，[2]及之，大破其衆，納根涅死焉。斡賽撫定蘇濱水民部，執納根涅之母及其妻子而歸。穆宗曰："斡賽年尚幼，已能集事，可嘉也。"康宗二年甲申，斡帶治蘇濱水諸部，斡賽、斡魯佐之，定諸部而還。

[1]納根涅：原作"納粮涅"，與下文不符。此據殿本額頭及本書卷一《世紀》、卷六七《留可傳》改。納根涅爲阿里民忒石水紇石烈部人，子鈍思，世爲其部勃堇。

[2]把忽嶺：今興凱湖西南的老爺嶺。　毛密水：今興凱湖南的門河。

久之，高麗殺行人阿聒、勝昆，[1]而築九城於曷懶甸。[2]斡賽將内外兵，刻古、活你茁、蒲察、狄古迺佐之。[3]高麗兵數萬來拒，斡賽分兵爲十隊，更出迭入，遂大破之。斡賽母和你隈疾篤，[4]召還，以斡魯代之。未幾，斡賽復至軍，再破高麗軍，進圍其城。七月，[5]高麗請和，盡歸前後亡命及所侵故地，退九城之戍，遂與之和。皇統五年，[6]追封衛國王。[7]

[1]行人：使者的通稱。　阿聒：完顔部人。　勝昆：本書所見名勝昆者，有术虎部人、烏林荅部人、加古部人。此爲烏林荅部人，見於本書卷一、卷六五和卷一三五。

[2]九城：即咸州、英州、雄州、吉州、福州、公嶮鎮與宜州、通泰、平戎九城。　曷懶甸：今朝鮮咸興以北，東朝鮮灣西北並包括海蘭江一帶。

[3]刻古、活你茁：二人名。爲斡賽所將"外兵"。　蒲察：

即穆宗子濟國公蒲察（王可賓《穆宗子蒲察事迹考略》，《北方文物》1998年第3期）。　狄古迺：或作迪古迺，完顔忠本名，耶懶路完顔部人石土門之弟。本書卷七〇有傳。與蒲察皆爲斡賽所將“内兵”。中華點校本誤將此四人標點爲劾古活你茁與蒲察狄古迺二人。

[4]和你限：即世祖次室徒單氏之名。

[5]七月：《高麗史》卷一三《睿宗世家》載，高麗睿宗引見女真使裹弗，許還九城，在睿宗四年己丑七月，即金康宗七年(1109）七月。此“七月”及以下高麗請和事，皆當繫於康宗七年己丑七月。

[6]皇統：金熙宗年號（1141—1149）。

[7]衛國王：按本書卷五九《宗室表》與卷六六《朮魯傳》皆作“鄭王”，與此相異。

宗永，本名挑撻，斡賽子。長身美髯，忠確勇毅。天眷初，以宗室子預誅宗磐，[1]擢寧遠大將軍。[2]皇統初，充牌印祗候。[3]五年，出爲趙州刺史，[4]秩滿再任，轉興平軍節度使，[5]改大名尹。[6]貞元三年，[7]復爲興平軍節度使，歷昭德軍、臨洮、鳳翔尹。[8]

[1]宗磐：太宗子。本書卷七六有卷。

[2]寧遠大將軍：武散官。從四品上階。熙宗天眷與皇統年間的寧遠大將軍，即本書卷五五《百官志一》“安遠大將軍”。

[3]牌印祗候：殿前都點檢司屬員。金大定二年（1162）改爲符寶祗候，後又稱符寶郎。掌御寶及金銀等牌。

[4]趙州：金天德三年（1151）更爲沃州，治所在今河北省趙縣。　刺史：州長官。掌同府尹兼治州事。正五品。

[5]興平軍：置平州，治所在今河北省盧龍縣。　節度使：州

長官。總判本鎮兵馬之事。從三品。

[6]大名：府名。治所在今河北省大名縣。　尹：府長官。掌宣風導俗，肅清所部，總判府事。正三品。

[7]貞元：金海陵王年號（1153—1156）。

[8]昭德軍：置瀋州。原爲節度，金明昌四年（1193）更爲刺史。治所在今遼寧省瀋陽市。　臨洮：府名。金皇統二年（1142）置總管府，府尹兼領都總管。治所在今甘肅省臨洮縣。　鳳翔：府名。皇統二年升爲府，軍名天興。治所在今陝西省鳳翔縣。

大定二年，入爲工部尚書，[1]與蘇保衡、完顏余里也遷加伐宋士官賞。[2]宗永性滯不習事，凡與土賊戰者一概加之。世宗久迺知之，[3]謂宰相曰："若一概追還，必生怨望。若因循不問，則爵賞濫矣。其與土賊戰者，有能以寡敵衆，一人敵三十人以上者，依已遷爲定。"改同簽大宗正事、震武軍節度使，[4]卒。

[1]工部尚書：尚書省工部長官。正三品。

[2]蘇保衡：雲中天成人。時爲刑部尚書。本書卷八九有傳。　完顏余里也：時爲兵部侍郎。　遷加伐宋士官賞：詳見《蘇保衡傳》。施國祁《金史詳校》卷七謂，"遷"字當削，"士"上當加"將"字。

[3]世宗：廟號。名雍。1161年至1189年在位。本書卷六至卷八有紀。

[4]同簽大宗正事：金大定元年（1161）置，以宗室充任。正三品。　震武軍節度使：置代州，治所在今山西省代縣。

斡者，天會十五年大封宗室，追封魯王，正隆例改封公。子神土懣，驃騎衛上將軍。[1]

[1]驃騎衛上將軍：武散官。正三品下階。

子璋本名胡麻愈，多勇略，通女直、契丹、漢字。年十八，左副元帥撒离喝引在麾下。[1]以事如京師，見梁王宗弼，[2]與語，宗弼悦之。皇統六年，父神土懣卒，宗弼奏璋可襲謀克，詔從之。天德三年，充牌印祗候，以罪免，奪其謀克，寓居中都。[3]

[1]左副元帥：都元帥府屬官。居都元帥之下。正二品。　撒离喝：漢名杲，安帝六代孫。本書卷八四有傳。

[2]梁王：封國名。天眷格，大國封號《大金集禮》第三、本書《百官志》第二爲梁。　宗弼：本名兀术，太祖第四子。本書卷七七有傳。

[3]中都：海陵貞元元年（1153）定都燕京，改號中都。治所在今北京市。

海陵伐宋，左衛將軍蒲察沙离只同知中都留守，[1]佩金牌掌留府事。世宗即位于遼陽，[2]璋勸沙离只歸世宗，沙离只不從。璋與守城軍官烏林荅石家奴、烏林荅愿、徒單三勝、蒲察蒲查等，[3]以兵晨入留守府，遂殺沙离只及判官漫撚撒离喝。[4]推宗强子阿瑣爲留守，[5]璋行同知留守事。遣石家奴佩沙离只金牌與愿、蒲查、中都轉運使左淵子貽慶、大興少尹李天吉子磐，[6]奉表如東京，賀即位。世宗嘉之，以愿、蒲查爲武義將軍，[7]

充護衛。貽慶賜及第，[8]授從仕郎。[9]磐充閤門祗候。[10]就以璋爲同知中都事。[11]

［1］左衛將軍：屬殿前都點檢司，全稱殿前左衛將軍。掌宫禁及行從宿衛警嚴，仍總領護衛。　蒲察沙离只：女真人。海陵的親信。　同知中都留守：海陵伐宋，於中都大興府别置的留守司長官。

［2］遼陽：京府名。置有東京留守司。治所在今遼寧省遼陽市。

［3］烏林荅石家奴：與本書卷一〇二《田琢傳》所見福山縣令烏林荅石家奴，姓名同。　烏林荅愿：嘗於金明昌六年（1195）以尚書左丞爲平章政事。　徒單三勝：本書僅此一見。　蒲察蒲查：大定初年，嘗爲濰州刺史，以廉升博州防禦使。

［4］判官：此指大興府中都留守司判官，又稱府判。　漫撚撒离喝：又作抹撚撒离喝。抹撚部姓，撒离喝人名。

［5］宗强：太祖子。本書卷六九有傳。　阿瑣：本書卷六九有傳。　留守：留守司長官，帶本府尹兼本路兵馬都總管。正三品。

［6］中都轉運使：本書卷六《世宗紀上》作“中都都轉運使”，卷五七《百官志三》都轉運司條下小字注文稱“惟中都路置都轉運司，餘置轉運司”。知左淵職官應作“中都都轉運使”，亦可省一“都”字爲簡稱。掌税賦錢穀、倉庫出納、權衡度量之制，正三品。　左淵：左企弓子。本書卷七五有傳。　大興少尹：掌同同知。正五品。　李天吉：曾任震武軍節度使。

［7］武義將軍：武散官。從六品上階。

［8］賜及第：賜左貽慶爲任忠傑榜第二甲進士。

［9］從仕郎：文散官。從八品下階。

［10］閤門祗候：宣徽院閤門承應人。

［11］以璋爲同知中都事：按本書卷六《世宗紀上》、卷六九《阿瑣傳》、卷六九《宗强傳》皆載此事，稱璋爲“同知中都留守

事”，卷五七《百官志三》載，諸京留守司下設“同知留守事一員”，卷六六《合住傳》有“中都同知完顔璋”，與此處“同知中都事”，皆省“留守”二字，屬該官之簡稱。

璋以殺沙离只自攝同知留守，世宗因而授之，心常不自安，遂與兵部尚書可喜謀，[1]因世宗謁山陵作亂。大定二年，上謁山陵，璋等九人會于可喜家，[2]説萬户高松，[3]不從。璋知事不成，乃與可喜共執斡論詣有司陳，[4]上誅可喜、李惟忠等，[5]以璋爲彰化軍節度使。[6]

[1]兵部尚書：尚書省兵部長官。正三品。　可喜：太祖孫，宗强子。本書卷六九有傳。

[2]璋等九人：可喜、斡論、斡里朵、陀滿訛里也、李惟忠、璋、完顔布輝、沃窟剌、高松。

[3]高松：渤海人。世宗即位，充管押東京路渤海萬户。本書卷八二有傳。

[4]斡論：時爲昭毅大將軍。

[5]李惟忠：本名李老僧，海陵賜名惟忠。本書卷一三二有傳。

[6]彰化軍節度使：置涇州，治所在今甘肅省涇川縣。

宋將吴璘出散關，[1]據寶鷄以西，[2]詔璋赴元帥都監徒單合喜軍前任使。[3]於是，宋人據原州，[4]寧州刺史顔盞門都以兵四千攻之，[5]不克。宋將姚良輔以兵十萬至原州，[6]權副統完顔習尼列以千騎援門都兵，[7]而姚良輔兵多，諸將皆不敢與戰。及璋至軍，會平凉、涇州、潘原、長武等戍兵，[8]合二萬人。璋使押軍猛安石抹許里阿補以兵二千軍於城北，[9]習尼列以兵三千軍於城西北十里麥子原，[10]皆據高阜爲陣。璋以本部兵陣於城西。姚良輔出自北嶺，先遣萬人攻許里阿補，自以軍九萬陣麥子原下，捍以劍盾、行馬，[11]外列騎士，步卒居其中，敢死士鎖足行馬間，持大刀爲拒，分爲八陣，而别以騎二千襲璋軍。璋方出迎戰，習尼列來報曰："宋之重兵皆在麥子原矣。"璋遣萬户特里失烏也以押軍猛安奚慶喜、照撒兵二千援許里阿補，[12]遣撒屋出、崔尹以兵二千益習尼列。[13]許里阿補與宋人接戰，良久，敗之。宋兵在麥子原者最堅，習尼列與移剌補、奥屯撒屋出、崔尹、僕根、撒屈出以兵五千沿壕爲伏，[14]餘兵皆捨馬步戰，擊其前行騎士，走之。於是，行馬以前衝以長槍，行馬以後射以勁弓。良輔兵稍挫，習尼列乘勝麾兵，撤其行馬，破其七陣。良輔復整兵出，習尼列少却。而璋已破城下宋兵，與習尼列會，使僕根以伏兵擊良輔，習尼列亦整兵與戰。奮擊之，大破良輔軍，斬首萬餘級，墜壕死者不可勝數，鎖足行馬者盡殪之，獲甲二萬餘，[15]器仗稱是。良輔亦中兩創脱去。遂圍原州，穴其西城，城圮，宋人宵遁，璋等入原州。[16]宋戍軍在寶鷄以西，聞之皆自散關遁去。

[1]吴璘：宋人。時爲宋四川宣撫使。《宋史》卷三六六有傳。散關：即大散關，在今陝西省寶鷄市西南。

[2]寶鷄：縣名。屬鳳翔路鳳翔府，治所在今陝西省寶鷄市。

[3]元帥都監：元帥府元帥左右都監的簡稱。從三品。　徒單合喜：上京速蘇海水人。時爲元帥左都監。本書卷八七有傳。

[4]原州：治所在今甘肅省鎮原縣。

［5］寧州：位原州東，治所在今甘肅省寧縣。　顔盞門都：隆州帕里斡山人。本書卷八二有傳。

［6］姚良輔：宋人。《建炎以來繫年要録》卷一九九高宗紹興三十二年（1162）五月“壬寅”條，《宋史》卷三二《高宗紀九》、卷三六六《吴璘傳》同年同月條，記載其事，皆作“姚仲”。即宋都統制姚仲。

［7］權：代理。　完顔習尼列：女真人。官爲萬户。

［8］平涼：府名。治所在今甘肅省平涼市。　涇州：治所在今甘肅省涇川縣。　潘原：縣名。屬平涼府，治所在今甘肅省平涼市涇水北岸四十里鋪鎮之曹灣村。　長武：縣名。屬涇州。治所在今陝西省長武縣西北涇河南岸。

［9］押軍猛安：女真官名。屬戰時或邊防守備的官職，位在押軍萬户之下。　石抹許里阿補：契丹人。本書僅見於此。

［10］麥子原：不見於本書《地理志》。據本傳知，在原州城西北十里。

［11］行馬：也稱拒馬。《續資治通鑑》卷一三六謂，宋兵“凡布陣之式，以步軍爲陣心，爲左右翅翼，馬軍爲左右肋，拒馬環于左右肋之内，以衛步軍”。

［12］特里失烏也：人名。其他不詳。　奚慶喜、照撒：奚爲慶喜的族屬。照撒爲另一人。

［13］撒屋出：即奥屯撒屋出。　崔尹：本書僅見於本傳。

［14］移剌補：契丹人。即猛安移剌補。　僕根、撒屈出：兩人名。本書僅見於本傳。中華點校本原標僕根與撒屈出爲兩人，後又改爲一人。據下文“使僕根以伏兵擊良輔”，僕根與撒屈出當爲兩人。

［15］獲甲二萬餘：“二”，南監本、北監本、殿本、局本並作“矢”，與此異。

［16］璋等入原州：《宋史·孝宗紀一》謂，紹興三十二年（1162）六月“乙未晦，金人屠原州”。本書卷六《世宗紀上》謂

大定二年（1162）“七月丁酉，復取原州”。

京兆尹烏延蒲离黑、丹州刺史赤盞胡速魯改已去德順州，[1]宋吴璘復據之。都監合喜以璋權都統，與習尼列將兵二萬救德順。璋率騎兵前行，與璘騎兵二萬戰于張義堡遂沙山下，[2]敗之，追北四十餘里。璘軍遇隘不得前，斬首數十級。璋至德順，璘據城北險要爲營，璋亦策營與璘相望，可三里許。兩軍遇於城東，凡五接戰，璘軍敗走，璋追至城下。璘軍已據城北岡阜，與其城上兵相應，以弩夾射璋軍。璋軍陽却，城中出兵來追，璋反旆與戰，大敗之。合喜遣統軍都監泥河以兵七千來會，[3]與璘軍復戰，敗之。璘遣兵據東山堡，[4]欲樹柵，璋與習尼列、泥河議曰：“敵若據東山堡，此城亦不可拔，宜急擊之。”於是璋先據要地，習尼列以兵逼東山堡，璘兵恃濠相拒，短兵接，璘兵退走，習尼列追擊之。璘城北營兵可六千人，登北岡來戰，璋之漢軍少却，傷者二百人。璘遂焚璋軍攻城具，璋率移剌補猛安兵踰北岡擊走之。璘軍隔小塹射璋軍，移剌補少却，習尼列望見北原火發，乃止攻東山堡，亟與將士來赴，引善射者先登，率劉安漢軍三百人擊敗之。璘軍皆走險，璘以軍三萬據險作三陣，皆環以劍盾、行馬。璋遣萬户石抹迭勒由别路自後擊之，[5]特里失烏也、移剌補以二千人當其前，以强弓射之，璘兵大敗，墮溝壑者甚衆。璋軍度澗追之，斬數千級而還。

[1]京兆尹：府長官。治所在今陝西省西安市。據本書卷八六

《烏延蒲离黑傳》、卷八七《徒單合喜傳》當改爲“順義軍節度使”，其治所在今山西省朔州市。　烏延蒲离黑：速頻路哲特猛安人。本書卷八六有傳。　丹州刺史赤盞胡速魯改：原作“寧州刺史”。施國祁《金史詳校》卷七據本書卷六《世宗紀上》與卷八七《徒單合喜傳》謂，“寧”當作“丹”。已改正。丹州，治所在今陝西省宜川縣。　德順州：在宋爲德順軍，治所在今寧夏回族自治區隆德縣。

[2]張義堡：即鎮戎州三川縣的張義寨。在今寧夏回族自治區固原市西南五十里張易鄉。　遂沙山：屬六盤山支脉。

[3]統軍都監：應是陝西路統軍司的都監。　泥河：人名。即本書卷八七《徒單合喜傳》的京兆少尹宗室泥河。

[4]東山堡：據《宋史·孝宗紀》，在德順軍境内。與鎮戎軍的東山或東山寨，異地同名。

[5]萬户石抹迭勒：本書卷八七《徒單合喜傳》作統軍都監石抹迭勒。

璘軍雖敗，猶恃其衆，都監合喜使武威軍副總管夾古查剌來問策。[1]諸將皆曰：“吴璘恃險，不善野戰，我退軍平凉，彼必棄險就平地，然後可圖也。”璋曰：“不然。彼恃其衆，非特恃險也。昔人有言，‘寧棄千軍，不棄寸地’，故退兵不如濟師。我退軍平凉，彼軍深入吾地，固壘以拒我，則如之何。”查剌還報，合喜於是親率四萬人赴之。吴璘詰旦乘陰霧晦冥分兵四道來襲，戰于城東，離而復合者數四。漢軍千户李展率麾下兵先登奮擊之，璘軍陣動。璋乘勝踵擊，璘軍復敗，追至北岡，璘走險，璋急擊之，殺略殆盡。璘分半軍守秦州，[2]合喜駐軍水洛城東，[3]自六盤山至石山頭分兵守之，[4]斷其餉道。璘迺引歸。[5]

[1]武威軍副總管：據本書卷八六《夾谷查剌傳》，應爲“同知京兆尹”。　夾古查剌：隆州失撒古河人。本書卷八六有傳。

[2]秦州：治所在今甘肅省天水市。

[3]水洛城：在今甘肅省莊浪縣。

[4]六盤山至石山頭：當在德順與秦州之間，六盤山在東北，石山頭在西南。

[5]迺引歸：《宋史·孝宗紀》紹興三十二年（1162）謂，十二月丙寅，“詔棄德順城，徙兵民于秦州以裏屯住”。

宋經略使荆皋以步騎三萬自德順西去，[1]璋以兵八千、習尼列以兵五千追擊之。習尼列兵乃出其前，還自赤觜，[2]遇其前鋒，敗之于高赤崖下。[3]復與其中軍戰，自日昃至暮，乃罷。荆皋乘夜來襲營，爲退軍八十里。明日，習尼列追之。璋兵至上八節，[4]宋兵據險爲陣，璋捨馬步戰，地險不得接，相拒至曙。宋兵動，璋乘之，追至甘谷城。[5]習尼列兵亦至，宋兵宵遁，璋遂班師。習尼列追至伏羌城，[6]不及而還。

[1]經略使：宋官名。初不常置，後漸成陝西、河東、廣西等路長官，總一路兵民之政。　荆皋：宋陝西經略使。

[2]赤觜：即赤觜鎮，屬鞏州定西縣，後廢。在今甘肅省隴西縣西北。

[3]高赤崖：本書僅此一見。當在赤觜鎮之東北。

[4]上八節：地名。當在甘谷城附近。

[5]甘谷城：甘谷縣城，屬秦州。在今甘肅省甘谷縣以北。

[6]伏羌城：屬秦安縣。在今甘肅省甘谷縣。

上使御史中丞達吉視諸軍功狀，[1]達吉舊與璋有隙，故損其功。詔璋將士賞比諸軍半之，璋兼陝西路都統，[2]進官一階。[3]及元帥府上功，璋居多，詔達吉削官兩階，杖八十，解職。上復賞璋及將士如諸軍，以璋爲西北路招討使。[4]召爲元帥左都監，兼安化軍節度使，[5]賜以弓矢衣帶佩刀。改益都尹，[6]左都監如故。

[1]御史中丞：貳於御史大夫。從三品。　達吉：人名。本書僅此一見。

[2]璋兼陝西路都統：金大定三年（1163）升陝西統軍司爲都統府。陝西平，璋以彰化軍節度使兼陝西路都統府都統。

[3]進官一階：金制，文武散官，共分九品，階凡四十有二。

[4]西北路招討使：招懷降附，征討携離。正三品。其司署置於西京路桓州，在今内蒙古自治區正藍旗。

[5]安化軍節度使：南監本、北監本、殿本、局本作“安武軍節度使”。安化軍節度使，置密州，治所在今山東省諸城市。

[6]益都：府名。治所在今山東省青州市。

宋人棄海州遁去，[1]焚官民廬舍且盡。璋至海州，得所棄粮三萬六千餘石，安集其人，復其屯戍。五年，宋人約和，[2]罷三路都統，[3]復置陝西路統軍司，[4]璋爲統軍使。[5]上曰：“監軍合喜年老，故授卿此職。邊境無事，且召卿矣。”以本官兼京兆尹。

[1]海州：治所在今江蘇省連雲港市。

[2]宋人約和：金大定五年（1165）正月，宋以國書來約和。

[3]罷三路都統：指河南、山東、陝西三路都統。

[4]陝西路統軍司：置京兆府。統軍使，統軍司長官，督領軍馬、鎮攝封陲、分營衛、視察奸，正三品。

召爲御史大夫。[1]璋奏："竊觀文武百官有相爲朋黨者，今在臺自臣外無女直人，乞不限資考，量材奏擬。"上曰："朋黨爲誰，即糾治之。朕選女直人，未得其人，豈以資考爲限，論其人材而已。"頃之，璋奏曰："太祖武元皇帝受天明命，太宗皇帝奄定宋土，自古帝王之興，必稱受命，當製'大金受命之寶'，以明示萬世。"上曰："卿言正合朕意。"乃遣使夏國市玉，十八年，受命寶成，[2]奏告天地宗廟社稷，上御正殿。

[1]御史大夫：掌糾察朝儀，彈劾官邪，勘鞫官府公事。凡内外刑獄所屬理斷不當，有陳訴者付臺治之。舊爲正三品，金大定十二年（1172）升爲從二品。

[2]受命寶：其文爲"大金受命萬世之寶"，其形制見本書卷三一《禮志四》，有關製作之事見本書卷七五《左光慶傳》。

改大興尹，[1]爲賀宋正旦使。十三年，璋受命使宋，既行，上遣人馳諭璋曰："宋人若不遵舊禮，慎勿付書。如不令卿等入見，即持書歸。若迫而取之，亦勿赴宴，其回書及禮物一切勿受。"璋至臨安，[2]宋人請以太子接書，不從。宋人就館迫取書，璋與之，且赴宴，多受禮物。有司以聞，上怒，欲置之極刑。左丞相良弼奏曰：[3]“璋爲將，大破宋軍，宋人讎之久矣。將因此陷之死地，未可知也。今若殺璋，或者墮其計中耳。”上以爲然，乃杖璋百五十，除名，副使客省使高翊杖百，[4]没入其所受禮物。

[1]改大興尹：按，此句文意與上句並不相接，疑有脱誤。中華點校本將下句中的“十三年”三字移至“改大興尹”之前。大興，府名。京師所在之地，在今北京市。

[2]臨安：南宋京師，治所在今浙江省杭州市。

[3]左丞相：爲宰相，掌丞天子、平章萬機。左右丞相與平章政事，皆從一品。　良弼：紇石烈良弼，回怕川（今輝發河）人。本書卷八八有傳。

[4]副使：此指賀宋正旦副使。　客省使：屬宣徽院。掌接伴人使見辭之事。正五品。　高翊：渤海人。本書卷六一《交聘表中》謂客省使兼東上閤門使。

後歲餘，上念璋有征伐功，起爲景州刺史，[1]遷武定軍節度使，[2]授山東西路蒲底山拏兀魯河謀克，[3]改臨洮尹。十九年，卒。

[1]景州：刺史州。治所在今河北省東光縣。

[2]武定軍節度使：置德興府，治所在今河北省涿鹿縣。

[3]山東西路蒲底山拏兀魯河謀克：當是見於《進士碑》的東平府“蒲底山猛安”所屬謀克。蒲底山，似與《宣和乙巳奉使金國行程録》的“蒲達寨”有關。此猛安謀克，也是由金内地遷往山東的猛安謀克（張博泉等《金史論稿》第一卷，第327頁）。

鄆王昂，本名吾都補，[1]世祖最幼子也。常從太祖征伐。天輔六年，昂與稍喝以兵四千監護諸部降人，[2]處之嶺東，就以兵守臨潢府。[3]昂不能撫御，降人苦之，多叛亡者。上聞之使出里底戒諭昂。[4]已過上京，[5]諸部皆叛去，惟章愍宫、小室韋二部達内地。[6]詔諳版勃極烈吴乞買曰：[7]"比遣昂徙諸部，多致怨叛，稍喝駐兵不與討襲，致使降人復歸遼主，違命失衆，當置重法。若有所疑，則禁錮之，俟師還定議。"是時，太宗居守，辭不失副之，辭不失勸太宗因國慶可薄其罰。[8]於是杖昂七十，拘之泰州，而殺稍喝。

[1]本名吾都補：本書卷五九《宗室表》作"本名烏特"，卷六六《衷傳》作"霸合布里"，《閑閑老人滏水文集》卷一二《廣平郡王完顔公碑》作"八合八"。

[2]稍喝：女真人。官勃堇。　諸部降人：指山西諸部族降人。諸部，原與殿本皆作"都部"，據中華點校本改。

[3]臨潢府：治所在今内蒙古自治區赤峰市巴林左旗林東鎮遼上京舊址。

[4]出里底：女真人。官勃堇。

[5]上京：此指遼上京臨潢府。

[6]章愍宫：遼景宗耶律賢，以章肅皇帝李胡侍衛及武安州户所置的"監母斡魯朵"。在合魯河流域。　小室韋：遼北府部族。遼西北路諸司，有小室韋軍詳穩司。　内地：指按出虎水一帶女真興起之地。

[7]詔諳版勃極烈吴乞買：按本書卷二《太祖紀》，此詔發於金天輔七年（1123）正月甲子。諳版勃極烈，女真朝官。直譯爲大勃極烈，常居守，貳國政，爲金初皇儲的專稱。

[8]國慶：即本書卷七〇《習不失傳》所指“遼人以燕京降，宋人約歲幣，三月世宗生”。

天會六年，權元帥左都監。十五年，爲西京留守。[1]天眷三年，爲平章政事。皇統元年，封漆水郡王。[2]二年，制詔昂署御帶“皇叔祖”字。封鄆王，是歲，薨。[3]

[1]西京：治所在今山西省大同市。

[2]漆水郡王：封號。正一品曰郡王。

[3]封鄆王，是歲，薨：據本書卷四《熙宗紀》，當改爲“是歲薨，追封鄆王”。

子鄭家、鶴壽。[1]鶴壽累官耶魯瓦群牧使，[2]死于契丹撒八之難，[3]語在《忠義傳》。

[1]子鄭家、鶴壽：據本書卷六六《衷傳》，昂有子悟烈，悟烈有子衷。《昂傳》皆失載。鄭家，《宋史》作“鄭家奴”。

[2]耶魯瓦群牧：即西京路耶魯椀群牧。群牧使，女真言“烏魯古使”，掌檢校群牧畜養藩息之事。從四品。

[3]契丹撒八之難：海陵伐宋，徵調契丹丁壯，引起以招討司譯史撒八爲首的西北路契丹部族起義。

鄭家，[1]皇統初，以宗室子授定遠大將軍，[2]除磁州刺史。[3]天德間，爲右諫議大夫，[4]累遷會寧尹、安化軍節度使，[5]改益都尹。海陵伐宋，爲浙東道副統制，[6]與工部尚書蘇保衡以舟師自海道趨臨安，至松林島阻風，[7]泊島間。詰旦，舟人望見敵舟，請爲備。鄭家問："去此幾何？"舟人曰："以水路測之，且三百里。風迅，行即至矣。"鄭家不曉海路舟楫，不之信。有頃，敵果至，見我軍無備，即以火砲擲之。鄭家顧見左右舟中皆火發，度不得脱，赴水死，時年四十一。

[1]鄭家：鄭家有子承暉。本書卷一〇一有傳。

[2]定遠大將軍：武散官。從四品中階。

[3]磁州：刺史州。治所在今河北省磁縣。

[4]右諫議大夫：諫院長官。正四品。

[5]會寧：府名。金舊都，治所在今黑龍江省阿城市白城子。

[6]浙東道副統制：海陵伐宋立三道都統制府，浙東道爲其一。鄭家任該道水軍副統制。

[7]松林島：《宋史》卷三二《高宗紀》作"膠西縣陳家島"。

金史　卷六六

列傳第四

始祖以下諸子

勗 本名烏野　子宗秀　隈可

宗室

胡十門[1]　合住　子布輝[2]　摑保　衷　本名醜漢　齊　本名掃合　术魯　胡石改　宗賢　本名阿魯　撻懶　卞　本名吾母　亶　本名阿里剌　弈　本名三寶　阿喜

勗，[3]字勉道，本名烏野，[4]穆宗第五子。[5]好學問，[6]國人呼爲秀才。年十六，從太祖攻寧江州，[7]從宗望襲遼主于石輦鐸。[8]太宗嗣位，[9]自軍中召還，與謀政事。宗翰、宗望定汴州，[10]受宋帝降。[11]太宗使勗就軍中往勞之。宗翰等問其所欲。曰："惟好書耳。"載數車而還。

[1]胡十門：應下加小注“子鉤室”。

[2]合住：小注“子布輝”應改爲“曾孫布輝”。

[3]勗：依前卷例，在《勗傳》前，當有肅宗子與穆宗子的概述，本卷從略。

[4]烏野：又作烏也、烏拽馬。

[5]穆宗：廟號。名盈歌，1094年至1103年在位。本書卷一有紀。　第五子：本書卷五九《宗室表》誤書於撻懶之前。《松漠紀聞》誤爲撻懶“庶子”。

[6]好學問：《三朝北盟會編》卷一八引《神麓紀》載，嘗受師於宋主客員外郎范正圖。

[7]太祖：廟號。名阿骨打，漢名旻。1115年至1123年在位。本書卷二有紀。　寧江州：《〈中國歷史地圖集〉釋文匯編·東北卷》謂，遺址在今吉林省原扶餘縣城東南的小城子。李健才認爲在今吉林省松原市西部的伯都訥古城（李健才《東北史地考略》，吉林文史出版社1986年版，第76頁）。

[8]宗望：太祖第二子。本書卷七七有傳。　遼主：指遼天祚帝耶律延禧。　石輦鐸：又作石輦驛。據本書《太祖紀》與《遼史·天祚紀》當在距居延北不遠地方。

[9]太宗：廟號。本名吴乞買，漢名晟。1123年至1135年在位。本書卷三有紀。

[10]宗翰：國相撒改長子。本書卷七四有傳。　汴州：宋東京開封府，治所在今河南省開封市。

[11]宋帝：指宋欽宗趙桓。

女直初無文字，及破遼，獲契丹、漢人，始通契丹、漢字，於是諸子皆學之。宗雄能以兩月盡通契丹大小字，[1]而完顏希尹迺依倣契丹字製女直字。[2]女直既未有文字，亦未嘗有記録，故祖宗事皆不載。宗翰好訪問女直老人，[3]多得祖宗遺事。太宗初即位，復進士舉，[4]而韓昉輩皆在朝廷，[5]文學之士稍拔擢用之。天會六年，[6]詔書求訪祖宗遺事，以備國史，命勗與耶律迪越掌之。[7]勗等采摭遺言舊事，自始祖以下十帝，[8]綜爲三卷。[9]凡部族，既曰某部，復曰某水之某，又曰某鄉某村，以别識之。[10]凡與契丹往來及征伐諸部，其間詐謀詭計，一無所隱。事有詳有略，咸得其實。

[1]宗雄：康宗長子。本書卷七三有傳。　契丹大小字：耶律突吕不等於遼神册五年（920），采用漢字加以簡化或增添製成數千字，稱契丹大字。阿保機弟迭剌於天贊年間在大字基礎上仿照回鶻文製成的契丹文字稱小字。

[2]完顔希尹：歡都子。本書卷七三有傳。　女直字：希尹依仿漢字，因契丹字制度，合本國語，制女真字。金天輔三年（1119）頒行。後熙宗亦制女真字，稱希尹所撰爲女真大字。

[3]女直老人：施國祁《金史詳校》卷七謂，“老人指阿离合懑等”。

[4]復進士舉：本書卷五一《選舉志一》謂：“其設也，始於太宗天會元年十一月。時以急欲得漢士以撫輯新附，初無定數，亦無定期，故二年二月、八月，凡再行焉。”

[5]韓昉：燕京人。本書卷一二五有傳。

[6]天會：金太宗與金熙宗初年號（1123—1135，1135—1137）。

[7]耶律迪越：契丹人。本書卷七〇《宗賢傳》所見的“遼留守迪越”，是否即是此人，尚待考。

[8]十帝：自始祖函普至康宗烏雅束。

[9]綜爲三卷：即皇統元年（1141）所進的《祖宗實録》。據

《金史藝文略》，明時猶見完帙。

[10]以別識（zhì）之：自始祖函普以來，女真人的血緣組織早已向地緣組織演變。雖聞其父祖名亦能有人道其部族世次所出，但部族所居之地已非原生狀態，祇能以某部、某水、某鄉，以別識之。別職，區分標識。

自太祖與高麗議和，凡女直入高麗者皆索之，至十餘年，索之不已。勗上書諫曰："臣聞德莫大於樂天，仁莫先於惠下。所索户口，皆前世奸宄叛亡，烏蠢、訛謨罕、阿海、阿合束之緒裔。[1]先世綏懷四境，尚未賓服。自先君與高麗通，聞我將大，因謂本自同出，[2]稍稍款附。高麗既不聽許，遂生邊釁，因致交兵，久方連和，蓋三十年。當時壯者今皆物故，子孫安於土俗，婚姻膠固。徵索不已，彼固不敢稽留，骨肉乖離，誠非衆願。人情怨甚可愍者，[3]而必欲求爲己有，特彼我之蔽，非一視同仁之大也。國家民物繁夥，幅員萬里，不知得此果何益耶。今索之不還，我以强兵勁卒取之無難。然兵凶器，戰危事，不得已而後用。高麗稱藩，職貢不闕，國且臣屬，民亦非外。聖人行義，不責小過，理之所在，不俟終日。臣愚以爲宜施惠下之仁，弘樂天之德，聽免徵索，則彼不謂己有，如自我得之矣。"從之。[4]

[1]烏蠢：即烏春，阿跋斯水温都部人。本書卷六七有傳。　訛謨罕：即窩謀罕，與烏春同時作亂者。　阿海：阿踈之父，景祖與世祖時爲本部勃堇。　阿合束：即阿踈，《完顏婁室神道碑》作

阿克束。星顯水紇石烈部人。本書卷六七有傳。

[2]先君：指穆宗。施國祁《金史詳校》卷七謂，“君當作王”。 本自同出：指曷懶甸與保州諸部自謂，與宗室完顔“本自同出”。

[3]人情怨甚可愍者：中華點校本謂，“怨疑是怨字之訛”。作“怨”字於義亦通。

[4]從之：據《高麗史》卷一六與本書卷六〇《交聘表中》、卷一三五《高麗傳》，勗上書與太宗從之，時在金天會九年(1131)。

十五年，爲尚書左丞加鎮東軍節度使、同中書門下平章事。[1]預平宗磐之難，[2]賜與甚多，加儀同三司，[3]以“皇叔祖”字冠其銜。勗皆力辭不受。

[1]尚書左丞：爲執政官，宰相之貳，佐治省事。正二品。鎮東軍節度使：金咸平路銅山縣，本遼同州鎮安軍。遼太祖時曾名東平，軍曰鎮東。治所在今遼寧省開原市南之中固。諸節鎮節度使，掌鎮撫諸軍防刺，總判本鎮兵馬之事，兼本州管内觀察使事。從三品。鎮東軍節度使，本書僅此一見，當爲加於勗的遥領虚銜。同中書門下平章事：本唐宋朝官名，多爲虚銜。熙宗循遼宋之舊，仍有加此官銜者。

[2]宗磐：太宗長子。本書卷七六有傳。

[3]儀同三司：文散官。從一品中階。

皇統元年，[1]撰定熙宗尊號册文。[2]上召勗飲於便殿，以玉帶賜之。所撰《祖宗實録》成，凡三卷，進入，上焚香立受之，賞賚有差。制詔左丞勗、平章政事奕，[3]職俸外别給二品親王俸傔。舊制，皇兄弟、皇子爲親王給二品俸，宗室封一字王者給三品俸，勗等别給親王俸，皆異數也。宴群臣于五雲樓，[4]勗進酒稱謝，帝起立。宰臣進曰："至尊爲臣下屢起，於禮未安。"上曰："朕屈己待臣下，亦何害。"是日，上及群臣盡歡。俄同監修國史，[5]進拜平章政事。光懿皇后忌辰，[6]熙宗將出獵，勗諫而止。

[1]皇統：金熙宗年號（1141—1149）。

[2]熙宗：廟號。名亶。1135年至1149年在位。本書卷四有紀。

[3]平章政事：與左右丞相同爲宰相，掌丞天子，平章萬機。從一品。　奕：又作弈，宗室子。亦當是《祖宗實録》的參編者。與本卷本名三寶的弈同名。

[4]五雲樓：皇統二年（1142）建於金上京。

[5]同監修國史：爲國史院長官監修國史之副，掌監修國史事。依行文通例，本文當書作"俄進拜平章政事、同監修國史"。

[6]光懿皇后：即太祖光懿皇后裴滿氏。本書卷六三有傳。

熙宗獵于海島，[1]三日之間，親射五虎，獲之。勗獻《東狩射虎賦》，上悦，賜以佩刀、玉帶、良馬。能以契丹字爲詩文，凡游宴有可言者，輒作詩以見意。時上日與近臣酣飲，或繼以夜，莫能諫之。勗上疏諫，乃爲止酒。進拜左丞相，[2]兼侍中、監修如故。[3]八年，奏上《太祖實録》二十卷，[4]賜黄金八十兩，銀百兩，重綵五十端，絹百匹，通犀、玉鈎帶各一。[5]出領行臺尚書省事，[6]召拜太保、領三省，[7]領行臺如故，封魯國王。[8]

[1]海島：在今遼寧省南部。見本書卷四《熙宗紀》皇統四年(1144)。

[2]左丞相：尚書省首相。

[3]侍中：門下省長官。　監修如故：時監修國史者爲都元帥領三省事宗弼。“監修如故”，當爲“同監修如故”。

[4]太祖實録：本傳及《金史藝文略》皆謂《太祖實録》爲完顔勗撰。本書卷四《熙宗紀》皇統八年“宗弼進太祖實録”，乃因其爲兼國史院長官監修國史之故。

[5]通犀：即通天犀，犀角的一種。《異物志》云：“角中特有光耀，白理如綫，自本達末，則爲通天犀。”

[6]領行臺尚書省事：金天眷元年（1138）改燕京樞密院爲行臺尚書省。天眷三年復移置於汴京。皇統二年定行臺官品皆下中臺一等。

[7]太保：與太師、太傅爲三師。師範一人，儀刑四海。正一品。　領三省：即領尚書、門下、中書三省之事。

[8]魯國王：封國名。天眷格，大國封號《大金集禮》第十四、本書《百官志》第十二爲魯。

勗剛正寡言。海陵方用事，[1]朝臣多附之者。一日，大臣會議，海陵後至，勗面責之曰：“吾年五十餘，猶不敢後，爾少年强健，迺敢如此。”海陵跪謝。九年，進拜太師，進封漢國王。[2]海陵篡立，加恩大臣以收人望，封秦漢國王，[3]領三省、監修如故。

[1]海陵：封號。名亮。1149 年至 1161 年在位。本書卷五有紀。時亮以平章政事爲尚書左丞相兼侍中，繼而又爲尚書省右

丞相。

[2]漢國王：封國名。天眷格，大國封號《大金集禮》第七、本書《百官志》第六爲漢。

[3]秦漢國王：爲加恩特例，於漢國王之上又加以秦。秦，天眷格，大國封號《大金集禮》第五、本書《百官志》第四爲秦。

及宗本無罪誅，[1]勗髭鬢頓白，因上表請老。海陵不許，賜以玉帶，優詔諭之。有大事令宰臣就第商議，入朝不拜。勗遂稱疾篤不言，表請愈切，海陵不懌，從之。以本官致仕，進封周宋國王。[2]正隆元年，[3]與宗室俱遷中都。[4]二年，例降封金源郡王。[5]薨，年五十九。

[1]宗本：太宗子。本書卷七六有傳。

[2]周宋國王：宋，天眷格，大國封號《大金集禮》第四、本書《百官志》第三爲宋。周爲金皇統五年（1145）新增大國封號。

[3]正隆：金海陵王年號（1156—1161）。

[4]中都：金京師，治所在今北京市。

[5]金源郡王：封號。正一品曰郡王。封王之郡號有十，金源爲第一。

撰定《女直郡望姓氏譜》及他文甚衆。[1]大定二十年，[2]詔曰："太師勗諫表詩文甚有典則，朕自即位所未嘗見。其諫表可入《實録》，其《射虎賦》詩文等篇什，可鏤版行之。"子宗秀。

[1]女直郡望姓氏譜：已佚。後熙宗、世宗、章宗時，嘗三次著録姓氏，從本書《百官志》所録兩號四大郡望姓氏譜，亦可窺其

初始端倪。

[2]大定：金世宗年號（1161—1189）。

宗秀，字實甫，本名斯里忽。涉獵經史，通契丹大小字。善騎射，與平宗磐、宗雋之亂，[1]授定遠大將軍，[2]以宗磐世襲猛安授之。[3]

[1]平宗磐、宗雋之亂：熙宗天眷二年（1139）宗磐、宗雋謀反，伏誅。

[2]定遠大將軍：武散官。從四品中階。

[3]世襲猛安：爲金朝授予皇族和對國家有大功的女真高官顯貴的世襲爵位，受封者領有猛安的人口和封地，爵位由子孫世襲。金末，金蒙戰爭時，也授予有卓越戰功的其他民族官員。

宗弼復取河南，[1]宗秀與海陵俱赴軍前任使。宋將岳飛軍于亳、宿之間，[2]宗秀率步騎三千扼其衝要，遂與諸軍逆擊敗之。師還，爲太原尹，[3]改婆速路統軍使，[4]不受高麗遣使以土產獻，[5]却之。入爲刑部尚書，[6]改御史中丞，[7]授翰林學士。天德初，[8]轉承旨，[9]封宿國公，[10]賜玉帶。歷平陽尹、昭義軍節度使，[11]封廣平郡王。[12]正隆二年卒官，年四十二。是歲，例降二品以上封爵，改贈金紫光禄大夫。[13]

[1]河南：地區名。指黄河以南，南京路地區。

[2]岳飛：宋相州湯陰人。《宋史》卷三六五有傳。　亳：州名。治所在今安徽省亳州市。　宿：州名。治所在今安徽省宿州市。按《宋史》卷二九載，紹興十年（1140）七月，岳飛大敗宗

弼於郾城，進至汴京四十五里朱仙鎮。本書不書。

[3]太原尹：掌宣風導俗，肅清所部，總判府事。正三品。太原，府名，治所在今山西省太原市。

[4]婆速路：路名。治所在今遼寧省丹東市東北二十里的九連城。　統軍使：督領軍馬，鎮攝封陲，分營衛，視察奸。從三品。

[5]不受：中華點校本斷在前句，意則成不受婆速路統軍使之任。實則應接下句，其在婆速路統軍使之任，不受高麗使者之獻。施國祁《金史詳校》卷七謂，“二字當改入下‘却之’文下。”或謂：“不受高麗”云云，古漢語少有如此行文者，況下文已有“却之”，“不受”純屬多餘，當以衍文删之。亦可。

[6]刑部尚書：尚書省刑部長官。正三品。

[7]御史中丞：貳於御史大夫。從三品。　翰林學士：翰林學士院屬官。正三品。

[8]天德：金海陵王年號（1149—1153）。

[9]承旨：即翰林學士承旨，翰林學士院長官。掌制撰詞命，凡應奉文字，銜内帶“知制誥”。正三品。

[10]宿國公：封國名。天眷格，小國封號第八爲宿。

[11]平陽：府名。天會六年（1128）升爲總管府，府尹兼領都總管。治所在今山西省臨汾市。　昭義軍節度使：置潞州，治所在今山西省長治市。

[12]廣平郡王：封號。封王之郡號第二爲廣平。

[13]金紫光禄大夫：文散官。正二品上階。

康宗敬僖皇后生楚王謀良虎。[1]次室温都氏生昭武大將軍同刮茁。[2]次室僕散氏坐事早死，[3]生龍虎衛上將軍隈可。[4]

[1]敬僖皇后：唐括氏。本書卷六三有傳。　楚王：封國號。

大定格，大國封號第十一爲楚。　謀良虎：康宗長子，宗雄本名。本書卷七三有傳。

[2]昭武大將軍：武散官。正四品上階。　同刮茁：另見於本書卷五九《宗室表》。

[3]僕散氏坐事：不詳。

[4]龍虎衛上將軍：武散官。正三品上階。按，隈可本傳，並未言其曾受龍虎衛上將軍。疑此段文字與隈可本傳爲兩人手筆，誤將遼王斜也子隈喝的官品，繫於康宗之子隈可名下。

隈可亦作偎喝，美髯鬚，勇健有材略。從太祖伐遼，取寧江州，戰出河店。[1]天眷二年，[2]授驃騎上將軍，[3]除迭魯苾撒糺詳穩。[4]遷忠順軍節度使、興平軍節度使。[5]天德二年，入爲大宗正丞。[6]四年，出爲昭德軍節度使。[7]以兄謀良虎孫唤端合扎謀克餘户，[8]授偎喝上京路扎里瓜猛安所屬世襲謀克。[9]改德昌軍節度使，[10]封廣平郡王。正隆二年，例奪王爵，[11]改曷速館節度使，[12]再改忠順軍節度使。大定元年，封宗國公，[13]爲勸農使，[14]卒官，年六十五。

[1]出河店：地名。《〈中國歷史地圖集〉釋文匯編·東北卷》謂，在今黑龍江省肇源縣茂興站南吐什吐。李健才《東北史地考略》認爲，舊址在今黑龍江省肇東市八里城。張博泉等《東北歷代疆域史》謂，在今黑龍江省肇源縣望海屯古城址。

[2]天眷：金熙宗年號（1138—1140）。

[3]驃騎上將軍：即驃騎衛上將軍。武散官，正三品下階。

[4]迭魯苾撒：即“敵魯必剌”的異寫，“苾撒”或“必剌”，意爲水。本書卷六三《昭祖威順皇后傳》，“活剌渾水敵魯鄉徒單

部人”，迭魯苾撒當爲活剌渾水的一條支流，即今黑龍江省呼蘭河的一條支流。　糺詳穩：掌守戍邊堡，餘同謀克。從五品。

［5］忠順軍節度使：置蔚州，治所在今河北省蔚縣。　興平軍節度使：置平州。治所在今河北省盧龍縣。

［6］大宗正丞：二員，分司上京長貳，兼管治臨潢以東諸宗室將軍。從四品。

［7］昭德軍節度使：瀋州，金明昌四年（1193）前爲昭德軍節度使。治所在今遼寧省瀋陽市。

［8］謀良虎孫：“孫”，原作“子”，從中華點校本改。　合扎謀克：即親管謀克。

［9］上京路扎里瓜猛安：猛安以地爲名，當在上京路會寧府境內。疑扎里瓜即扎剌奴，在今黑龍江省蜚克圖站附近。

［10］德昌軍節度使：置泰州，其治所一説在今吉林省洮南市東北雙塔鄉城四家子舊城址，一説在今黑龍江省泰來縣塔子城。金承安三年（1198）移治長春縣（今吉林省前郭爾羅斯蒙古族自治縣西北塔虎村）。

［11］例奪王爵：當指奪去廣平郡王的封爵，有本卷《宗賢傳》可證。施國祁將康宗子隈可與斜也子偎喝相混，誤認爲應在本段“天德二年”前加“皇統六年封王”。

［12］曷速館節度使：曷速館路治所，金初在遼陽府鶴野縣的長宜鎮，即今遼寧省蓋州市東南。金天會七年（1129）徙治寧州，即今遼寧省瓦房店市永寧鎮。一説在今遼寧省金州市南。

［13］宗國公：封國名。大定格小國封號第十六爲宗，明昌格改爲萊。

［14］勸農使：勸農使司長官。掌勸課天下力田之事。正三品。

始祖兄弟三人。[1]保活里之後爲神土懑、迪古迺，[2]别有傳。

[1]始祖兄弟三人：始祖函普，兄阿古迺，弟保活里。

[2]神土懣、迪古迺：皆見本書卷七〇。

胡十門者，曷蘇館人也。父撻不野，事遼爲太尉。[1]胡十門善漢語，通契丹大小字，勇而善戰。高永昌據東京，[2]招曷蘇館人，衆畏高永昌兵强，且欲歸之。胡十門不肯從，召其族人謀曰："吾遠祖兄弟三人，同出高麗。[3]今大聖皇帝之祖入女直，[4]吾祖留高麗，自高麗歸于遼。吾與皇帝皆三祖之後。皇帝受命即大位，遼之敗亡有徵，吾豈能爲永昌之臣哉！"始祖兄阿古迺留高麗中，胡十門自言如此，蓋自謂阿古迺之後云。於是率其族屬部衆詣撒改、烏蠢降，[5]營于馳回山之下。[6]永昌攻之，胡十門力戰不能敵，奔于撒改。及攻開州，[7]胡十門以粮餉給軍。後攻保州，[8]遼將以舟師遯，胡十門邀擊敗之，降其士卒。賞賜甚厚，以爲曷蘇館七部勃堇，[9]給銀牌一、木牌三。[10]天輔二年卒，[11]贈監門衛上將軍，[12]再贈驃騎衛上將軍。

[1]太尉：遼北面部族官。遼大部族亦置有太尉，與南面朝官之太尉異。

[2]高永昌：渤海人。在遼爲東京裨將。金太祖收國二年(1116)閏正月，據東京，稱帝，改元隆基。五月兵敗，爲斡魯所殺。　東京：即東京遼陽府，治所在今遼寧省遼陽市。

[3]同出高麗：此高麗，當指所居地域，並非言其族屬，其族屬本出黑水靺鞨。

[4]今大聖皇帝之祖：指太祖阿骨打的始祖函普。

[5]撒改：景祖孫，韓國公劾者長子。本書卷七〇有傳。　烏蠢：即本書卷七一《斡魯傳》所見知東京事的烏蠢，卷一三五《高麗傳》所見的納合烏蠢。

[6]駞回山：本書僅此一見，當在曷蘇館與東京之間。"駞"爲"駝"的異體字。

[7]開州：治所在今遼寧省鳳城市。

[8]保州：治所在今朝鮮平安北道義州與新義州之間。

[9]曷蘇館七部勃堇：雖管七部仍稱勃堇，授以相當於猛安的銀牌。至其子鉤室時始稱曷蘇館都勃堇。而合住子蒲速越，在歸金之前已佩金牌，稱曷蘇館女真部長。

[10]銀牌、木牌：金收國二年（1116）九月，始制金牌，後又有銀牌、木牌之制。金牌以授萬户，銀牌以授猛安，木牌則謀克、蒲輦所佩者。

[11]天輔：金太祖年號（1117—1123）。

[12]監門衛上將軍：金初襲用的遼官名，本書僅此一見。遼諸衛有左右監門衛，各衛置有大將軍、上將軍、將軍。

子鉤室，[1]嘗從攻顯州，[2]領四謀克軍，破梁魚務，[3]功最，[4]以其父所管七部爲曷蘇館都勃堇。

[1]鉤室："室"，原作"空"，中華點校本據本書卷五九《宗室表》改，今從。

[2]顯州：治所在今遼寧省北寧市西南。

[3]梁魚務：又作梁漁務，金大定二十九年（1189）升爲望平縣，治所在今遼寧省黑山縣饒陽河站西南古城子村。原誤作"魚梁務"，從中華點校本改。

[4]功最："功"，原作"攻"，據南監本、北監本、殿本、局本、中華點校本改。

有合住者，亦稱始祖兄苗裔，但不知與胡十門相去幾從耳。

合住，曷速館苾里海水人也。[1]仕遼，領辰、復二州漢人、渤海。[2]

[1]苾里海水：今遼寧省普蘭店市與莊河市之間的碧流河。

[2]辰：遼辰州。治所在今遼寧省蓋州市。　復：遼復州。治所在今遼寧省瓦房店市的復州城。

子蒲速越，襲父職，再遷静江中正軍節度使，[1]佩金牌，爲曷速館女直部長。

[1]静江中正軍節度使：遼無“静江中正軍”之節鎮。其“静江”即唐宋之桂州静江軍，“中正軍”即宋壽州之“忠正軍”，兩節度在遼皆爲遥領，榮銜。《遼史》卷二二《道宗紀二》咸雍七年（1071）三月己酉載，因討五國功，並加五國節度使蕭陶蘇斡、寧江州防禦使大榮静江軍節度使。《遼史》卷二七《天祚紀》天慶四年（1114）十月壬寅稱，“以守司空蕭嗣先爲東北路都統，静江軍節度使蕭撻不也爲副”。此經營東北邊事之遼將，皆遥授“静江軍節度使”，無“中正軍”之號，可證“静江”“中正”爲兩節度。節度使始設於唐，至宋又作爲將相及宗室勛戚的榮銜。遼金承宋制，也有遥領或加某節度使的榮銜。本書所見的静江軍節度使與桂州觀察使即屬榮銜。蒲速越，在遼是以静江軍節度使的榮銜，任曷蘇館女真部長之職。

子余里也與胡十門同時歸朝，屢以粮餉助伐高永昌及高麗、新羅。[1]後從宗望伐宋，以功遷真定府路安撫使兼曹州防禦使，[2]佩金牌。授苾里海水世襲猛安。

[1]新羅：按新羅已於十世紀初亡國，此“新羅”則别有他義。《三朝北盟會編》卷二〇引《宣和乙巳奉使行程録》：“第二十九程至同州……東望大山，虜人云此新羅山，山内深遠，無路可行。其間出人參、白附子，深處與高麗接界。”知金人將遼東山地與高麗接境者稱作“新羅”，與作爲國名的“高麗”有别。又據本書本卷《胡十門傳》、卷一三五《高麗傳》可知，曷蘇館諸部女真酋長余里也、胡十門投奔之金軍，正是撒改、烏蠢所部，該部曾經略保州路，捍禦金與高麗邊境地帶，後參與討伐高永昌。故此處“新羅”當泛指遼東與高麗臨界之地，即開州、保州女真諸部居地。

[2]真定府路：後屬河北西路，治所在今河北省正定縣。　安撫使：金初諸安撫司長官。節制本路兵馬公事。　曹州：金初爲防禦州，後降爲刺史州。治所在今山東省菏澤市。　防禦使：掌防捍不虞，禦制盜賊，餘同府尹。從四品。

長子布輝，[1]識女直、契丹、漢字，善騎射。年十八，宗弼選爲扎也，[2]從阿里、蒲盧渾追宋康王于明州。[3]睿宗聞其才，[4]召置麾下，從經略山東、河北、陝西，襲其父猛安，授昭勇大將軍。[5]海陵伐宋，以本猛安兵從，半道與南征萬户完顔福壽等俱亡歸，[6]謁世宗于遼陽。[7]

[1]長子布輝：依本書卷六五《斡者傳》書寫通例與本傳記事，合住子蒲速越，蒲速越子余里也，余里也長子爲布輝。本書卷五九《宗室表》誤將蒲速越等三人，並列爲合住子。本卷目録，也

在合住下的小注誤書爲“子布輝”。

[2]宗弼：本名兀术，太祖第四子。本書卷七七有傳。　扎也：也作扎野，爲軍帥的隨從官員。自太祖至宣宗，祇見有如宗輔、宗弼、婁室、大臭、徒單克寧這樣的高級軍帥，纔可從軍中選取年輕勇健、有才有智的人作爲自己麾下的扎也。承應諸事，使於四方，深入偵伺，間道救急，隨從攻戰，追襲逃敵，是其職事。雖起身細微，深得賞識。外出爲官，往往可升爲四、五品的防禦使或刺史。舊釋扎也爲奴僕，與本書記載不符。

[3]阿里、蒲盧渾：二人皆宗弼麾下部將。　宋康王：即宋徽宗第九子，高宗趙構。徽宗宣和三年（1121）進封康王。　明州：宋州名。南宋改爲慶元府，治所在今浙江省寧波市。

[4]睿宗：廟號。名宗輔，太祖子，世宗父。本書卷一九有紀。

[5]昭勇大將軍：武散官。正四品下階。

[6]完顔福壽：曷速館人。本書卷八六有傳。

[7]遼陽：即東京路遼陽府，治所在今遼寧省遼陽市。

世宗即位，除同知曷蘇館節度使事。[1]刑部侍郎斜哥爲都統，[2]布輝副之，坐擅署置官吏、私用官中財物，削兩階解職。[3]未浹旬，世宗獻享山陵。兵部尚書可喜、昭毅大將軍斡論、中都同知完顔璋等謀反，[4]欲因上謁山陵舉事。斡論與布輝親舊，與之謀議，事具《可喜傳》。既知事不可成，迺與可喜、璋執斡論等上變。可喜不肯以始謀盡首，遂并誅之，而賞布輝、璋。除布輝濬州防禦使，[5]累遷順天軍節度使。致仕，卒，年六十七。

[1]同知曷蘇館節度使事：位節度使之下、副使之上，通判節

度使事。正五品。

［2］刑部侍郎：尚書佐貳。正四品。　斜哥：宗翰孫。本書卷七四有傳。　都統：唐宋置有都統，皆非定職，掌征伐，兵罷則省。金承唐宋之制，亦置有都統。世宗自遼陽赴中都，先行部隊以斜哥與布輝爲都統與副統。

［3］兩階：金文武散官品階，共分九品四十二階。

［4］兵部尚書：兵部長官。正三品。　可喜：宗强子，太祖孫。本書卷六九有傳。　昭毅大將軍：武散官。正四品中階。本書卷六九《可喜傳》作"昭武大將軍"。　斡論：有關事迹見《可喜傳》。　中都同知："同知中都留守事"之簡稱，即中都大興府同知。掌通判府事，從四品。　完顔璋：斡者孫。本書卷六五有傳。

［5］濬州：防禦州。治所在今河南省濬縣。　順天軍節度使：置保州。治所在今河北省保定市。

昭祖族人攧保者，從昭祖耀武于青嶺、白山。[1]還至姑里甸，[2]昭祖得疾。寢于村舍，洞無門扉，乃以車輪當門爲蔽，攧保臥輪下爲扞禦。已而賊至，刃交於輪輻間。攧保洞腹見膏，恐昭祖知之，乃然薪取膏以爲炙，[3]問之，以他肉對。昭祖心知之，遂中夜啓行。

［1］昭祖：廟號。名石魯。本書卷一有紀。　青嶺：在今吉林省樺甸市平嶺及南樓山一帶，一説指今吉林省永吉縣南哈達嶺山脈。　白山：泛指今吉林省長白山諸脉。

［2］姑里甸：即元代的穀州，今牡丹江下游馬大屯之南，寧安市之北，牡丹江西一帶（張博泉等《金史論稿》第一卷，吉林文史出版社1986年版，第16頁）。

［3］然薪："然"爲"燃"的本字。

衷，本名醜漢，中都司屬司人，[1]世祖曾孫。祖霸合布里封鄆王，[2]父悟烈官至特進。[3]大定中，收充閣門祇候，[4]授代州宣鋭軍都指揮使。[5]歲旱，州委禱雨于五臺靈潭，[6]步致其水，雨隨下，人爲刻石紀之。四遷引進使，[7]兼典客署令，[8]改尚輦局使。[9]扈從北幸，賜厩馬二以旌其勤。尋爲夏國王李仁孝封册使。[10]歷寧海、蠡州刺史，[11]入爲大睦親府丞。[12]除順義軍節度使，[13]陛辭，賜金幣，特寵異之。移鎮鎮西，[14]泰和六年致仕，卒。

[1]司屬司：金明昌二年（1191），更大宗正府諸宗室將軍爲司屬司。

[2]霸合布里：施國祁《金史詳校》卷七認爲，是世祖的族曾孫，而不是親曾孫。陳述《金史拾補五種》認爲，霸合布里與昂爲一人。昂本名吾都補，又作烏特，封鄆王。本書卷六五有傳。　鄆王：封國名，天眷格，次國封號《大金集禮》第二十三、本書《百官志》第二十一爲鄆。

[3]特進：文散官。從一品中階。

[4]閣門祇候：宣徽院所屬閣門的承應人。

[5]代州：治所在今山西省代縣。　宣鋭軍：當爲代州所募射糧軍與牢城軍的軍號。　都指揮使：此即諸州府軍都指揮使，如正七品的同知州軍。

[6]五臺：代州屬縣。因有五臺山而得名，治所在今山西省五臺縣。　靈潭：當在五臺縣境内，清水河流域。

[7]引進使：宣徽院引進司長官。掌進外方人使，貢獻禮物。正五品。

[8]典客署令：宣徽院典客署長官。從六品。

[9]尚輦局使：殿前都點檢司尚輦局長官。掌承奉輿輦等事。從五品。

[10]李仁孝：西夏仁宗。1139 年至 1193 年在位。　封册使：册命西夏國主的使臣。施國祁《金史詳校》卷七謂，仁孝册封在金天眷三年（1140）。此處當爲金明昌四年（1193）冬，勅祭慰問副使，"封册" 當作 "勅祭"。

[11]寧海：刺史州，治所在今山東省烟臺市東南寧海鎮。　蠡州：治所在今河北省蠡縣。　刺史：掌同府尹兼治州事。正五品。

[12]大睦親府丞：大睦親府屬官。從四品。按，金泰和六年（1206），大宗正府始改稱大睦親府，此或以後名稱之。

[13]順義軍節度使：置朔州，治所在今山西省朔州市。

[14]鎮西：鎮西節度使置嵐州，治所在今山西省嵐縣。　泰和：金章宗年號（1201—1208）。

衷孝悌貞謹，深悉本朝婚禮，皇族婚嫁每令衷相之。治復有能稱，其在寧海、蠡州，平賦役無擾，民立石頌遺愛。大安初，[1]追贈輔國上將軍。[2]

[1]大安：金衛紹王年號（1209—1211）。

[2]輔國上將軍：武散官。從三品中階。

齊，本名掃合，穆宗曾孫。父胡八魯，寧州刺史。[1]大定中，以族次充司屬司將軍，[2]授同知復州軍州事，[3]累遷刑部員外郎。[4]上諭曰："本朝以來，未嘗有内族爲六部郎官者，[5]以卿歷職廉能，故授之。" 先是，復州合厮罕關地方七百餘里，[6]因圍獵，禁民樵捕。齊言其地肥衍，令賦民開種則公私有益。[7]上然之，爲弛禁。即牧民以居，田收甚利，因名其地曰合厮罕猛安。

[1]寧州：治所在今甘肅省寧縣。

[2]司屬司將軍：大宗正府屬官。時稱諸宗室將軍，金明昌二年（1191）始更名曰司屬，設令丞。正七品。

[3]同知復州軍州事：復州長官佐貳。

[4]刑部員外郎：刑部屬官。從六品。

[5]内族：大定以前稱“宗室”，明昌以後稱“内族”。　郎官：尚書省各部司郎中和員外郎，通稱郎官。

[6]合厮罕關：金毓黻《東北通史》，誤謂合厮罕即曷蘇館之異譯。譚其驤《金代路制考》，據化成關，女真言曷撒罕關，考其地當在今遼寧省大連灣北岸。

[7]賦：原誤作“賊”。今據北監北、殿本、局本改。

章宗立，[1]改户部員外郎，[2]出爲磁州刺史，[3]治以寬簡，未嘗留獄。屬邑武安，[4]有道士視觀宇不謹，吏民爲請鄰郡王師者代主之。道士忿奪其利，告王私置禁銅器，法當徒。縣令惡其爲人，反坐之，具獄上。齊審其誣。又以王有德，不忍坐之，問同寮，無以對。齊曰：“道士同請即同居也，當准首，俱釋其罪。”[5]其寬明有體，皆此類也。

[1]章宗：廟號。名璟。1189年至1208年在位。本書卷九至卷一二有紀。

[2]户部員外郎：户部屬官。從六品。

[3]磁州：刺史州。治所在今河北省磁縣。

[4]武安：磁州屬縣。治所在今河北省武安市。

[5]道士同請即同居也，當准首，俱釋其罪：即謂道士共同謁拜一個道觀，就是一家之人，當以自首論，俱免其罪。

磁，名郡，刺史皆朝廷遴選，郡人以前政有聲如劉徽柔、程輝、高德裕皆不及也。[1]河北提刑司以治狀聞。[2]明昌三年，[3]始議置諸王傅，[4]頗難其選，乃以齊傅兖王。[5]王將至任郡，猛安迎接，齊峻却之。王怪問故，曰："王國藩輔，猛安皆總戎職，於王何利焉，却之以遠嫌也。"王悦服。王府家奴爲不法，輒發還本猛安，終更無敢犯者。

[1]劉徽柔：大興安次（今河北省廊坊市安次區）人。本書卷九〇有傳。　程輝：蔚州靈仙（今河北省蔚縣）人。本書卷九五有傳。　高德裕：金大定十七年（1177），嘗以尚書刑部郎中爲賀宋生日副使。

[2]河北提刑司：委以河北東西兩路監察、采訪等事，金承安三年（1198）罷，改爲按察司。

[3]明昌：金章宗年號（1190—1196）。

[4]諸王傅：掌師範輔導，參議可否。若親王在外，亦兼本京節鎮同知。正四品。

[5]兖王：世宗子永成，金明昌二年（1191）進封兖王。本書卷八五有傳。明昌格，大國封號第十六爲兖。

明年，授山東東、西路副統軍，[1]兼同知益都府事。[2]有惠愛，郡人爲之立碑。轉彰化軍節度使。[3]六年，移利涉軍。[4]召見，勞慰有加。詔留守上京。[5]承安二年，[6]致仕，卒。齊明法識治體，所至有聲，内族中與丞相承暉並稱云。[7]

[1]山東東、西路副統軍：其署司，又稱山東路統軍司或益都統軍司。副統軍，正四品。

[2]同知益都府事：爲府尹佐貳。正四品。益都，總管府，治所在今山東省青州市。

[3]彰化軍節度使：置涇州，治所在今甘肅省涇川縣。

[4]利涉軍：置濟州。濟州，即遼與金初的黄龍府，大定末更名隆州，後又升爲隆安府。治所在今吉林省農安縣。

[5]留守：帶本府尹，兼本路兵馬都總管。正三品。　上京：金初稱内地，治所在今黑龍江省阿城市白城子。

[6]承安：金章宗年號（1196—1200）。

[7]承暉：本名福興，宗室子。本書卷一〇一有傳。

术魯，宗室子。從鄭王斡賽敗高麗于曷懶，[1]取亞魯城。[2]克寧江州，取黄龍府，[3]出河店之役、達魯古城之役、護步荅岡之役，[4]皆力戰有功。東京降，爲本路招安副使。[5]敗遼兵，破同刮營，[6]蘇州漢民叛走，[7]术魯追復之，以功爲謀克。天輔四年卒，年四十一。皇統中，贈鎮國上將軍。[8]

[1]鄭王斡賽：世祖子，太祖異母弟。本書卷六五有傳。本書卷五九《宗室表》亦稱其爲鄭王，然本傳則謂“皇統五年追封衛國王”。　曷懶：即曷懶甸。東朝鮮灣西北岸，今朝鮮咸興以北及海蘭江一帶。

[2]亞魯城：本書僅此一見。“亞魯”疑即“鴨緑”的異寫，該城當臨近於鴨緑江。

[3]取黃龍府：金收國元年（1115）九月，克黃龍府，其時在達魯古城戰役之後。

[4]達魯古城：張博泉等《東北歷代疆域史》認爲，他虎城即達魯古城。《〈中國歷史地圖集〉釋文匯編·東北卷》謂，在今拉林河以西地區。李健才《東北史地考略》認爲，在今吉林省松原市舊扶餘城北十里的土城子。　護步荅岡：《中國通史》第六册謂，在今黑龍江省五常市以西，吉林省榆樹市一帶。似誤。時遼兵主力活動在熟吉泊、爻剌間，迪古迺、銀术可鎮達魯古城，遼軍由斡鄰泊及駝門附近西還，不可能進入東部金已占領之地。護步荅岡當在今吉林省農安縣西，前郭縣西南烏蘭傲都鄉浩勒寶陀子一帶。

[5]爲本路招安副使：金收國二年（1116）五月降東京，以斡魯爲南路都統，留烏蠢知東京事。與此同時，命术魯爲招諭安撫東京州縣及南路系遼女真的副使。

[6]同刮營：即遼將同刮的軍營。

[7]蘇州：即遼蘇州安復軍，金爲復州化成縣。治所在今遼寧省大連市的金州。

[8]鎮國上將軍：武散官。從三品下階。

胡石改，宗室子也。從太祖攻寧江，敗遼兵於達魯古城，破遼主親兵，皆有功。遼軍來援濟州，胡石改與其兄實古迺以兵迎擊，[1]敗之。還攻濟州，中流矢，戰益力，克其城。軍中稱其勇。從攻春、泰州，[2]降之，并降境内諸部族，其不降者皆攻拔之。遼主西走，[3]胡石改追至中京，[4]獲其宫人、輜重凡八百兩。[5]

[1]實古迺：又作習古乃、石古乃。本書卷七二有傳。

[2]春、泰州：春州，即遼長春州，在金爲泰州，又稱新泰州。泰州，遼泰州，金爲金安縣，又稱舊泰州。有關新舊泰州治所，主

要有二説。一説舊泰州在今黑龍江省泰來縣塔子城，新泰州在今吉林省洮南市東雙塔鄉城四家子古城；一説舊泰州在今吉林省洮南市東雙塔鄉城四家子古城，新泰州在吉林省前郭縣他虎城。

[3]遼主：指遼天祚帝耶律延禧。

[4]中京：遼中京，金初因之，海陵時更爲北京。治所在今内蒙古自治區寧城縣西大明城。

[5]兩：通“輛”。

有思泥古者，[1]復以本部叛去，胡石改以兵五百追及之，獲其親屬部人以還。德州復叛，[2]胡石改以兵五千克其城。從婁室擊敗敵兵二萬於歸化之南，[3]并降歸化。從取居庸關，[4]并燕之屬縣及其山谷諸屯。移失部既降，[5]復叛去，胡石改引兵追及，戰敗之，俘獲甚衆。澤州諸部有逃者，[6]皆追復之。又敗叛人於臨潢，[7]誅其酋領而安撫其人民。

[1]思泥古：本書僅此一見。當係遼中京道一部族首領。

[2]德州：遼軍州名。治所在今内蒙古自治區凉城縣岱海北。

[3]婁室：完顔部人。本書卷七二有傳。　歸化：遼軍州名。治所在今河北省宣化縣。

[4]居庸關：關隘名。位於今北京市昌平區西北雲臺。

[5]移失部：遼部族名。即乙室部的同名異寫。

[6]澤州：遼州名。治所在今河北省平泉縣。

[7]臨潢：遼京府名。治所在今内蒙古自治區巴林左旗林東鎮南波羅城。

天眷二年，遷永定軍節度使。[1]改武定軍，[2]徙汴京留守。[3]天德三年，授世襲猛安。卒，年六十八。

[1]永定軍節度使：置雄州，治所在今河北省雄縣。

[2]武定軍：遼軍州名，置奉聖州。金初因之，金大安元年（1209）升爲德興府。治所在今河北省涿鹿縣。

[3]汴京：金貞元元年（1153）更號南京。治所在今河南省開封市。

宗賢，本名阿魯。[1]太祖伐遼，從攻寧江州、臨潢府。太宗監國，選侍左右，甚見親信。臨潢復叛，從宗望復取之。爲内庫都提點，[2]再遷歸德軍節度使。[3]政寬簡，境内大治。秩滿，士民數百千人相率詣朝廷請留。及改武定軍，百姓扶老携幼送數十里，悲號而去。改永定軍，秉德廉訪官吏，[4]士民持盆水與鏡，前拜言曰："使君廉明清直類此，民實賴之。"秉德曰："吾聞郡僚廉能如一，汝等以爲如何？"衆對曰："公勤清儉皆法則於使君耳。"因謂宗賢曰："人謂君善治，當在甲乙，果然賢使君也。"用是超遷兩階。

[1]宗賢，本名阿魯：與本書卷七〇本名賽里的宗賢，漢名相同。本書卷五九《宗室表》謂，"太祖從姪"，依例"阿魯"下，當加"宗室子"三字。

[2]内庫都提點：本書僅此一見。當是宣徽院所屬内藏庫長官之稱，職掌内府珍寶財物。

[3]歸德軍節度使：置來州，治所在今遼寧省綏中縣西南前衛鎮。

[4]秉德：宗翰孫。本書卷一三二有傳。

天德初，授世襲謀克，馳驛召之。雄州父老相率張青繩懸明鏡於公署，老幼填門，三日迺得去。封定國公，[1]再除忠順軍節度使，賜以玉帶。捕盜司執數人至府，[2]宗賢問曰："罪狀明白否?"對曰："獄具矣。"宗賢閱其案，謂僚佐曰："吾察此輩必冤。"不數日，賊果得，人服其明。改曷懶路兵馬都總管，[3]歷廣寧尹，[4]封廣平郡王。改崇義軍節度使，[5]兼領北京宗室事。[6]正隆例奪王爵，加金紫光禄大夫，改臨海軍。[7]大定初，遣使召之。宗賢率諸宗室見於遼陽，除同簽大宗正事，[8]封景國公，[9]致仕。起爲婆速路兵馬都總管，復致仕，卒。

[1]定國公：封國名。天眷格、大定格、明昌格均列小國封號第四位。

[2]捕盜司：本書僅此一見，當爲州府的屬司。另兩見"捕盜官"，其長官當稱捕盜官。

[3]曷懶路兵馬都總管：曷懶路也作押懶路、合懶路。治所在今朝鮮咸鏡南道咸興城南五里處，一説在今朝鮮咸鏡北道吉州。兵馬都總管又稱都總管，掌統諸城隍兵馬甲仗，總判府事。正三品。

[4]廣寧：府名。治所在今遼寧省北寧市西南五里北鎮廟。

[5]崇義軍節度使：置義州，屬北京路，治所在今遼寧省義縣。

[6]兼領北京宗室事：以崇義軍節度使兼領北京路宗室將軍事。

[7]臨海軍：置錦州，治所在今遼寧省錦州市。

[8]同簽大宗正事：大宗正府屬官。金大定元年（1161）置，以宗室子充任。正三品。

[9]景國公：封國名。天眷格、大定格、明昌格均稱小國封號，

第五爲景。

特進撻懶，[1]宗室子。年十六，事太祖，未嘗去左右。出河店之役，太祖欲親戰，撻懶控其馬而止之曰："主君何爲輕敵。臣請効力。"即挺槍前，手殺七人。已而槍折，騎士曳而下者九人。太祖壯之曰："誠得此輩數十，雖萬衆不能當也。"及戰于達魯古城，遼兵一千陣于營外，太祖遣撻懶往擊之。撻懶衝出敵陣，大敗其衆。攻臨潢府，春、泰州，中、西二京，[2]皆有功。天輔六年，授謀克。

[1]特進撻懶：與穆宗子撻懶（昌）同名，故冠以特進以示區別。

[2]中、西二京：中京，遼中京大定府，治所在今内蒙古自治區寧城縣西三十四里大明鎮城址；西京，遼西京大同府，治所在今山西省大同市。

天會四年，從伐宋，[1]屢以功受賞。明年，再舉至汴。宗望聞宋人會諸路援兵于睢陽，遣撻懶與阿里刮將兵二千往拒之。敗其前鋒軍三萬于杞縣，又破三寨，擒宋京東路都總管胡直孺、南路都統制隋師元及其三將并直孺二子，遂取拱州，降寧陵。復破二萬于睢陽，進取亳州。聞宋兵十萬且至，會宗望益兵四千，合擊，大敗之。其卒二千，陣而立，馳之不動，即麾軍去馬擊之，盡殪，擒其將石瑱而還。帥府嘉其功，賞賚優渥。[2]睿宗駐兵熙州，[3]分遣諸將略地。撻懶以軍五百入六盤山十六寨，[4]降其官八十餘，民户四千，獲馬二千疋。

[1]天會四年，從伐宋：本書卷三《太宗紀》，天會三年（1125）十月甲辰“詔諸將伐宋”，卷七四《宗望傳》載，天會四年“詔復伐宋”。本段下文有“明年，再舉至汴”及“擒宋京東路都總管胡直孺”事。可知此處“從伐宋”應在“復伐宋”即“再舉至汴”之前，當繫於天會三年。

[2]“明年再舉至汴”至“賞賚優渥”：此段文字，與本書卷七七穆宗子《撻懶傳》“閏月，宗翰、宗望至汴州”，至“擒其將石瑱”一段文字，所記史實完全相同。因兩人同時同名，又皆是宗室子，修史者誤將一人之事分載於兩《撻懶傳》中。按再舉至汴，在金天會四年（1126）閏十一月，本文謂“明年”，是一錯誤。《撻懶傳》作“破宋兵二萬於杞”，此作“三萬”。特進撻懶，前爲“謀克”，後“以軍五百入六盤山”，此言“將兵二千”與其身份不符。阿里刮是六部路都統撻懶部將，而特進撻懶爲陝西部將，統屬不合。以此時間、官職、統屬三者觀之，這段文字所記史實，應是穆宗子撻懶的事迹，置於本傳中實誤。

[3]熙州：宋州名。金爲臨洮府，治所在今甘肅省臨洮縣。

[4]六盤山：隴山山脉的主峰，在今寧夏回族自治區固原市西南。

皇統中，累加銀青光禄大夫。[1]天德初，加特進，授世襲猛安。卒，年六十五。海陵遷諸陵於大房山，[2]以撻懶嘗給事太祖，命作石像，置睿陵前。[3]

[1]銀青光禄大夫：文散官。正二品下階。

[2]大房山：位今北京市房山區西。

[3]睿陵：太祖陵。

卞，本名吾母，上京司屬司人。[1]大定二年，收充護衛。[2]積勞授彰化軍節度副使，[3]入爲都水監丞，[4]累遷中都西京路提刑使，[5]徙知歸德府、河平軍節度使。[6]王汝嘉奏卞前在都水監導河有勞，[7]除北京留守。未幾，改知大興府事。[8]時有言，尚書左丞夾谷衡在軍不法，[9]詔刑部問狀。事下大興府，卞輒令追攝，上以爲失體，杖四十。久之，乞致仕，不許，拜御史大夫。[10]先是，左司諫赤盞高門上言，[11]御史大夫久闕，憲紀不振，宜選剛正疾惡之人肅清庶務。上由是用卞。前時孫鐸、賈鉉俱爲尚書，[12]鉉拜參知政事，[13]而鐸再任，對賀客誦唐張在詩，[14]有鬱鬱意。卞劾奏之，鐸坐降黜。既而復申前請，遂以金吾衛上將軍致仕，[15]薨。

[1]上京司屬司人：即上京司屬司管内的宗室子。

[2]護衛：天子衛士。

[3]節度副使：位於節度使與同知節度使之下。從五品。

[4]都水監丞：爲都水監的職事官。正七品。

[5]中都西京路提刑使：掌審察刑獄、照刷案牘，糾察濫官污吏豪猾之人、私鹽酒麴並應禁之事，兼勸農桑。正三品。中都西京路提刑司爲九路提刑司之一。

[6]歸德府：治所在今河南省商丘市。　河平軍節度使：置衛州。治所在今河南省衛輝市。金大定二十六年（1186）以後，爲避河患屢有遷移。

[7]王汝嘉：大定末明昌初，爲都水監衛州分司少監，專管河防事。

[8]知大興府事：府長官，即大興府尹。正三品。大興府，原

名析津府，金貞元元年（1153）更名永安，二年更名大興府。治所在今北京市大興區。

[9]夾谷衡：山東西路猛安人。本書卷九四有傳。

[10]御史大夫：掌糾察朝儀，彈劾官邪，勘鞫官府公事。從二品。

[11]左司諫：諫院副貳。左右司諫皆從五品。　赤盞高門：本書僅此一見，生平不詳。

[12]孫鐸：前時爲户部尚書。本書卷九九有傳。　賈鉉：前時爲禮部尚書。本書卷九九有傳。

[13]參知政事：執政官，爲宰相之貳，佐治省事。從二品。

[14]對賀客誦唐張在詩：所詠之詩見《澠水燕談録》卷八及《中州集》卷九。本書《孫鐸傳》謂，對賀客誦古人詩曰："唯有庭前老柏樹，春風來似不曾來。"

[15]金吾衛上將軍：武散官。正三品中階。

亯，[1]本名阿里剌，隸上京司屬司。大定十年，以皇家近親，收充東宮護衛。[2]轉十人長，[3]授御院通進，[4]從世宗幸上京。會皇太子守國薨，[5]世宗以亯親密可委，特命與滕王府長史臺馳驛往護喪。[6]時章宗爲金源郡王，亦留中都，且命亯等保護，論之曰："郡王遭此家難，哀哭當以禮節之，飲食尤宜謹視。"世宗還都，遷符寶郎，除吏部郎中。[7]

[1]亯：人名。《説文》謂，亯，用也，讀若"庸"。

[2]東宮護衛：東宮太子護衛。

[3]十人長：指東宮護衛十人長。

[4]御院通進：宣徽院閣門屬官。掌諸進獻禮物及薦享編次位

序。從七品。

［5］皇太子：指世宗嫡長子允恭。本書卷一九有紀。

［6］滕王：指世宗第七子衛紹王永濟。本書卷一三有紀。親王府長史，掌警衛侍從，兼統本府之事，金明昌三年（1192）改稱府尉，從五品。　臺：人名。今“堂”字古文。又名再興。

［7］符寶郎：殿前都點檢司承應人。掌御寶及金銀等牌。　吏部郎中：吏部屬官。從五品。

章宗即位，坐與御史大夫唐括貢爲壽，[1]犯夜禁，奪官一階，罷。明昌元年，起爲同知棣州防禦使事，[2]上書歷詆宰執。帝以小臣敢譏訕宰輔，杖八十，削一官，罷之，發還本猛安。明年，降授同知宣德州事。[3]召授武衛軍副都指揮使，[4]四遷知大興府事，轉左右宣徽使。[5]承安二年，拜尚書右丞，出爲泰定軍節度使，[6]移知濟南府，[7]卒。

［1］唐括貢：本書卷一二〇有傳。

［2］同知棣州防禦使事：通判防禦使事。正六品。棣州，防禦州，治所在今山東省惠民縣。

［3］宣德州：刺史州。治所在今河北省宣化縣。刺史州同知，通判州事，正七品。

［4］武衛軍副都指揮使：爲武衛軍都指揮司佐貳，隸屬兵部。正五品，金承安三年（1198）升從四品。

［5］左右宣徽使：宣徽院長官。正三品。

［6］泰定軍節度使：置兗州。治所在今山東省兗州市。

［7］濟南府：治所在今山東省濟南市。

弈，[1]本名三寶，隸梅堅塞吾司屬司。[2]大定七年，以近親充東宫護衛十人長，轉爲尚廐局使。[3]章宗即位，遷左衛副將軍，[4]累遷右副都點檢，[5]兼提點尚廐局使。諭旨曰："汝非有過人才，第以久次遷授。當謹乃職，勿復有非違事，使朕聞之。"未幾，坐廐馬瘦，决三十。承安二年，改左副都點檢，[6]兼職如舊。俄授同簽大睦親府事，卒。

[1]弈：亦作"奕"，與熙宗時平章政事弈同名。

[2]梅堅塞吾司屬司：即大宗正府梅堅寨司屬司。本書卷六八《蒲查傳》又見上京梅堅河，該司屬司當在上京梅堅河附近。

[3]尚廐局使：殿前都點檢司尚廐局屬官。與正五品提點、從六品副使，共掌御馬調習牧養，以奉其事。從五品。

[4]左衛副將軍：即殿前左衛副將軍。左右衛將軍與左右衛副將軍，掌宫禁及行從宿衛警嚴，仍總領護衛。

[5]右副都點檢：即殿前右副都點檢，兼侍衛親軍副都指揮使。左右副都點檢，皆從三品。

[6]副：原誤作"司"，從中華點校本改。

弈爲人貪鄙，[1]數以贓敗，帝愛其能治圍場，故進而委信之。

[1]弈爲人貪鄙："弈"，原作"奕"，今從中華點校本改。本書卷四五《刑志》謂，大定間"武器署丞奕，直長骨赧坐受草畔子財，奕杖八十，骨赧笞二十，監察御史梁襄等坐失糾察罰俸一月"。此所稱之"武器署丞奕"即本書卷九六《梁襄傳》所稱的"宗室弈"，也就是三寶弈。

阿喜，宗室子，好學問。襲父北京路筈栢山猛安，[1]聽訟明決，人信而愛之。察廉能，除彰國軍節度副使，[2]改上京留守判官。[3]提刑司奏彰國軍治狀，[4]遷同知速頻路節度事，[5]改歸德軍，歷海、邳二州刺史，[6]皆兼總押軍馬。宋統領劉文謙以兵犯宿遷，[7]阿喜逆擊，破之。復破戚春、夏興國舟兵萬餘人，斬夏興國于陣。遷鎮國上將軍，再賜銀幣。爲元帥左監軍紇石列執中前鋒，[8]渡淮，破寶應、天長二縣。[9]師還，遷同知歸德府事，改泗州防禦使。[10]丁母憂，起復。大安二年，改華州防禦使，[11]遷鎮南軍節度使。[12]貞祐二年，[13]改知大名府，[14]充馬軍都提控。[15]歷横海、安化軍節度使，[16]充宣差山東路左翼都提控。[17]尋知濟南府事，徙沁南軍節度使，[18]遷河南統軍使，[19]兼昌武軍節度使，[20]卒。

[1]北京路筈（kuò）栢山猛安：本書卷九四《瑶里孛迭傳》，見有北京路窟白猛安陀羅山謀克。筈栢山猛安，又作窟白猛安。所在地不可確指。

[2]彰國軍節度副使：置應州，治所在今山西省應縣。

[3]留守判官：與都總管判官共掌紀綱總府衆務，分判兵案之事。從五品。

[4]提刑司：此提刑司應是中都西京路提刑司。

[5]速頻路：又作恤品路。海陵例罷萬户，置速頻路節度使。治所率賓府，在今俄羅斯烏蘇里斯克，即雙城子。

[6]海、邳二州：海州，刺史州，治所在江蘇省連雲港市；邳州，刺史州，治所在今江蘇省邳州市。

[7]宿遷：邳州屬縣。治所在今江蘇省宿遷市。

[8]元帥左監軍：位都元帥與左右副元帥之下。正六品。　紇

石烈執中：本名胡沙虎，阿踈裔孫。本書卷一三二有傳。

[9]寶應：縣名。治所在今江蘇省寶應縣。　天長：縣名。治所在今安徽省天長市。

[10]泗州：防禦州。治所在今江蘇省盱眙縣。

[11]華州：金皇統二年（1142）降爲防禦州，貞祐三年（1215）復升爲節鎮。治所在今陝西省華縣。

[12]鎮南軍節度使：置蔡州。金泰和八年（1208）升爲節鎮，軍曰鎮南。治所在今河南省汝南縣。

[13]貞祐：金宣宗年號（1213—1217）。

[14]大名府：金正隆二年（1157）升爲總官府。治所在今河北省大名縣。

[15]馬軍都提控：以府尹兼領都總管，充馬軍都提控，掌統諸城馬軍之事。

[16]横海、安化軍節度使：横海軍節度使，置滄州，治所在今河北省滄州市東南四十里舊州鎮。安化軍節度使，置密州，屬山東東路，治所在今山東省諸城市。

[17]宣差山東路左翼都提控：謂樞密院奉旨差遣，以安化軍節度使之職，充山東東路兵馬都提控。

[18]沁南軍節度使：置懷州，治所在今河南省沁陽市。

[19]河南統軍使：河南統軍司長官。司署置許州，治所在今河南省許昌市。

[20]昌武軍節度使：置許州。

贊曰：金諸宗室，自始祖至康宗凡八世。[1]獻祖徙居海姑水納葛里村，[2]再徙安出虎水，[3]世祖稱海姑兄弟，[4]蓋指其所居也。完顔十二部，皆以部爲氏，宣宗詔宗室皆書姓氏，[5]然亦有部人以部爲氏，非宗室同姓者，遂不可辨矣。[6]

［1］康宗：廟號。名烏雅束。1103 年至 1113 年在位。本書卷一有紀。

［2］獻祖：廟號。名綏可。本書卷一有紀。　海姑水：河名。又作海古勒水、海古水、海沽水、海勾河，今黑龍江省阿城市東阿什河支流海溝河。　納葛里村：女真語納葛里，漢語義譯“居室”。

［3］安出虎水：今黑龍江省阿城市境内的阿什河。

［4］世祖：廟號。名劾里鉢。1074 年至 1092 年在位。本書卷一有紀。　海姑兄弟：指居於海姑水的輩魯與獻祖之後裔。

［5］宣宗：廟號。名珣。1213 年至 1223 年在位。本書卷一四至卷一六有紀。

［6］遂不可辨矣：完顔系有十二部，雖各自分别以部爲不同姓氏，然亦有以完顔爲部姓者。宣宗詔宗室皆書完顔之後，宗室完顔與非宗室完顔部人，遂不可分辨（王可賓《女真國俗》第三章，吉林大學出版社 1988 年版，第 97 頁）。

金史　卷六七

列傳第五

石顯　桓赧 弟散達　烏春 温敦蒲剌附　臘醅 弟麻産
鈍恩　留可　阿踈[1]　奚王回离保

石顯，孩懶水烏林荅部人。[2]昭祖以條教約束諸部，[3]石顯陸梁不可制。及昭祖没于逼剌紀村，[4]部人以柩歸，至孩懶水，石顯與完顔部窩忽窩出邀於路，[5]攻而奪之柩。揚言曰："汝輩以石魯爲能而推尊之，吾今得之矣。"昭祖之徒告于蒲馬太彎，[6]與馬紀嶺劾保村完顔部蒙葛巴土等，[7]募軍追及之，與戰，復得柩。

[1]踈："疏"的異體字。

[2]孩懶水：即本書卷六四《世宗昭德皇后傳》中所見的"海羅伊河"，今牡丹江支流海浪河。

[3]昭祖：廟號。名石魯。本書卷一有紀。　條教：本指地方長官所下的教令。本書卷三二《禮志五》，把條教比作《尚書・舜典》"敬敷五教在寬"的五教。其内容，當屬於改變舊有人際關係，並對新的家族、部衆和諸部關係，作出具有法制性的等級規定，也是本書卷一《世紀》所説的"本部法令"。

［4］逼剌紀村：當在姑里甸西、孩懶水東，約在今黑龍江省寧安市境的西北部。

［5］窩忽窩出：人名。僅此一見。日本學者小野川秀美編《金史語彙集成》，認爲其名爲窩忽窩。中華點校本初謂其名窩忽窩出，後又改爲窩忽窩，似是。

［6］蒲馬太彎：蒲馬，人名。太彎，官名。即遼北面部族官的“大王”，本名夷离堇。

［7］馬紀嶺：今黑龍江省五常市南及吉林省舒蘭市、蛟河市境之老爺嶺。　蒙葛巴土：蒙葛，人名。巴土，意爲“壯士”。

衆推景祖爲諸部長，[1]白山、耶悔、統門、耶懶、土骨論、五國皆從服。[2]及遼使曷魯林牙來索逋人，[3]石顯皆拒阻不聽命，景祖攻之，不能克。景祖自度不可以力取，遂以詭計取之，迺以石顯阻絶海東路請於遼。[4]遼帝使人讓之曰：[5]“汝何敢阻絶鷹路？審無他意，遣其酋長來。”石顯使其長子婆諸刊入朝，曰：“不敢違大國之命。”遼人厚賜遣還，謂婆諸刊曰：“汝父信無他，宜身自入朝。”石顯信之，明年入見於春蒐，婆諸刊從。遼主謂石顯曰：“罪惟在汝，不在汝子。”迺命婆諸刊還，而流石顯於邊地。[6]盖景祖以計除石顯而欲撫有其子與部人也。

［1］景祖：廟號。名烏古迺。本書卷一有紀。　諸部長：即諸部聯盟的首領，又稱都部長、都勃堇、都勃極烈。

［2］白山：地域名稱或部名，在今長白山一帶。“白”，原誤作“自”，從中華點校本改。　耶悔：地域名稱或部名。舊誤以耶悔水爲今遼寧省開原市東的葉赫河。實是白山、統門之間的愛也窟河異

稱，位今圖們江的上游。清時稱爲愛呼河（張博泉等《金史論稿》第一卷，吉林文史出版社 1986 年版，第 72 頁）。　統門：地域名稱或部名。在今圖們江流域。　耶懶：地域名稱或部名。在今俄羅斯濱海邊疆區塔烏黑河，即雅蘭河流域。　土骨論：地域名稱或部名。以本書卷一《世紀》，"東南至於乙離骨、曷懶、耶懶、土骨論"的排列次序，當在耶懶之北。　五國：部名。即五國部，在今黑龍江省依蘭縣以東松花江及黑龍江流域。

[3]曷魯：遼使者之名。　林牙：遼官名。林牙即翰林，遼有大林牙院，北南樞密院及群牧亦有林牙。掌文翰，時稱學士。曷魯似爲北院林牙。　逋人：逃亡的人，這裏指遼之邊民及從鐵勒、烏惹逃來歸附女真者。

[4]海東路：又稱鷹路，指遼朝通往東邊大海捕捉海東青的通道。其道有南北兩路，皆出女真境。北路，經五國部至韃靼海峽。南路，經孩懶水、姑里甸、曷懶至日本海。此處乃指南路。

[5]遼帝：又稱遼主，此指遼道宗耶律洪基。

[6]流石顯於邊地：本書卷一《世紀》謂，"遼主乃留石顯於邊地"。此"流"當作"留"。

婆諸刊蓄怨未發，會活剌渾水紇石烈部臘醅、麻產起兵，[1]婆諸刊往從之。及敗於暮稜水，[2]麻產先遁去，婆諸刊與臘醅就擒，及其黨與，皆獻之遼主。久之，世祖復使人言曰：[3]"婆諸刊不還，則其部人自知罪重，因此恐懼，不肯歸服。"遼主以爲然，遂遣婆諸刊及前後所獻罪人皆還之。

[1]活剌渾水：今黑龍江省鐵力市至呼蘭區之間的呼蘭河。臘醅、麻產：兄弟二人。本卷有傳。

[2]暮稜（líng）水：今拉林河支流牤牛河。

[3]世祖：廟號。名劾里鉢。1074 年至 1092 年在位。本書卷一有紀。

桓赧、散達兄弟者，國相雅達之子也，[1]居完顏部邑屯村。[2]雅達稱國相，不知其所從來。景祖嘗以幣與馬求國相於雅達，雅達許之。景祖得之，以命肅宗，[3]其後撒改亦居是官焉。[4]

[1]國相：官名。聯盟諸部長的副貳。

[2]邑屯村：本傳謂，世祖"經舍很、貼割兩水取桓赧、散達之家"。邑屯村，當在上述兩水之東南，約在今黑龍江省東寧市一帶。

[3]肅宗：廟號。名頗剌淑。1092 年至 1094 年在位。本書卷一有紀。

[4]撒改：景祖孫，韓國公劾者長子。本書卷七〇有傳。

桓赧兄弟嘗事景祖。世祖初，季父跋黑有異志，[1]陰誘桓赧欲與爲亂。昭肅皇后往邑屯村，[2]世祖、肅宗皆從行，遇桓赧、散達各被酒，言語紛争，遂相毆擊，舉刃相向。昭肅皇后親解之，乃止，自是謀益甚。

[1]跋黑：昭祖次室達胡末子，世祖之叔。本書卷六五有傳。

[2]昭肅皇后：帥水隈鴉村唐括部人。景祖后，世祖母。本書卷六三有傳。

是時烏春、窩謀罕亦與跋黑相結，[1]詭以烏不屯賣甲爲兵端，[2]世祖不得已而與之和。間數年，烏春以其衆涉活論、來流二水，[3]世祖親往拒之。桓赧、散達遂起兵。

[1]烏春：阿跋斯水温都部人。本卷有傳。　窩謀罕：烏春同黨，未著姓氏，或亦爲温都部人。

[2]烏不屯：加古部人。鐵工。

[3]活論、來流二水：活論水，今拉林河上游支流活龍河。來流水，今黑龍江省與吉林省交界處的拉林河。

肅宗以偏師拒桓赧、散達。世祖畏其合勢也，戒之曰："可和則和，否則戰。"至斡魯紺出水，[1]既陣成列，肅宗使盆德勃堇議和。[2]桓赧亦恃烏春之在北也，[3]無和意。盆德報肅宗曰："敵欲戰。"或曰："戰地迫近村墟，雖勝不能盡敵，宜退軍誘之寬地。"肅宗惑之，乃令軍少卻，未能成列，桓赧、散達乘之，肅宗敗焉。桓赧乘勝，大肆鈔略。是役也，烏春以久雨不能前，乃罷兵。

[1]斡魯紺出水：本卷《烏春傳》謂："來流水以南、匹古敦水以北，皆吾土也。"本傳又謂："桓赧亦恃烏春之在北也。"以此度之，當在匹古敦水之南，即今黑龍江省阿城市與賓縣間的蜚克圖河之南。

[2]盆德：景祖族人。烏春之甥。　勃堇：女真官名。部長曰勃堇。

[3]桓赧：原作"桓赦"，中華點校本據上下文徑改爲"桓赧"，今從。

世祖聞肅宗敗，乃自將，經舍很、貼割兩水取桓赦、散達之家。[1]桓赦、散達不知也。世祖焚其所居，殺略百許人而還。未至軍，肅宗之軍又敗。世祖至，責讓肅宗失利之狀，使歡都、冶訶以本部七謀克助之。[2]復遣人議和。桓赦、散達欲得盈歌之大赤馬、辭不失之紫騮馬，[3]世祖不許，遂與不术魯部卜灰、蒲察部撒骨出及混同江左右、匹古敦水北諸部兵皆會，[4]厚集爲陣，鳴鼓作氣馳騁。桓赦恃其衆，有必勝之心，下令曰："今天門開矣，悉以爾車自隨。凡烏古迺夫婦寶貨財産，恣爾取之，有不從者俘略之而去。"於是婆多吐水裴滿部斡不勃堇附於世祖，[5]桓赦等縱火焚之。[6]斡不死，世祖厚撫其家，既定桓赦，以舊地還之。

[1]舍很、貼割兩水：皆在今黑龍江省寧安市附近。

[2]歡都：完顔希尹父。本書卷六八有傳。　冶訶：系出景祖。本書卷六八亦有傳。　本部七謀克："使歡都、冶訶以本部七謀克助之"，本書卷六八《冶訶傳》則作"命歡都、冶訶，以本部謀克之兵助之"。疑"七"字爲"之"字之誤（楊茂盛《〈金史〉正誤一則》，《北方文物》2000年第4期）。"本部之謀克"即"親管謀克"，也稱"合扎謀克"。謀克，此指女真軍事基層組織。一百人爲一謀克。

[3]盈歌：景祖子。即金穆宗。本書卷一有紀。　辭不失：又作習不失，昭祖孫，烏骨出之次子。本書卷七〇有傳。

[4]不术魯部卜灰：不术魯部又作孛术魯部。據本傳載，卜灰居於東流松花江北岸撒阿辣村。　蒲察部撒骨出：據下文，其居所在阿魯紺出水之阿魯紺出村。　混同江：在此指今松花江東流。匹古敦水：今黑龍江省阿什河東的蜚克圖河。

[5]婆多吐水：又作破多吐水、破多退水、波多吐水。《〈中國

歷史地圖集〉釋文匯編·東北卷》謂，婆多吐水，即今蜚克圖河。張博泉認爲，如此則與匹古敦水混而爲一。度其地在今黑龍江省五常市境内（張博泉等《金史論稿》第一卷，吉林文史出版社 1986 年版，第 67 頁）。據本卷下文及卷一《世紀》載，當在脱豁改原之北。

[6]縱火：原作“從火”。本書卷一《世紀》“縱火焚之”。中華點校本徑改爲“縱火”，今從。

桓赧軍復來，蒲察部沙祇勃堇、胡補荅勃堇使阿喜間道來告，[1]且問曰："寇將至，吾屬何以待之？"世祖復命曰："事至此，不及謀矣。以衆從之，自救可也，惟以旗幟自别耳。"每有兵至，則輒遣阿喜穿林潛來，令與畢察往還大道，即故潛往來林中路也。桓赧至北隘甸，[2]世祖將出兵，聞跋黑食于鼀滿村死矣。[3]迺沿安术虎水行，[4]且欲并取海故术烈速勃堇之衆而後戰。[5]覘者來報曰："敵至矣。"世祖戒辭不失整軍速進，使待於脱豁改原。[6]當是時，桓赧兵衆，世祖兵少，衆寡不敵。比世祖至軍，士氣衄甚。世祖心知之而不敢言，但令解甲少憩，以水洗面，飲麨水。頃之，士氣稍蘇息。是時，肅宗求救於遼，不在軍中。將戰，世祖屏人獨與穆宗私語，兵敗，則就與肅宗乞師以報讎。仍令穆宗勿預戰事，介馬以觀勝負，先圖去就。迺袒袖韈弓服矢，[7]以緼袍下幅護前後心，三揚旗，三擿鼓，棄旗提劍，身爲軍鋒，盡鋭摶戰。桓赧步軍以干盾進，世祖之衆以長槍擊之，步軍大敗。辭不失從後奮擊之，桓赧之騎兵亦敗。世祖乘勝逐北，破多退水水爲之赤。世祖止軍勿追，盡獲所棄車甲馬牛軍實，以戰勝告于天地，頒所獲於將士，各以功爲差。

［1］蒲察部沙秖勃堇：沙秖勃堇等所轄的蒲察部，當在安出虎水完顔部與邑屯村完顔部之間。和居於阿魯紺出水撒骨出所轄的蒲察部，爲不同的蒲察部。

［2］北隘甸：據卷一《世紀》載，應在破多吐水沿岸。

［3］馳滿村：跋黑愛妾之父家。

［4］安术虎水：即安出虎水，清稱阿勒楚喀河。即今黑龍江省哈爾濱市東南松花江支流阿什河。

［5］海故：河名。又作海古勒水、海姑水、海沽水、海勾河。今黑龍江省阿城市東阿什河支流海溝河。　术烈速勃堇：居於海姑水之輩魯與獻祖的後裔，即世祖稱爲“海姑兄弟”者。

［6］脱豁改原：今黑龍江省賓縣南、南祖嶺一帶平原。

［7］韔（chàng）弓服矢：韔，弓袋。服，通箙，箭囊。韔弓服矢，即佩帶上弓矢。

未幾，桓赧、散達俱以其屬來降。卜灰猶保撒阿辣村，招之不出。撒骨出據阿魯紺出村，世祖遣人與之議和，撒骨出謾言爲戲，答之曰：“我本欲和，壯士巴的懣不肯和，泣而謂我曰：‘若果與和，則美衣肥羊不可復得。’是以不敢從命。”遂縱兵俘略鄰近村墅。有人從道傍射之，中口死。

卜灰之屬曰石魯，石魯之母嫁于馳滿部達魯罕勃堇而爲之妾，[1]達魯罕與族兄弟抹腮引勃堇俱事世祖。世祖欲間石魯於卜灰，謂達魯罕曰：“汝之事我，不如抹腮引之堅固也。”盖謂石魯母子一彼焉，一此焉，以此撼石魯。石魯聞之，遂殺卜灰而降。

［1］驰滿部達魯罕勃堇：居於東流松花江南岸。

石魯通於卜灰之妾，[1]常懼得罪，及聞世祖言，惑之。使告于達魯罕曰："將殺卜灰而來，汝待我于江。"[2]伺卜灰睡熟，剚刃於胸而殺之。追者急，白日露鼻匿水中，逮夜至江，方游以濟。達魯罕使人待之，迺得免。久之，醉酒，而與達魯罕狠争，[3]達魯罕殺之。

［1］石魯通於卜灰之妾：施國祁《金史詳校》卷七謂，此上當加"初"字。

［2］汝待我于江：按，此"江"，當指松花江東流。

［3］而與達魯罕狠争："狠"，原作"很"，今據南監本、北監本、殿本、局本、中華點校本改。

烏春，阿跋斯水温都部人，[1]以鍛鐵爲業。因歲歉，策杖負擔與其族屬來歸。[2]景祖與之處，以本業自給。既而知其果敢善斷，命爲本部長，仍遣族人盆德送歸舊部。盆德，烏春之甥也。

［1］阿跋斯水：又作阿補斯水、阿不塞水、長白山阿不辛河。即今吉林省敦化市牡丹江上源的福勒成河。　温都：部姓。後定爲"温敦"。

［2］擔：原爲"檐"，今改之。

世祖初嗣節度使，[1]叔父跋黑陰懷覬覦，間誘桓赧、散達兄弟及烏春、窩謀罕等。烏春以跋黑居肘腋爲變，信之，由是頗貳於世祖，而虐用其部人。部人訴於世祖，世祖使人讓之曰："吾父信任汝，以汝爲部長。今人告汝有實狀，殺無罪人，聽訟不平。自今不得復爾爲也。"烏春曰："吾與汝父等輩舊人，汝爲長能幾日，干汝何事。"世祖内畏跋黑，恐群朋爲變，故曲意懷撫，而欲以婚姻結其歡心。使與約婚，烏春不欲，笑曰："狗彘之子同處，豈能生育。胡里改與女直豈可爲親也。"[2]

[1]世祖初嗣節度使：據本書卷一《世紀》，時在遼咸雍十年（1074）。所襲之節度使，即遼生女真部族節度使。

[2]胡里改與女直豈可爲親也：此爲嘲弄之語，並非事實。景祖族人盆德，乃烏春之甥。胡里改與女真也非異族，不僅同爲靺鞨之後，也同爲女真四十七部之人。其所以稱胡里改，是以烏春所居地域稱之，如稱夾谷清臣爲胡里改路桓篤人。

烏春欲發兵，而世祖待之如初，無以爲端。加古部烏不屯，[1]亦鐵工也，以被甲九十來售。烏春聞之，使人來讓曰："甲，吾甲也。來流水以南，匹古敦水以北，皆吾土也。何故輒取吾甲，其亟以歸我。"世祖曰："彼以甲來市，吾與直而售之。"[2]烏春曰："汝不肯與我甲而爲和解，則使汝叔之子斜葛及厮勒來。"[3]斜葛蓋跋黑之子也。世祖度其意非真肯議和者，將以有爲也，不欲遣。衆固請曰："不遣則必用兵。"不得已，遣之。謂厮勒曰："斜葛無害。彼且執汝矣，半途辭疾勿往。"既行，斷勒曰：“我疾作，將止不往。”[4]斜葛曰：“吾亦不能獨往矣。”同行者强之使行。既見烏春，烏春與斜葛厚爲禮，而果執斷勒，曰：“得甲則生，否則殺汝。”世祖與其甲，斷勒乃得歸。烏春自此益無所憚。

［1］加古部烏不屯：烏春視來流水以南與匹古敦水以北，皆爲自己的勢力範圍。加古部烏不屯居地亦在此勢力範圍之内。

［2］直：與“值”通。

［3］斜葛：又作斜斡。跋黑子，奔睹父。穆宗時高麗又稱其爲女真之族弟。　斷勒：人名。僅見於本傳。

［4］將止不往：“止”，原誤作“上”，今改正。

後數年，烏春舉兵來戰，道斜寸嶺，[1]涉活論、來流水，舍於术虎部阿里矮村滓布乃勃堇家。[2]是時十月中，大雨累晝夜不止，冰澌覆地，烏春不能進，乃引去。於是桓赧、散達亦舉兵。世祖自拒烏春，而使肅宗拒桓赧。已而烏春遇雨歸，叔父跋黑亦死，故世祖得併力於桓赧、散達，一戰而遂敗之。

［1］斜寸嶺：斜寸又作蟬春、善出。此斜寸嶺，當指今張廣才嶺。　滓布乃：又作滓不乃，术虎部胡不幹村勝昆之兄。其所居阿里矮村，當在來流水即今拉林河上游之北。

斡勒部人盃乃，[1]舊事景祖，至是亦有他志。徙于南畢懇忒村，[2]遂以縱火誣歡都，欲因此除去之，語在《歡都傳》中。世祖獲盃乃，釋其罪。盃乃終不自安，徙居吐窟村，[3]與烏春、窩謀罕結約。烏春舉兵度嶺，[4]

世祖駐軍屋闢村以待之。[5]進至蘇素海甸，[6]兩軍皆陣。[7]將戰，世祖不親戰，命肅宗以左軍戰，斜列、辭不失助之，[8]徵異夢也。肅宗束緼縱火，大風從後起，火熾烈，時八月，野草尚青，火盡燎，烟焰張天。烏春軍在下風，肅宗自上風擊之，烏春大敗。復獲盃乃，獻于遼，而城蘇素海甸以據之。

[1]斡勒部人盃（bēi）乃：據本書卷六八《歡都傳》，自景祖時盃乃便與其兄弟俱居安出虎水之北。

[2]南畢懇忒村：畢懇忒村與歡都所居之"安出虎水源胡凱山南"相鄰，故稱南畢懇忒村。

[3]吐窟村：當在畢懇忒村東南，與烏春的勢力範圍相鄰。

[4]烏春舉兵度嶺：此嶺，當指斜寸嶺。

[5]屋闢村：當在蘇素海甸之西或西北。

[6]蘇素海甸：在今黑龍江省尚志市馬延鎮東南，葦河、亮河一帶。

[7]兩軍皆陣：原脱"軍"字，從中華點校本補。

[8]斜列：世祖部將。

紇石烈臘醅、麻産與世祖戰於野鵲水。[1]世祖中四創，軍敗。臘醅使舊賊禿罕等過青嶺，[2]見烏春，賂諸部與之交結。臘醅、麻産求助於烏春，烏春以姑里甸兵百十七人助之。[3]世祖擒臘醅獻于遼主，并言烏春助兵之狀，仍以不修鷹道罪之。遼主使人至烏春問狀，烏春懼，乃爲譋言以告曰："未嘗與臘醅爲助也。德隣石之北，[4]姑里甸之民，所管不及也。"

[1]野鵲水：今黑龍江省通河縣的哈什哈泡。

[2]青嶺：在今吉林省樺甸市平嶺及南樓山一帶。一説指今吉林省永吉縣南哈達嶺山脉。

[3]姑里甸：即元代的縠州，今牡丹江下游馬大屯之南，寧安市之北，牡丹江西一帶的平原（張博泉等《金史論稿》第一卷，吉林文史出版社 1986 年版，第 61 頁）。

[4]德隣石：特隣城的異寫。在姑里甸之南，今黑龍江省寧安市東京城的西北。

臘醅既敗，世祖盡得烏春姑里甸助兵一百十七人，而使其卒長斡善、斡脱往招其衆。繼遣斜鉢勃堇撫定之。[1]斜鉢不能訓齊其人，蒲察部故石、跋石等誘三百餘人入城，[2]盡陷之。世祖治鷹道還，斜列來告。世祖使歡都爲都統，[3]破烏春、窩謀罕於斜堆，[4]故石、跋石皆就擒。世祖自將過烏紀嶺，[5]至窩謀海村。[6]胡論加古部勝昆勃堇居，[7]烏延部富者郭赦請分一軍由所部伐烏春。[8]盖以所部與烏春近，欲以自蔽故也。乃使斜列、躍盤以支軍道其所居。世祖自將大軍與歡都合，至阿不塞水，嶺東諸部皆會，[9]石土門亦以所部兵來。[10]

[1]斜鉢：穆宗諸父之子。

[2]故石、跋石：二人均爲居於姑里甸的蒲察部人。

[3]都統：行兵作戰的統領，兵省則罷。

[4]斜堆：地名。今吉林省蛟河市舊城與退博、新站之間的三角地帶。

[5]烏紀嶺：中華點校本疑爲“馬紀嶺”之誤。此馬紀嶺，指今黑龍江省五常市南及吉林省舒蘭市、蛟河市境之老爺嶺。

［6］至窩謀海村：窩謀海村即窩謀罕城，在今吉林省敦化市額穆鎮東南的黑石屯村。據本傳與本書卷一《世紀》載，此時世祖尚未破窩謀罕城。疑此五字爲衍文或"至"字爲"往"字之訛。

［7］胡論加古部勝昆勃堇居：加古部勝昆，居胡論水，即今吉林省舒蘭市境内拉林河上游支流活龍河。故稱胡論加古部。據本書卷六五《謝庫德傳》，"居"字當爲衍文。

［8］烏延部富者郭赦：居斜寸水，又作蟬春水，即今吉林省蛟河市的蛟河。

［9］嶺東：在此指馬紀嶺以東。

［10］石土門：又作神徒門，耶懶路完顔部人，保活里四世孫。本書卷七〇有傳。

是時，烏春前死。窩謀罕聞知世祖來伐，訴於遼人，乞與和解，使者已至其家。世祖軍至，窩謀罕請緩師，盡以前所納亡人歸之。世祖使烏林荅故德黑勃堇往受所遣亡者。[1]窩謀罕以三百騎乘懈來攻，世祖敗之。遼使惡其無信，不復爲主和。乃進軍圍之，太祖衣短甲行圍，[2]號令諸軍。窩謀罕使太峪潛出城攻之。[3]太峪馳馬援槍，將及太祖，活臘胡擊斷其槍，[4]太祖乃得免。斜列至斜寸水，用郭赦計，取先在烏春軍者二十二人。烏春軍覺之，殺二人，餘二十人皆得之，益以土軍來助。窩謀罕自知不敵，乃遁去。遂克其城，盡以貲産分賫軍中，以功爲次，諸部皆安輯焉。穆宗常嘉郭赦功，後以斜列之女守寧妻其子胡里罕。

［1］烏林荅故德黑勃堇：烏林荅部部長，名故德黑。本書僅此一見。

[2]太祖：廟號。本名阿骨打，漢名旻。1113 年至 1123 年在位。本書卷二有紀。

[3]太峪：窩謀罕壯士。

[4]活臘胡：烏古論壯士，太祖之舅。

烏春之後爲温敦氏，裔孫曰蒲剌。温敦蒲剌始居長白山阿不辛河，徙隆州移里閔河。[1]蒲剌初從希尹征伐，[2]攝猛安謀克事，遇賊突出，力擊敗之，手殺二十餘人，用是擢修武校尉。[3]天德初，[4]充護衛，[5]遷宿直將軍，[6]與衆護衛射遠，皆莫能及，海陵以玉鞍銜賞之。[7]往曷懶路選可充護衛者，[8]使還稱旨，遷耶盧椀群牧使，[9]改遼州刺史。[10]正隆伐宋，[11]召爲武翼軍副都總管。[12]將兵二千，至汝州南，[13]遇宋兵二萬餘，邀擊敗之，手殺將士十餘人。是時，嵩、汝兩州百姓多逃去，[14]蒲剌招集，使之復其業。改莫州刺史，[15]徵爲太子左衛率府率，[16]再遷隴州防禦使，[17]歷鎮西、胡里改、顯德軍節度使。[18]致仕，卒。

[1]隆州：治所在今吉林省農安縣城。　移里閔河：今吉林省飲馬河。

[2]希尹：即完顏希尹，歡都子。本書卷七三有傳。

[3]修武校尉：武散官。從八品上階。

[4]天德：金海陵王年號（1149—1153）。

[5]護衛：皇帝衛士。選年二十以上，四十以下，有門第、才行及善射者充任。

[6]宿直將軍：左右宿直將軍，隸殿前都點檢司，掌總領禁軍，凡宮城諸門衛禁，並行從宿衛之事。從五品。

［7］海陵：封號。名亮。1149 年至 1161 年在位。本書卷五有紀。

［8］曷懶路：也作合懶路，治所在今朝鮮咸鏡南道咸興城南五里處。

［9］耶盧椀群牧使：耶盧椀群牧，爲西京路十二群牧之一。群牧使，女真語謂“烏魯古使”，掌檢校群牧畜養蕃息之事。從四品。

［10］遼州：刺史州。治所在今山西省左權縣。　刺史：掌同府尹，兼治州事。正五品。

［11］正隆：金海陵王年號（1156—1161）。

［12］武翼軍副都總管：海陵伐宋將三十二軍，武翼軍爲其一。軍置都總管、副都總管及巡察使、副各一員。

［13］汝州：治所在今河南省汝州市。

［14］嵩：刺史州。治所在今河南省嵩縣。

［15］莫州：刺史州。治所在今河北省任丘市。

［16］太子左衛率府率：東宫官。左右衛率府率，掌太子周衛導從儀仗。從五品。

［17］隴州：防禦州。治所在今陝西省千陽縣。　防禦使：掌防捍不虞，禦制盜賊，餘同府尹。從四品。

［18］鎮西：軍州名。金初寧州置鎮西軍，貞祐四年（1216）升爲防禦。治所在今内蒙古自治區清水河縣。　胡里改：路名。治所在今黑龍江省依蘭縣。　顯德軍節度使：本書《地理志》不載，世宗與宣宗時，又時有所見。本書卷一〇三《紇石烈桓端傳》謂，桓端於衛紹王時，“遥授顯德軍節度副使”。顯德軍節度使當爲遥領虚銜。

臘醅、麻産兄弟者，活剌渾水訶隣鄉紇石烈部人。兄弟七人，素有名聲，人推服之。及烏春、窩謀罕等爲難，故臘醅兄弟乘此際結陶温水之民，[1]浸不可制。其同里中有避之者，徙於苾罕村野居女直中。[2]臘醅怒，將攻之，乃約烏古論部騷臘勃堇、富者撻懶、胡什滿勃堇、海羅勃堇、斡茁火勃堇。[3]海羅、斡茁火間使人告野居女直，野居女直有備，臘醅等敗歸。臘醅乃由南路復襲野居女直，勝之，俘略甚衆。海羅、斡茁火、胡什滿畏臘醅，求援于世祖。斜列以輕兵邀擊臘醅等于屯睦吐村，[4]敗之，盡得所俘。

[1]陶温水：又作土温水、屯河，今黑龍江省伊春市至湯原縣間的湯旺河。

[2]苾罕村：當在活剌渾水紇石烈部之北，陶温水之西，約在今小興安嶺一帶。　野居女直：指尚無室廬，穴居野處的女真人。

[3]烏古論部騷臘勃堇、富者撻懶、胡什滿勃堇、海羅勃堇、斡茁火勃堇：這四位勃堇，當爲與活剌渾水紇石烈部相鄰的諸部部長。而富者撻懶，據本書卷六八《歡都傳》載，乃是穆宗貞惠皇后烏古論氏之弟。

[4]屯睦吐村：舊無考。按，率水與活剌渾水之間，稱率、胡剌温之地。依此例，疑屯睦吐村之"屯"，似指屯河即陶温水。屯睦吐村，似臨近陶温水的一個村寨。

臘醅、麻産驅掠來流水牧馬。世祖至混同江，與穆宗分軍。世祖自姑骨魯津倍道兼行，[1]馬多乏，皆留之路傍，從五六十騎，遇臘醅于野鵲水。日已曛，臘醅兵衆，世祖兵少，歡都鏖戰，出入數四，馬中創，死者十數。世祖突陣力戰，中四創，不能軍。穆宗自庵吐渾津度江，[2]遇敵于蒲蘆買水。[3]敵問爲誰，應之曰："歡都。"問者射穆宗，矢著于弓箙。是歲，臘醅、麻産使其徒舊賊禿罕及𩣡朶剽取户魯不灤牧馬四百，[4]及富者粘罕之馬合七百餘匹，過青嶺東，與烏春、窩謀罕交結。世祖自將伐之，臘醅等僞降，還軍。臘醅復求助於烏春、窩謀罕。窩謀罕以姑里甸兵百有十七人助之。臘醅據暮稜水，保固險阻。石顯子婆諸刊亦往從之。世祖率兵圍之，克其軍，麻産遁去，遂擒臘醅及婆諸刊，皆獻之遼。盡獲其兵，使其卒長斡善、斡脱招撫其衆，使斜鉢撫定之。復使阿离合懣察暮稜水人情，[5]并募兵與斜鉢合，語在《烏春傳》。

[1]姤骨魯津：今黑龍江省通河縣南境，東流松花江江岸通往哈什哈泡即野鵲水的渡口。

[2]庵吐渾津：今黑龍江省通河縣東境，東流松花江與大古洞河即庵吐渾河合流處附近的渡口。　度：與“渡”通。

[3]蒲蘆買水：今黑龍江省通河縣大古洞河南哈什哈泡東的烏拉琿河。

[4]户魯不灤：不可確指。據本書卷一《世紀》載，穆宗有馬群在此。

[5]阿离合懣：景祖第八子。本書卷七三有傳。

世祖既没，肅宗襲節度使。麻産據直屋鎧水，[1]繕完營堡，招納亡命，杜絶往來者。恃陶温水民爲之助，招之不聽，使康宗伐之。[2]是歲，白山混同江大溢，水與岸齊。[3]康宗自阿隣岡乘舟至於帥水，[4]舍舟沿帥水而進。使太祖從東路取麻産家屬，盡獲之。康宗圍麻産急，太祖來會軍，於是麻産先亡在外，其人乘夜突圍遁去。太祖曰：“麻產之家蕩盡矣，走將安歸。”追之。麻產不知太祖急求己也，與三騎來伺軍。其一人墜馬下，太祖識之，問狀。其人曰：“我隨麻產來伺軍，彼走者二人，麻產在焉。”麻產與其人分道走，太祖命劾魯古追東走者，[5]而自追西走者。至直屋鎧水，失麻產不見，急追之，得遺甲於路，迹而往。前至大澤，濘淖。麻產棄馬，入萑葦，太祖亦棄馬追及之，與之挑戰。烏古論壯士活臘胡乘馬來，問曰：“此何人也？”太祖初不識麻產，佯應曰：“麻產也。”活臘胡曰：“今亦追及此人邪。”遂下馬援槍進戰。麻產連射活臘胡。活臘胡中二矢，不能戰。有頃，軍至，圍之。歡都射中麻產首，遂擒之。無有識之者，活臘胡乃前扶其首而視之，見其齒豁，曰：“真麻產也。”麻產張目曰：“公等事定矣。”遂殺之。太祖獻馘於遼。

[1]直屋鎧水：或謂今黑龍江省巴彥縣境哲特依河。但據本傳所載，當在活剌渾水訶隣鄉之西帥水上流。

[2]康宗：廟號。名烏雅束。1103年至1113年在位。本書卷一有紀。

[3]白山混同江大溢，水與岸齊：白山，本指今長白山。混同江，本指今松花江自哈爾濱市往北至同江市的一段，和黑龍江自同江市往北直至入海口的一段。但“水與岸齊”之地，據下文之意當指帥水下游河口的松花江一帶。是以“白山”或爲衍文，或爲白水之誤。此白水，即本書卷二《太祖紀》收國元年（1115）所見之“白水”。也是《大金國志》卷一與《契丹國志》卷一〇所見的“白江”。

[4]阿隣岡：阿隣，女真語義爲“山”。阿隣岡，當是流入松

花江的呼蘭河口附近小山岡。　帥水：今呼蘭河北支通肯河。

[5]劾魯古：本書見有兩個劾魯古。其一爲此人，其一爲鈍恩之祖。

鈍恩，阿里民忒石水紇石烈部人。[1]祖曰劾魯古，父納根涅，世爲其部勃菫。斡准部人冶剌勃菫、海葛安勃菫，[2]暴其族人斡達罕勃菫及諸弟屋里黑、屋徒門，抄略其家。及抄略阿活里勃菫家，侵及納根涅所部。[3]穆宗使納根涅以本部兵往治冶剌等，行至蘇濱水，[4]輒募人爲兵，主者拒之，輒抄略其人。遂攻烏古論部敵庫德，入米里迷石罕城。[5]及斡賽、冶訶來問狀，[6]止蘇濱水西納木汗村，納根涅止蘇濱水東屋邁村。納根涅雖款伏而不肯徵償，時甲戌歲十月也。[7]明年八月，納根涅遯去。斡賽追而殺之，執其母及其妻子以歸，而使鈍恩復其所。

[1]阿里民忒石水：即阿里門水。多以爲指烏蘇里江中上游。但據本書卷八二《烏古論三合傳》，“愛也窟河世襲猛安阿里門河謀克”的隸屬關係來看，應是綏芬河入海附近的阿敏水（張博泉等《金史論稿》第一卷，吉林文史出版社1986年版，第65頁）。這應是鈍恩的祖籍所在。其所據的鈍恩城，則在今吉林省延吉市西南的卡興洞。

[2]斡准部：當居於蘇濱水一帶。

[3]納根涅：“納”，原作“阿”，從中華點校本改。

[4]蘇濱水：蘇濱又作蘇瀕、速瀕、率賓、恤品，今黑龍江省綏芬河。

[5]米里迷石罕城：爲敵庫德所居，在今吉林省琿春市境内琿

春河上流的春化。此烏古論部敵庫德，即西土門子，與本書卷六五《斡帶傳》所見的斡准部狄庫德勃堇，同名異部。

［6］斡賽：世祖子。本書卷六五有傳。

［7］甲戌歲：金穆宗元年（1094），即遼大安十年。

留可，統門、渾蠢水合流之地烏古論部人，[1]忽沙渾勃堇之子。詐都，渾蠢水安春之忽沙渾之子也。[2]間誘奥純、塢塔兩部之民作亂。[3]敵庫德、鈍恩皆叛，而與留可、詐都合。兩黨揚言曰：[4]"徒單部之黨十四部爲一，烏古論部之黨十四部爲一，蒲察部之黨七部爲一，凡三十五部。完顔部十二而已。以三十五部戰十二部，三人戰一人也，勝之必矣。"世祖降附諸部亦皆有離心。當是時，惟烏延部斜勒勃堇及統門水温迪痕部阿里保勃堇、撒葛周勃堇等，[5]皆使人來告難。斜勒，達紀保之子也，先使其兄保骨臘來，既而以其甲來歸。[6]阿里保等曰："吾等必不從亂，但乞兵爲援耳。"

［1］渾蠢水：今吉林省琿春河。留可城即在今吉林省琿春市境西南。

［2］詐都：渾蠢水徒單部人。　渾蠢水安春之忽沙渾之子：施國祁《金史詳校》卷七和中華點校本均謂"忽沙渾之"四字係緣上文"忽沙渾勃堇之子"而衍。然本書卷一〇四《温迪罕達傳》、卷一二一《烏古論仲温傳》有"按春猛安"，"安春"即"按春"，作地名。又上文"留可，統門、渾蠢水合流之地烏古論部人，忽沙渾勃堇之子"，知渾蠢水地區有兩位酋長同名爲忽沙渾，此處在人名前加地望以示區别，女真人對重名者加定語進行區分之例亦見於本書卷六八《歡都傳》，"土人呼昭祖爲勇石魯，呼石魯爲賢石

魯”。故作“安春之忽沙渾之子也”，於文義通順，並無不妥。

［3］奧純：部名。又作奧屯。　塢塔：部名。又作兀毯、兀里坦。據下文，塢塔又是人名、城名，其城在今吉林省琿春市西北密江村。

［4］兩黨揚言：兩黨，指徒單部之黨詐都等與烏古論部之黨留可等。人們對揚言内容，多不尋其背景與氏族譜系，而解釋爲某某部姓有若干。既不看參與作亂者，還有紇石烈部及奧純、塢塔兩部，並無蒲察部，又不顧及本書卷一二〇《世戚傳》與《大金集禮》卷三，有關女真“四十七部”之説。其實，“部之黨”與“部姓”是有區别的。女真原本有白號、黑號兩大集團，四大支系，四十七部。其四十七部，皆各以部爲姓。徒單部之黨、烏古論部之黨、蒲察部之黨與完顔部（之黨），乃指其四大支系（王可賓《女真國俗》第三章，吉林大學出版社 1988 年版，第 90 頁）。

［5］斜勒：即本書卷九一《完顔撒改傳》所見，穆宗三年（1096）來謁撒改於阿不塞水的烏延部斜勒勃堇。　阿里保：即本書卷一三五《高麗傳》康宗元年（1103）所見的曷懶甸官屬使往高麗的冶剌保詳穩。

［6］以其甲來歸：甲，指披甲的戰士。下文的“七十甲”與“四十甲”，亦同此義。

穆宗使撒改伐留可，使謾都訶伐敵庫德。[1]既而太祖以七十甲詣撒改軍，中道以四十甲與謾都訶。石土門之軍與謾都訶會于米里迷石罕城下。而鈍恩將援留可，聞謾都訶之兵寡，以爲無備，而未知石土門之來會也，欲先攻謾都訶。謾都訶、石土門迎擊，大破鈍恩。米里迷石罕城遂降，獲鈍恩、敵庫德，皆釋弗誅。太祖至撒改軍，明日遂攻破留可城，城中渠帥皆誅之，取其孥累貲産而還。塢塔城亦撤守備而降。留可先在遼，塢塔已脱身在外，由是皆未獲。詐都亦詣蒲家奴降，[2]太祖釋之。於是，諸部皆安業如故。久之，留可、塢塔皆來降。

[1]謾都訶：景祖子。本書卷六五有傳。

[2]蒲家奴：漢名昱，景祖孫，劾孫子。本書卷六五有傳。

阿踈，星顯水紇石烈部人。[1]父阿海勃堇事景祖、世祖。世祖破烏春還，阿海率官屬士民迎謁于雙宜大濼，[2]獻黄金五斗。世祖喻之曰："烏春本微賤，吾父撫育之，使爲部長，而忘大恩，乃結怨於我，遂成大亂，自取滅亡。吾與汝等三十部之人，[3]自今可以保安休息。吾大數亦將終。我死，汝等當念我，竭力以輔我子弟，若亂心一生，則滅亡如烏春矣。"阿海與衆跪而泣曰："太師若有不諱，[4]衆人賴誰以生，勿爲此言。"未幾，世祖没，阿海亦死，阿踈繼之。

[1]星顯水：今吉林省延吉市布爾哈通河。阿踈城亦在今延吉市附近。

[2]雙宜大濼：當在世祖破烏春、窩謀罕後返還的途中，位今吉林省蛟河市松花湖一帶。

[3]吾與汝等三十部之人：多認爲以紇石烈爲姓者有三十部。按，三十部，當爲世祖時歸附諸部的概數。《大金集禮》卷三，穆宗卒定離析，"盡服四十七部之衆"。女真人的天下，此時世祖已三有其二。

[4]太師：指世祖。遼呼節度使爲太師，自景祖爲生女真部族

節度使之後，女真人稱景祖及其繼嗣者爲“太師”或“都太師”。

阿踈自其父時常以事來，昭肅皇后甚憐愛之，每至，必留月餘乃遣歸。阿踈既爲勃堇，嘗與徒單部詐都勃堇争長，肅宗治之，乃長阿踈。[1]

[1]乃長阿踈：按，時阿踈已爲紇石烈部勃堇，詐都已爲徒單部勃堇。二人並非同部，所争之長，當是星顯水至渾蠢水這一地區之長。“乃長阿踈”，即命阿踈爲這一地區的諸部長。

穆宗嗣節度，[1]聞阿踈有異志，乃召阿踈，賜以鞍馬，深加撫諭，陰察其意趣。阿踈歸，謀益甚，乃斥其事。復召之，阿踈不來，遂與同部毛睹禄勃堇等起兵。

[1]穆宗嗣節度：依例，“節度”當作“節度使”。

穆宗自馬紀嶺出兵攻之。撒改自胡論嶺往略，定潺春、星顯兩路，[1]攻下鈍恩城。穆宗略阿茶檜水，[2]益募軍，至阿踈城。是日辰巳間，忽暴雨，晦暝，雷電下阿踈所居，既又有大光，聲如雷，墜阿踈城中。識者以謂破亡之徵。

[1]潺春：以水名路。水即今吉林省汪清縣與圖們市境内的嘎呀河。

[2]阿茶檜水：當在馬紀嶺與阿踈城之間，今爲何水待考。

阿踈聞穆宗來，與其弟狄故保往訴于遼。遼人來止勿攻。穆宗不得已，留劾者勃堇守阿踈城而歸。[1]金初亦有兩劾者，其一撒改父，贈韓國公。其一守阿踈城者，後贈特進云。[2]

[1]劾者勃堇：輩魯之孫胡率之子。

[2]“金初亦有兩劾者”至“後贈特進云”：施國祁謂，此二十八字已見本書卷六五《輩魯傳》，當削。 特進：文散官。從一品中次階。

劾者以兵守阿踈城者二年矣。阿踈在遼不敢歸，毛睹禄乃降。遼使復爲阿踈來。穆宗聞之，使烏林荅石魯濟師，[1]且戒劾者令易衣服旗幟與阿踈城中同色，使遼使不可辨。遼使至，乃使蒲察部胡魯勃堇、邈遜勃堇與俱至劾者軍，而軍中已易衣服旗幟，與阿踈城中如一，遼使果不能辨。劾者詭曰：“吾等自相攻，干汝何事，誰識汝之太師。”乃刺殺胡魯、邈遜所乘馬，遼使驚怖走去，遂破其城。狄故保先歸，殺之。

[1]烏林荅石魯：烏林荅，部姓。石魯，人名。

阿踈聞穆宗以計刼遼使，破其城，殺狄故保，復訴於遼。遼使奚節度使乙烈來問狀，[1]且使備償阿踈。穆宗復使主隈、秃荅水人僞阻絶鷹路者，[2]而使鼈故德部節度使言於遼，[3]平鷹路非己不可。遼人不察也，信之。穆宗畋於土温水，謂遼人曰：“吾平鷹路也。”遼人以爲功，使使來賞之。穆宗盡以其物與主隈、秃荅之人，而不復備償阿疎。遼人亦不復問。

[1]奚節度使：遼官名。遼在所屬奚族中設有奚王府及節度使司，奚節度使爲奚節度使司的長官。　乙烈：即本書卷一《世紀》，穆宗七年（1100）所見的奚節度使乙烈。

[2]主隈：又作主威、燭偎水。《黑龍江志稿》卷三〇謂其在今蘿北縣佛山鎮附近的扎伊芬河。《〈中國歷史地圖集〉釋文匯編·東北卷》謂在今黑龍江省嘉蔭縣境嘉蔭河。　禿荅水：在主隈水東北。

[3]鼈故德部：即鼈古部，遼稱鼻骨德、鼻古德、鼻古。因居鼈古水或跋苦水而得名。其水，《〈中國歷史地圖集〉釋文匯編·東北卷》謂在今俄羅斯阿穆爾州的比占河。張博泉謂，即今合壘必兒忒水，元時稱孛苦江，清爲布庫河，流入博朗湖後入黑龍江。在今博朗湖附近發現的古城址，疑即鼈古城所在（張博泉等《金史論稿》第一卷，吉林文史出版社1986年版，第73頁）。

阿疎在遼無所歸，後二年，[1]使其徒達紀至生女直界上，[2]曷懶甸人畏穆宗，[3]執而送之。阿疎遂終于遼。

[1]後二年：指穆宗十年（1103）。　達紀：與术甲部勃堇達紀同名。　曷懶甸：今東朝鮮灣西北岸朝鮮咸興以北及今中國延邊海蘭江一帶。

及太祖伐遼，底遼之罪告于天地，而以阿疎亡命遼人不與爲言，凡與遼往復書命必及之。天輔六年，[1]闍母、婁室略定天德、雲内、寧邊、東勝等州，[2]獲阿疎。[3]軍士問之曰："爾爲誰？"曰："我破遼鬼也。"

[1]天輔：金太祖年號（1117—1123）。

[2]闍母：太祖異母弟。本書卷七一有傳。　婁室：七水完顔部人。本書卷七二有傳。　天德：軍州名。置豐州，治所在今内蒙古自治區呼和浩特市東。　雲内：《中國歷史地圖集》置於今内蒙古自治區土默特左旗東南。《中國歷史地名大辭典》認爲在今内蒙古自治區托克托縣東北古城鄉白塔村古城（史爲樂《中國歷史地名大辭典》，中國社會科學出版社 2005 年版，第 318 頁）。　寧邊：治所在今内蒙古自治區清水河縣西南窑溝鄉下城灣古城。　東勝：治所在今内蒙古自治區托克托縣西城關鎮。

[3]獲阿踈：據本書卷二《太祖紀》，天輔六年（1122）四月，“獲阿踈而還”，七月“壬午，希尹以阿踈見，杖而釋之”。

贊曰：金之興也，有自來矣。世祖擒臘醅、婆諸刊，既獻之遼以爲功，則又曰：“若不遣還，其部人疑懼，且爲亂階。”遼人不察，盡以前後所獻罪人歸之。景祖止曷魯林牙、止同幹，穆宗止遼使阿踈城，[1]始終以鷹路誤之，而遼人不悟。景祖有黄馬，服乘如意，景祖没，遼貴人争欲得之。世祖弗與，曰：“難未息也，馬不可以與人。”遂割其兩耳，謂之秃耳馬，遼貴人乃弗取。其削平諸部則借遼以爲己重，既獻而求之則市以爲己重。戰陣一良馬終弗與遼人，而遼人終不悟。豈興亡有數，蓋天奪其魄歟。

[1]穆宗止遼使阿踈城：上文云遼使至阿踈城以阻穆宗諸軍之圍攻，穆宗以計刦遼使，破其城。遼使時已在阿踈城，故此句在“阿踈城”前疑脱一“於”字。

奚，與契丹俱起，在元魏時號庫莫奚，[1]歷宇文周、隋、唐，[2]皆號兵强。其後契丹破走奚，奚西保冷陘，[3]其留者臣服于契丹，號東、西奚。厥後遼太祖稱帝，[4]諸部皆内屬矣。鐵勒者，[5]古部族之號，奚有其地，號稱鐵勒州，又書作鐵驪州。奚有五王族，[6]世與遼人爲昏，因附姓述律氏中，[7]事具《遼史》，今不載。

[1]元魏：即南北朝時期的北魏。魏孝文帝，改本姓拓跋爲元，史稱北魏爲元魏（386—534）。

[2]宇文周：南北朝時期的北周。皇室以宇文爲姓，史稱宇文周（557—581）。　隋：朝代名（581—618）。　唐：朝代名（618—907）。

[3]冷陘：山名。在今西拉木倫河的上源。　東西奚：東部奚，居琵琶川，在今遼寧省凌源市南大凌河上游榆水一帶；西部奚，由奚王統率西徙嬀州，居今河北省懷來縣境。

[4]遼太祖：遼耶律阿保機廟號。916年至926年在位。

[5]鐵勒：部族名。《舊唐書》卷一九九下、《隋書》卷八四有傳。

[6]奚有五王族：即遥里、伯德、奥里、梅知、揣等五氏。

[7]述律氏：遼之后族。亦即蕭氏。

奚有十三部、二十八落、一百一帳、三百六十二族。[1]甲午歲，[2]太祖破耶律謝十，[3]諸將連戰皆捷，奚鐵驪王回离保以所部降。[4]未幾，遁歸于遼。及遼主使使請和，[5]太祖曰："歸我叛人阿踈、降人回离保、迪里等，[6]餘事徐議之。"久之，遼主至鴛鴦濼，[7]都統杲襲之，[8]亡走天德。

［1］奚有十三部：分地而居的部落曰部。據《遼史》卷三三《營衛志下》載，遼太祖於奚五王族外，又置墮瑰部，遂號六部奚。並以所俘奚户置迭剌迭達部、乙室奥隗部、格特奥隗部。遼聖宗時，合奥里、梅只、墮瑰三部民爲奥里，分奚府二克爲南克部與北克部，並將奚撒里葛、窈爪、耨碗爪三營及訛僕括各置爲部。合爲十三部。

［2］甲午歲：金太祖二年（1114）。

［3］耶律謝十：契丹人。太祖進軍寧江州時，其爲蕭撻不也部將，中矢而亡。

［4］奚鐵驪王回离保：奚王忒隣之後。《遼史》卷一一四亦有傳。《遼史》以其所統之部，稱其官爲奚六部大王。本書以其統部所居之地，稱其爲奚鐵驪王。

［5］遼主：指遼天祚帝耶律延禧。1101 年至 1125 年在位。

［6］迪里：遼人。本書僅此一見，待考。

［7］鴛鴦濼：今河北省張北縣西北的安固里淖。

［8］都統：此爲内外諸軍都統的簡稱。　杲：本名斜也，太祖母弟。本書卷七六有傳。

回离保與遼大臣立秦晋國王耶律捏里于燕京。[1]捏里死，蕭妃權國事。[2]太祖入居庸關，[3]蕭妃自古北口出奔。[4]回离保至盧龍嶺，[5]遂留不行，會諸奚吏民于越里部，[6]僭稱帝，改元天復，[7]改置官屬，[8]籍渤海、奚、漢丁壯爲軍。太祖詔回离保曰："聞汝脅誘吏民，僭竊位號。遼主越在草莽，大福不再。汝之先世臣服于遼，今來臣屬，與昔何異。汝與余睹有隙，[9]故難其來。余睹設有睚眦，朕豈從之。儻能速降，盡釋汝罪，仍俾主六部族，[10]總山前奚衆，[11]還其官屬財産。若尚執迷，遣兵致討，必不汝赦。”回离保不聽。天輔七年五月，回离保南寇燕地，敗於景、薊間，[12]其衆奔潰。耶律奥古哲及甥八斤、家奴白底哥等殺之。[13]其妻阿古聞之，自剄而死。

[1]秦晋國王：遼封爵名。　耶律捏里：即耶律淳，遼興宗第四孫。《遼史》卷三〇有紀。遼保大二年（1122）被立爲帝，號天錫，改元建福，世稱北遼。　燕京：治所在今北京市。

[2]蕭妃：名普賢女，耶律淳妻。淳死，衆立爲皇太后，稱制，主軍國事，改元德興。

[3]居庸關：在今北京市昌平區西北。

[4]古北口：在今北京市密雲縣東北。

[5]盧龍嶺：《遼史》卷四〇《地理志四》平州義豐縣條，“黄洛水北出盧龍山，南流入於濡水”。黄洛水即青龍河，濡水爲灤河下游。盧龍嶺或盧龍山，當在盧龍縣北，今承德市與凌源市七老圖山的一個支脉。

[6]會諸奚吏民于越里部：中華點校本以“越里”爲部名。然本書及《遼史》皆不見“越里部”之名。却見有遼貴官“於越”之名。疑此句似有脱誤。

[7]天復：《三朝北盟會編》卷一八作“天阜”，《大金吊伐録》金天輔七年（1123）三月《又白劄子》、《三朝北盟會編》卷一九、《宋會要輯稿·蕃夷》二之三五、《大金國志》卷三《太宗文烈皇帝一》作“天嗣”，《契丹國志》卷一二《天祚皇帝下》作“天興”。

[8]改置官屬：《遼史》卷一一四《奚回离保傳》謂：“設奚、漢、渤海三樞密院，改東、西節度使爲二王，分司建官。”

[9]余睹：即耶律余睹，遼宗室子。本書卷一三三、《遼史》卷一〇二有傳。

[10]六部族：即六部奚。奚六部，在遼爲大部族，屬四大王府之一。

[11]山前：指幽、薊、易、檀、順、營、平等州一帶地方（陳樂素《宋徽宗謀復燕雲之失敗》，《輔仁學誌》四卷一期，1986年版，第20–21頁）。

[12]景：州名。治所在今河北省遵化市。　薊：州名。治所在今天津市薊縣。

[13]耶律奧古哲：又作耶律阿古哲，回离保同黨。　八斤：即《遼史》卷一一四《奚回离保傳》的乙室八斤。　白底哥：耶律奧古哲的家奴名。

先是，速古部人據劾山，[1]奚路都統撻懶招之不服，往討之。[2]鐵泥部衆扼險拒戰，[3]殺之殆盡。至是，速古、啜里、鐵泥三部所據十三巖皆討平之。[4]達魯古部節度使乙列已降復叛，奚馬和尚討達魯古并五院司等諸部。[5]諸部皆降，遂執乙列，杖之一百，其父及其家人先被獲者皆還之。

[1]速古部：即《遼史》卷三三《營衛志》所載，戍於松山、平州之間的伯德部所屬速古石烈。　劾山：當在松山、平州之間，具體地點待考。

[2]奚路都統：又稱奚六路軍帥。　撻懶：完顏昌本名撻懶，穆宗子。本書卷七七有傳。

[3]鐵泥部：即伯德部所屬的腆你石烈。

[4]啜里：即伯德部所屬的啜勒石烈。

[5]達魯古：部及城名。亦作達盧骨、達盧古。其城，在今吉林省前郭縣的塔虎城。據《〈中國歷史地圖集〉釋文匯編·東北卷》，推定在今吉林省拉林河以西。李健才認爲在今吉林省松原市

舊城北十里的土城子（李健才《東北史地考略》，吉林文史出版社1986年版，第92頁）。　五院司：遼北面邊防官。在遼上京路，爲遼控制奚族的諸司之一。

初，太祖破遼兵于達魯古城，九百奚營來降。[1]至是，回离保死，奚人以次附屬，亦各置猛安謀克領之。

［1］九百奚營：奚營帳名，又稱九百奚部。

贊曰：庫莫奚、契丹起於漢末，盛於隋、唐之間，俱强爲鄰國，合并爲君臣，歷八百餘年，相爲終始。奚有五，[1]大定間，類族著姓有遥里氏、伯德氏、奥里氏、梅知氏、揣氏。

［1］奚有五：《遼史》卷三三《營衛志》，揣氏作楚里。施國祁《金史詳校》卷七謂，“楚里氏史作揣氏，似爲急讀音”。據《正字通》，明永樂間，依然見有以揣爲姓者。《五代會要》則作阿薈、啜末、奥質、奴皆、黑訖支五部。

金史　卷六八

列傳第六

歡都 子謀演　冶訶 子阿魯補　骨赧　訛古乃　蒲查[1]

歡都，完顏部人。[2]祖石魯，與昭祖同時同部同名，[3]交相得，誓曰："生則同川居，死則同谷葬。"土人呼昭祖爲勇石魯，呼石魯爲賢石魯。

[1]蒲查：前當加小注"孫"字。

[2]完顏部人：女真分完顏爲宗室完顏、同姓完顏、異姓完顏。歡都乃部人，爲異姓完顏，本傳之《贊》亦稱其爲"異姓之臣"。

[3]昭祖：廟號。名石魯。本書卷一有紀。

初，烏薩扎部有美女名罷敵悔，[1]青嶺東混同江蜀東水人掠而去，[2]生二女，長曰達回，[3]幼曰滓賽。昭祖與石魯謀取之，遂偕至嶺右。[4]炷火於箭端而射，蜀東水人怪之，皆走險阻，久之，無所復見，却還所居。昭祖及石魯以衆至，攻取其貲産，虜二女子以歸。昭祖納其一，賢石魯納其一，皆以爲妾。是時，諸部不肯用條教，[5]昭祖耀武于青嶺、白山，[6]入于蘇濱、耶懶之地。[7]賢石魯佐之也，其後别去。[8]

[1]烏薩扎：原作“烏扎薩”，從中華點校本改。

[2]青嶺：在今吉林省樺甸市平嶺及南樓山一帶。一説指今吉林省永吉縣南哈達嶺山脉。　混同江：即今松花江自黑龍江省哈爾濱市往北至同江市的一段，和黑龍江自同江市往北直至入海口的一段。　蜀束水：今吉林省舒蘭市松花江上游的團山子河。

[3]達回：即昭祖次室烏薩札部人達胡末，生跋黑、僕里黑、斡里安。

[4]嶺右：即上文所稱之“青嶺東”。古稱西爲右，此“右”或爲“左”之誤。

[5]條教：本指地方長官所頒布的教令。按，本書卷三二《禮志五》，把條教比作《尚書·舜典》“敬敷五教在寬”的五教。其内容，當屬於改變舊有的人際關係，並對新的家族、部衆和諸部關係做出具有法制性的等級規定。也就是本書卷一《世紀》所説的“本部法令”。

[6]白山：今長白山，包括長白山支脉之地。

[7]蘇濱：水名與地域名稱。其水，即今大綏芬河。　耶懶：水名與地域名稱。又作移懶、押懶，其水即今俄羅斯濱海邊疆區的塔烏黑河，亦即雅蘭河。

[8]其後别去：本書未載去向何地。按，女真人名往往取自出生地，石魯孫歡都，又作桓篤。胡里改有桓篤山，又作完都魯山，即今完達山。歡都如生於此，則其祖石魯所去之地，當在胡里改路的桓篤山。

至景祖時，[1]石魯之子劾孫舉部來歸，居於安出虎水源胡凱山南。[2]胡凱山者，所謂和陵之地是也。[3]

[1]景祖：廟號。名烏古迺。本書卷一有紀。

[2]安出虎水：清稱阿勒楚喀河，即今黑龍江省哈爾濱市東南松花江支流阿什河。　胡凱山：在今黑龍江省阿城市平山鄉（景愛《金上京》，生活·讀書·新知三聯書店1991年版，第72頁）。

[3]和陵：太祖陵號，後又改稱睿陵。

歡都，劾孫子。[1]世祖初襲節度使，[2]而跋黑以屬尊，[3]蓄異謀，不可制。諸部不肯受約束，相繼爲變。歡都入與謀議，出臨戰陣，未嘗去左右。

[1]世祖：廟號。名劾里鉢。1074年至1092年在位。本書卷一有紀。

[2]節度使：此指世祖所襲的生女真部族節度使。其斷法如本書卷六七《烏春傳》"世祖初嗣節度使"一樣。中華點校本卻斷爲"世祖初，襲節度使"，使人誤以爲歡都於世祖初年曾襲節度使。

[3]跋黑：昭祖次室達胡末達回子。本書卷六五有傳。

斡勒部人盃乃，自景祖時與其兄弟俱居安出虎水之北。及烏春作難，[1]盃乃將與烏春合，間誘斡魯紺出水居人與之相結，[2]欲先除去歡都。會其家被火，陰約隸人不歌束，[3]詭稱放火乃歡都、胡土二人。使注都來謂世祖曰："不歌束來告曰：'前日之火，歡都等縱之。'若不棄舊好，其執縱火之人以來。"世祖疑之。石盧斡勒勃堇曰：[4]"盃乃，兄弟也，豈以一二人之故，而與兄弟構怨乎。彼自取之，又將尤誰，不如與之便。"歡都被甲執戟而起曰：[5]"彼爲亂之人也，若取太師兄弟，[6]則亦與之乎。今取我輩，我輩决不可往，若必用戰，當盡力致死。”穆宗曰：[7]“壯哉歡都。以我所見，正如此爾。”贈歡都以馬，曰：“戰則乘此。”衆皆稱善。世祖乃往見盃乃，隔鼈剌水而與之言曰：[8]“不歌束既告縱火由歡都等，謹當如約。當先遣不歌束來。”不歌束至，世祖於馬前殺之，使盃乃見之。既而聞之，放火者盃乃家人阿出胡山也。[9]盃乃欲開此釁，故以誣歡都云。

[1]烏春：阿跋斯水温都部人。本書卷六七有傳。

[2]斡魯紺出水：據本書卷六七《桓赧傳》與《烏春傳》，時盃乃已由安出虎水之北徙南畢懃忒村。所誘斡魯紺出水居人，當在今黑龍江省阿城市與賓縣間的蜚克圖河以南。

[3]隸人：服賤役的人，即女真早期出現的服賤役的奴隸。

[4]石盧斡勒勃堇：即斡勒部勃堇石盧，斡勒部盃乃兄弟。石盧，人名。斡勒，部名。疑此處部名“斡勒”與人名“石盧”倒誤。勃堇，官名，女真謂部長爲勃堇。

[5]被甲：“被”與“披”通。

[6]太師：指世祖。遼人呼節度使爲太師，自景祖爲生女真節度使，金人則稱景祖及其繼嗣者爲“太師”或“都太師”。

[7]穆宗：廟號。名盈歌。1094年至1103年在位。本書卷一有紀。“宗”字，原作“宴”，從南監本、北監本、殿本改。

[8]鼈剌水：或即辟里水，今水名不可指。

[9]家人：僮隸之屬。女真習稱家内奴隸爲家人。

臘醅、麻産與世祖遇于野鵲水。[1]日已曛，惟從五六十騎，歡都入敵陣鏖擊之，左右出入者數四，世祖中創乃止。烏春、窩謀罕據活剌渾水,[2]世祖既許之降,遂還軍。於是騷臘勃堇、富者撻懶觀勝負不助軍,[3]而騷臘、撻懶先曾與臘醅、麻產合,世祖欲因軍還而遂滅之,馳馬前進。撻懶者,貞惠皇后之弟也。[4]歡都下馬執轡而諫曰:"獨不念愛弟蒲陽温與弟婦乎。"世祖感其言,遂止。蒲陽温者,漢語云幼弟也。[5]世祖母弟中穆宗最少,故云然。穆宗德歡都言,後以撻懶女曷羅哂妻其子谷神。[6]太祖追麻產,歡都射中其首,遂獲之。遼人命穆宗、太祖、辭不失、歡都俱爲詳穩。[7]

[1]臘醅、麻產:兄弟二人,爲活剌渾水訶隣鄉紇石烈部人。本書卷六七有傳。　野鵲水:今黑龍江省通河縣南境的哈什哈泡。

[2]窩謀罕:烏春同黨,其城在今吉林省敦化市額穆鎮東南黑石屯村。　活剌渾水:臘醅、麻產所居,今黑龍江省呼蘭河。按,"烏春、窩謀罕據活剌渾水"一句,有所脱誤。據本書卷六七《臘醅傳》,係指臘醅等使其徒,過青嶺東,與烏春、窩謀罕交結。世祖自將伐之,臘醅等僞降,世祖遂還軍。此句應爲"臘醅等與烏春、窩謀罕交結,據活剌渾水僞降"。

[3]騷臘勃堇、富者撻懶:二人皆烏古論部人。

[4]貞惠皇后:穆宗元配,烏古論氏。本書卷六三有傳。

[5]蒲陽温者,漢語云幼弟也:本書卷六九《胙王元傳》亦作幼弟解。但《金國語解》謂,"蒲陽温曰幼子",與此異。女真人有"幼子守灶"之俗,景祖時,其子年長當異居,而穆宗却與景祖同居。幼子、幼弟,似皆可稱爲"蒲陽温"。

[6]谷神:完顔希尹本名,歡都之子。本書卷七三有傳。

[7]太祖:廟號。本名阿骨打,漢名旻。1113 年至 1123 年在位。本書卷二有紀。　辭不失:又作習不失,烏古出次子。本書卷

七〇有傳。　詳穩：遼官。爲諸官府監治長官。

斡善、斡脱以姑里甸兵來歸，[1]使斜鉢勃堇撫定之。[2]蒲察部故石、拔石等，[3]誘其衆入城，陷三百餘人。歡都爲都統，[4]往治斜鉢失軍之狀，盡解斜鉢所將軍，大破烏春、窩謀罕於斜堆，[5]擒故石、拔石。

[1]斡善、斡脱：二人爲姑里甸兵卒長。　姑里甸：《〈中國歷史地圖集〉釋文匯編·東北卷》謂，今黑龍江省寧安市至沙蘭站間的平原。張博泉謂，即元代的㲉州。在今牡丹江下游馬大屯之南，寧安市之北，牡丹江以西一帶（張博泉等《金史論稿》第一卷，吉林文史出版社 1986 年版，第 61 頁）。

[2]斜鉢：穆宗諸父之子。

[3]故石、拔石：二人當爲姑里甸蒲察部人。

[4]都統：諸部軍兵行軍作戰統領。

[5]斜堆：地名。今吉林省蛟河市舊城與退博、新站間的三角地帶。

初，耶悔水納喝部撒八之弟曰阿注阿，[1]與人争部族官，不得直，來歸穆宗。阿注阿之甥曰三濱、曰撒達。辭不失破烏春窩謀罕城，獲三濱、撒達，并獲其母以爲次室，撫其二子。撒達告阿注阿必爲變，不信而殺之。撒達臨刑嘆曰："後必知之。"至是，阿注阿果爲變。因穆宗晨出獵，糾率七八人操兵入宅，奪據寢門，劫貞惠皇后及家人等。歡都入見阿注阿曰："汝輩所謀之事奈何。閨門眷屬豈足劫質，徒使之驚恐耳。汝固識我，盍以我爲質也。"再三言之，阿注阿從之，貞惠皇后乃得解，而質歡都。而撒改、辭不失使人告急于獵所。[2]穆宗亦心動，罷獵，中途逢告者，日午至。阿注阿謂穆宗曰："可使係案女直知名官僚相結，[3]送我兄弟親屬由咸州路入遼國。[4]庫金廄馬與我勿惜。歡都亦當送我至遼境，然後還。"而要穆宗盟，[5]穆宗皆從之。遂執歡都及阿魯太彎、阿魯不太彎等七人，[6]以衣裾相結，與阿注阿俱行。至遼境，乃釋歡都。歡都至濟州，[7]實黃龍府，使人馳驛要遮阿注阿黨屬，[8]惟縱其親人使去。遂殺三濱并其母，具報於遼，乞還阿注阿，遼人流之曷董城。[9]其後，阿注阿懷思鄉士，亡歸，附于係案女直。因亂其官僚之室，捕之，不伏，乃見殺。

[1]耶悔水：或以爲今遼寧省開原市東的葉赫河。實爲清之愛呼河，明之阿也苦江，金之愛也窟河的異稱，在今圖們江上游（張博泉等《金史論稿》第一卷，第72頁）。

[2]撒改：景祖孫，韓國公劾者長子。本書卷七〇有傳。

[3]係案女直：也稱係遼女真，係籍女真。指其民入遼籍，其首領接受遼之官號與封印的女真人。

[4]咸州：在遼置有長春路咸州兵馬詳穩司，金初爲咸州路。治所在今遼寧省開原市老城鎮。

[5]要穆宗盟：臣約其君曰要，意即强迫穆宗與之約盟。

[6]太彎：即遼北面部族官的大王，本名夷离堇。

[7]濟州：金之濟州，實爲遼之黃龍府。在遼置有長春路黃龍府兵馬都部署司，又作都監署司。治所在今吉林省農安縣城。

[8]要遮：意爲攔截、遮留。要，通"邀"。

[9]曷董城：又作河董城。據丁謙考訂，在葛拉泰河東，克魯倫河南。

穆宗襲位之初，諸父之子習烈、斜鉢及諸兄，[1]有異言曰："君相之位，皆渠輩爲之，奈何?" 歡都曰："汝輩若紛争，則吾必不默默但已。" 衆聞之遂帖然，自是不復有異言者。

[1]習烈：僅此一見，似即本書屢見的世祖時部將斜列。

歡都事四君，出入四十年，征伐之際遇敵則先戰，廣延大議多用其謀。[1]世祖嘗曰："吾有歡都，則何事不成。" 肅宗時，[2]委任冠於近僚。穆宗嗣位，凡圖遼事皆專委之。康宗以爲父叔舊人，[3]尤加敬禮，多所補益。

[1]廣延大議："延"，中華點校本改作"廷"。然"廣延大議"於唐宋多有文例，如：《唐大詔令集》卷八二《頒行律令格式制》稱"當廣延群議，與公卿等謀之"；《國朝諸臣奏議》卷四一《天道門》所載程珦《上英宗應詔論水災》稱"是以自昔明王或遇災變，則必警懼，以省躬之過，思政之闕，廣延衆論"。"廣延"於文義似無誤。

[2]肅宗：廟號。名頗剌淑。1092 年至 1094 年在位。本書卷一有紀。

[3]康宗：廟號。名烏雅束。1103 年至 1113 年在位。本書卷一有紀。

康宗十一年癸巳二月，得疾，避疾於米里每水。[1]薨，年六十三。喪歸，康宗親迓於路，送至其家，親視葬事。天會十五年，[2]追贈儀同三司、代國公。[3]明昌五年，[4]贈開府儀同三司，[5]謚曰忠敏。[6]子谷神、謀演。谷神别有傳。

[1]米里每水：施國祁謂，當作“米里海水”。本書不見米里海水，却見有米里迷石罕城。米里每水或即米里迷水，如是，當爲今吉林省琿春市琿春河上游一支流。

[2]天會：金太宗及金熙宗初年號（1123—1135，1135—1137）。

[3]儀同三司：文散官。從一品中階。　代國公：封國名。從一品曰國公。天眷格，次國封號《大金集禮》第十一、本書《百官志》第十爲代。據本書卷八〇《阿离補傳》，此句之下當補，大定間“定爲衍慶亞次功臣”。據《完顔希尹神道碑》，大定中，歡都贈官尚有“開府儀同三司、戴國公”。

[4]明昌：金章宗年號（1190—1196）。

[5]開府儀同三司：文散官。從一品上階。

[6]謚曰忠敏：據本書卷三一《禮志四》“功臣配享”條，此句“謚曰忠敏”下，當加“配享世祖廟庭”。

謀演，當阿注阿之難，從歡都代爲質。後與宗峻俱侍太祖，[1]宗峻坐謀演上，上怒，命坐其下。孛堇老孛論、拔合汝轄、拔速三人争千户，[2]上曰：“汝輩能如歡都父子有勞於國者乎。”乃命謀演爲千户，三人者皆隸焉，其眷顧如此。天輔五年十二月卒，[3]天會十五年贈太子少傅。[4]

[1]宗峻：本名繩果，太祖嫡子。本書卷一九有紀。

[2]老孛論、拔合汝轄、拔速三人：三人皆爲孛堇。日本學者

小野川秀美在《金史語彙集成》斷爲老孛論、拔合汝、轄拔速三人。本書中的女真人，見有名字論出、拔達、拔离速者。《金國語解》謂，“孛論出，胚胎之名”，“拔里速，角觝戲者”。孛論似孛論出的省讀，拔合汝轄急讀則爲拔達，拔速爲拔离速的省讀。三人當斷爲“老孛論、拔合汝轄、拔速”。　千户：千夫長，即猛安。

[3]天輔：金太祖年號（1117—1123）。

[4]太子少傅：東宫宫師府三少之一。正三品。

冶訶系出景祖，[1]居神隱水完顔部，[2]爲其部勃堇。與同部人把里勃堇，斡泯水蒲察部胡都化勃堇、厮都勃堇，[3]泰神忒保水完顔部安團勃堇，[4]統門水温迪痕部活里蓋勃堇，[5]俱來歸。金之爲國，自此益大。

[1]冶訶系出景祖：本書卷五九《宗室表》亦謂“系出景祖”，但卷一《世紀》謂，景祖時，神隱水完顔部來附。施國祁謂，“景字當爲獻字或昭字之訛”，下句“與同部人”之前，當加“景祖時”三字。

[2]神隱水：或謂今吉林省靖宇縣的蒙江。或謂今吉林省境牡丹江的支流。或謂神隱即舍音，義爲白色，即今吉林省安圖縣的白河。

[3]斡泯水：又名額爾敏河，今吉林省通化市東北的哈泥河。

[4]泰神忒保水完顔部：該完顔部，當居於泰神與忒保兩水合流處。泰神水，即曷懶路的泰申必剌，在今朝鮮咸鏡南道北部。忒保水不詳。

[5]統門水：今圖們江。原誤作“統八門水”，衍“八”字，從中華點校本删。

肅宗拒桓赧已再失利，[1]世祖命歡都、冶訶，以本部謀克之兵助之。[2]冶訶與歡都常在世祖左右，居則與謀議，出則涖行陣，未嘗不在其間。

[1]桓赧：國相雅達之子。居完顔部邑屯村。本書卷六七有傳。

[2]謀克：女真軍隊編制的基本組織。一百人爲一謀克，長官稱謀克，也稱百夫長。謀克之下，每五十人設一位蒲里衍，爲謀克的副從。謀克士卒亦有副從，稱阿里喜，以驅丁充當。本部謀克，即親管謀克，又稱合扎謀克。

天會十五年，贈銀青光禄大夫。[1]明昌五年，贈特進，[2]謚忠濟，與代國公歡都、特進劾者、開府儀同三司盆納、儀同三司拔達，[3]俱配享世祖廟廷。

[1]銀青光禄大夫：文散官。章宗時改爲銀青榮禄大夫。正二品下階。

[2]特進：文散官。從一品中次階。

[3]特進劾者：即守阿踈城的劾者，輩魯孫胡率之子。　盆納：謝夷保子。　拔達：謝庫德孫。以上三人皆見本書卷六五。

冶訶子阿魯補、骨赧、訛古乃、散答。[1]散答子蒲查。

[1]冶訶子：本卷《阿魯補傳》謂，阿魯補兄"虞劃，道病卒"。冶訶當有五子。

阿魯補，冶訶之子。爲人魁偉多智略，勇於戰。未冠從軍，下咸州、東京。[1]遼人來取海州，[2]從勃堇麻吉往援，[3]道遇重敵，力戰，斬首千級。從斡魯古攻豪、懿州，[4]以十餘騎破敵七百。進襲遼主，[5]阿魯補徇北地，[6]招降營帳二十四，民户數千。時已下西京，[7]闍母攻應州未下，[8]退營於州北十餘里。夜遣阿魯補率兵四百伺敵，城中果出兵三千來襲，阿魯補道與之遇，斬首百餘，獲馬六十。後遼兵三萬出馬邑之境，[9]以千兵擊之，斬其將於陣。

[1]東京：治所在今遼寧省遼陽市。

[2]海州：治所在今遼寧省海城市。

[3]麻吉：銀术可母弟。本書卷七二有傳。

[4]斡魯古：宗室子。本書卷七一有傳。　豪：州名。治所在今遼寧省彰武縣南。　懿州：治所在今遼寧省阜新蒙古族自治縣東北塔營子鄉古城址。

[5]遼主：指天祚帝耶律延禧。

[6]徇北地：據本書卷二《太祖紀》，指招降山前諸部。

[7]西京：遼西京大同府，治所在今山西省大同市。

[8]闍母：太祖異母弟。本書卷七一有傳。　應州：治所在今山西省應縣。

[9]馬邑：在西京之西，今山西省朔州市與山陰縣之間。

天會初，宋王宗望討張覺於平州，[1]聞應州有兵萬餘來援，遣阿魯補與阿里帶迎擊之，斬馘數千而還。復從其兄虞劃，率兵三千攻乾州，[2]虞劃道病卒，代領其衆。至乾州，降其軍及營帳三十，獲印四十。與僕虺攻下義州。[3]

[1]宋王：封國名。天眷，大國封號第四爲宋，大定格，大國封號第三爲宋。　宗望：太祖第二子。本書卷七四有傳。　張覺：平州義豐人。時爲南京留守，據平州叛。本書卷一三三有傳。　平州：治所在今河北省盧龍縣。

[2]乾州：治所在今遼寧省北寧市西南十二里觀音洞附近。

[3]僕虺：闍母部將。　義州：金天德三年（1151）改遼宜州爲義州，治所在今遼寧省義縣。

宗望伐宋，與郭藥師戰于白河。[1]宗望命阿魯補以二謀克先登，奮戰，賞賚特異。至汴，[2]破淮南援兵，斬其二將。大軍退次孟陽，[3]姚平仲夜以重兵來襲，[4]阿魯補適當其中，力戰敗之。既還，聞大名、開德合兵十餘萬來争河。[5]至河上，知去敵尚遠，乃以輕兵夜發。詰旦至衛縣，[6]遇敵，斬首數千級，餘皆潰去。師次邢州，[7]滹沱橋已焚。[8]阿魯補先以偏師營於水上，比軍至而橋成。宗望嘉其功，出真定庫物賞之，[9]爲長勝軍千户。[10]

[1]郭藥師：鐵州渤海人。本書卷八二有傳。　白河：今河北省三河市西南的潮白河。

[2]汴：宋京師東京開封府，治所在今河南省開封市。

[3]孟陽：即孟州的河陽，治所在今河南省孟縣南。

[4]姚平仲：宋人姚古養子，官宋武安軍承宣使。時以涇原、秦鳳兵勤王，爲别置宣撫司都統制。

[5]大名：府名。治所在今河北省大名縣。　開德：府名。金皇統間更名開州，治所在今河南省濮陽市濮陽縣。　河：指黄河。

[6]衛縣：治所在今河南省衛輝市。

[7]邢州：治所在今河北省邢臺市。

[8]滹沱橋：由邢州通往真定府的滹沱河大橋。

[9]真定：府名。治所在今河北省正定縣。

[10]長勝軍：遼募遼東人爲兵，號怨軍，郭藥師爲其渠帥。耶律捏里自立，改稱常勝軍，降金後仍沿用其號。

及再伐宋，從宗望破敵於井陘，[1]遂下欒城。[2]師自大名濟河，阿魯補屯於洺州之境。[3]時康王留相州，[4]大名府以兵來攻我營，阿魯補乘夜以騎二百潛出其後，反擊敗之。居數日，敵復來，蘇統制以兵二萬先至。[5]阿魯補乘其未集，以三百騎出戰，大敗其衆，生擒蘇統制，殺之。大軍既克汴京，攻洺州，敗大名救兵，遂下洺州。從撻懶攻恩州還，[6]洺人復叛。阿魯補先至城下，城中出兵來戰，敗之，執其守佐。遂與蒲魯懽取信德軍。[7]

[1]井陘：縣名。後升爲州。治所在今河北省井陘縣。

[2]欒城：縣名。治所在今河北省欒城縣。

[3]洺州：治所在今河北省永年縣。

[4]康王：宋徽宗第九子趙構。北宋宣和三年（1121）封康王，靖康二年（1127）五月即位於應天府，爲南宋高宗。　相州：治所在今河南省安陽縣。

[5]蘇統制：宋將。統制，宋官名。北宋末南宋初，行軍作戰置都統制以節制兵馬，其下又設有統制、同統制、副統制。

[6]撻懶：穆宗子，漢名昌。與本卷《歡都傳》所見富者撻懶，爲兩人。本書卷七七有傳。　恩州：治所在今河北省清河縣。

[7]蒲魯懽：似即金天會七年（1129）十二月，追宋康王於明

州的蒲盧渾。“懽”，“歡”之異體。　信德軍：據本書卷三《太宗紀》，時在天會六年，當是宋“信德府安國軍”，在金爲邢州。

梁王宗弼取開德，[1]阿魯補以步兵五千赴之。大名境内多盗，命阿魯補留屯其地。賊犯莘縣，[2]聞阿魯補至，即潰去。追襲一晝夜，至館陶及之，[3]皆俘以歸。

[1]梁王：封國名。天眷格，大國封號《大金集禮》第三、大定格第二，本書《百官志》第二爲梁。　宗弼：本名兀术，太祖第四子。本書卷七七有傳。

[2]莘縣：治所在今山東省莘縣。

[3]館陶：縣名。治所在今河北省館陶縣。

從宗弼襲康王，既渡淮，阿魯補以兵四千留和州，[1]總督江、淮間戍將，以討未附郡縣。遂攻下太平州，[2]隳其城。[3]廬州叛，[4]以偏師討之，敗其騎六千，擒三校。明日復破敵二萬於慎縣，[5]斬首五百。張永合步騎數萬來戰，[6]阿魯補兵止二千，敵圍之。阿魯補潰圍力戰，竟敗之，追殺四十里，獲馬三百而還。再攻廬州，與迪古不敗敵萬衆於拓皋，[7]至廬州，騎兵五百出戰，敗之，斬其二校。師還，宗弼趨陝西，道聞大名復叛，遣阿魯補經略之。獨與譯者至城下，招之，大名果降。翌日，下令民間兵器，悉上送官，於是吏民按堵如故。爲大名開德路都統。

[1]和州：治所在今安徽省和縣。

[2]太平州：治所在今安徽省馬鞍山市當塗縣。

[3]隳：毀壞。

[4]廬州：治所在今安徽省合肥市。

[5]慎縣：治所在今安徽省肥東縣境。

[6]張永：宋人。生平不詳。

[7]迪古不：又作迪古補，女真部將。見於本書卷七七《撻懶傳》及卷三《太宗紀》。　拓皋：即今安徽省巢湖市北的拓皋鎮。

齊國建，[1]阿魯補屯兵於汴城外。天會十五年，詔廢齊國，已執劉麟，[2]阿魯補先入汴京備變。明年，除歸德尹。[3]割河南地與宋，[4]入爲燕京内省使。[5]宗弼復河南，阿魯補先濟河，撫定諸郡，[6]再爲歸德尹、河南路都統。宋兵來取河南地，宗弼召阿魯補，與許州韓常、潁州大臭、陳州赤盞暉，[7]皆會於汴。阿魯補以敵在近，獨不赴。而宋將岳飛、劉光世等，[8]果乘間襲取許、潁、陳三州，旁郡皆響應。其兵犯歸德者，阿魯補連擊敗之，復取亳、宿等州。[9]河南平，阿魯補功最。

[1]齊國：金天會八年（1130）立劉豫爲大齊皇帝，都大名，後遷於汴。

[2]劉麟：劉豫子。本書卷七七有附傳。

[3]歸德尹：掌宣風導俗，肅清所部，總判府事。正三品。歸德，府名，治所在今河南省商丘市。

[4]河南：地區名。黄河以南南京路地區。

[5]燕京内省使：燕京内省司的長官。金天眷元年（1138）以河南地與宋，遂改燕京樞密院爲行臺尚書省，燕京内省司當隸行臺尚書省。《百官志》不載内省司或内省使，其職掌品階不詳。

［6］諸郡：原作“諸都”，從中華點校本改。

［7］許州：治所在今河南省許昌市。 韓常：燕山人。時爲許州都統，大定間定爲衍慶亞次功臣。《大金國志》卷二七有傳。 潁州：治所在今安徽省阜陽市。 大臭：渤海人。本書卷八〇有傳。 陳州：治所在今河南省淮陽縣。 赤盞暉：係遼女真人。本書卷八〇有傳。

［8］岳飛：宋相州湯陰人。時爲宋武勝定國軍節度使、開府儀同三司、湖北京西宣撫使。《宋史》卷三六五有傳。 劉光世：宋保安軍人。時爲少師、護國鎮安保静軍節度使、萬壽觀使、雍國公、三京招撫處置使。《宋史》卷三六九有傳。

［9］亳：州名。治所在今安徽省亳州市。 宿：州名。治所在今安徽省宿州市。

皇統五年，[1]爲行臺參知政事，[2]授世襲猛安，[3]兼合扎謀克。[4]改元帥右監軍，[5]婆速路統軍，[6]歸德軍節度使，[7]累階儀同三司。

［1］皇統：金熙宗年號（1141—1149）。

［2］行臺參知政事：即行臺尚書省參知政事。正三品，下中臺一等。

［3］世襲猛安：女真官名和世襲爵稱。金常把猛安授貴族勛臣，准其世襲，稱世襲猛安。

［4］合扎謀克：即親管謀克。

［5］元帥右監軍：元帥府屬官。正三品。

［6］婆速路：即婆速府路。金初置統軍司，治所在今遼寧省丹東市東北二十里九連城。 統軍：即統軍司統軍使。督領軍馬，鎮攝封陲，分營衛，視察奸。正三品。

［7］歸德軍節度使：置來州。掌鎮撫諸軍防刺，總判本鎮兵馬

之事，兼本州管内觀察使事。從三品。治所在今遼寧省綏中縣境。

其在汴時，嘗取官舍材木，構私第於恩州。至是事覺，法當“議勳”“議親”。[1]海陵嘗在軍中，[2]惡阿魯補，詔曰：“若論勳勞，更有過於此者。況官至一品，足以酬之。國家立法，貴賤一也，豈以親貴而有異也。”遂論死，年五十五。

［1］議勳議親：漢改周減免刑罰的“八辟”，名爲“八議”，後世一直延用到清。“議勛”“議親”爲其二議。阿魯補有功於國，又係宗室，故云法當議勛、議親。

［2］海陵：封號。名亮。1149 年至 1161 年在位。本書卷五有紀。

阿魯補以將家子從征伐，屢立功，歷官有惠愛，得民心。及死，人皆惜之。大定三年，[1]贈儀同三司，詔以其子爲右衛將軍，[2]襲猛安及親管謀克，賜銀五百兩、重綵二十端、絹三百匹。

［1］大定：金世宗年號（1161—1189）。　右衛將軍：即殿前都點檢司的殿前右衛將軍。左右衛將軍及其副將軍，總領護衛，掌宫禁及行從宿衛警嚴。按，本書卷八〇《阿离補傳》謂，大定間定儀同三司阿魯補爲衍慶亞次功臣，本傳從略。

骨赧，冶訶子，善騎射，有材幹。從討桓赧、散達、烏春、窩謀罕、留可之叛，皆有功。[1]從太祖伐遼，骨赧從軍戰寧江州、出河店，[2]破遼主親軍，皆以力戰受賞，襲其父謀克。領秦王宗翰千户，攻下中、西兩京。[3]

[1]桓赧、散達：兄弟二人，爲國相雅達之子，居完顔部邑屯村。本書卷六七有傳。　留可：統門、渾蠢水合流之地烏古論部人。本書卷六七有傳。

[2]寧江州：治所在今何地説法甚多。主要有：大烏拉，即今吉林省永吉縣烏拉街（高士奇《扈從東巡日録》）；厄黑木站，即今吉林省蛟河市天崗（楊賓《柳邊紀略》）；石頭城子，即今吉林省松原市三岔河鄉石頭城子（《吉林通志》卷一一）；吉林省松原市榆樹溝（日本學者池内宏《遼代混同江考》，載《滿鮮史研究》中世第一册）；吉林省松原市小城子或五家站（日本學者三上次男《金史研究》第一册《金代女真社會的研究》）；吉林省松原市伯都訥古城（李健才《東北史地考略》）；吉林省榆樹市大坡古城（紹維、志國《榆樹大坡古城調查——兼論遼寧江州治地望》，《博物館研究》1982年創刊號；張英《遼代寧江州治地望新證》，《長春文物》1982年第2期）。　出河店：地名。金爲肇州。《〈中國歷史地圖集〉釋文匯編·東北卷》謂，在今黑龍江省肇源縣茂興站南吐什吐。李健才《東北史地考略》認爲，舊址在今黑龍江省肇東市八里城。張博泉等《東北歷代疆域史》謂，在今黑龍江省肇源縣望海屯古城址。諸説尚難卒定。

[3]秦王：封國名。天眷格，大國封號第五，大定格，大國封號第四爲秦。　宗翰：本名粘罕，國相撒改長子。本書卷七四有傳。　中京：遼中京。治所在今内蒙古自治區寧城縣西大明城。

宗翰伐宋，圍太原未下，[1]宗翰還西京，骨赧以右翼軍佐銀术可守太原。[2]是時汾州、團柏、榆次、嵐、憲、潞皆有兵來援，[3]骨赧凡四戰，皆破之。大軍圍汴，骨赧引萬户軍，屢敗其援兵。憲、潞等州復叛，骨赧引兵復取之，并收撫保德、火山而還。[4]

[1]太原：府名。治所在今山西省太原市。

[2]銀术可：宗室子。本書卷七二有傳。

[3]汾州：治所在今山西省汾陽縣。　團柏：鎮名。在今山西省太谷縣西境。　榆次：縣名。治所在今山西省晋中市。　嵐：州名。治所在今山西省嵐縣北。　憲：州名。治所在今山西省静樂縣。　潞：州名。治所在今山西省長治市。

[4]保德：軍州名。治所在今山西省保德縣。　火山：軍州名。治所在今山西省河曲縣南境。

後領軍鎮夏邊，[1]在職十二年。天會八年，授世襲猛安。天眷初，[2]爲天德軍節度使，[3]致仕。累遷開府儀同三司，卒，年八十五。子喜哥襲猛安，加宣武將軍。[4]

[1]夏：國名。本名大夏，宋人稱西夏（1038—1227）。

[2]天眷：金熙宗年號（1138—1140）。

[3]天德軍節度使：置豐州，治所在今内蒙古自治區呼和浩特市東南白塔村。

[4]宣武將軍：武散官。從五品下階。

訛古乃，冶訶子，姿質魁偉。年十四，隸秦王宗翰軍中，常領兵行前爲偵候。及大軍襲遼主，訛古乃以甲騎六十，追遼招討徒山，[1]獲之，又以七騎追獲遼公主牙不里以獻。[2]有軍來爲遼援，方臨陣，中有躍馬而出者。軍帥謂之曰："爾能爲我取此乎?"訛古乃曰："諾。"果生擒而還。問其名，曰同瓜，[3]蓋北部中之勇者也。[4]

[1]招討：遼金於沿邊諸路常設有招討司，其官長曰招討使。徒山：人名。本書僅此一見。

[2]遼公主牙不里：遼天祚帝六女之一。

[3]同瓜：人名。本書僅此一見。

[4]北部：遼北府所隸三十二部。

訛古乃善馳驛，日能千里。及伐宋，屢遣將命以行。天會八年，[1]從秦王在燕，聞余睹反於西北，[2]秦王令訛古乃馳驛以往。訛古乃黎明走天德，及至，日未曛也。

[1]天會八年：據本書卷三《太宗紀》與卷一三三《耶律余睹傳》，爲"天會十年"之誤。

[2]余睹：即耶律余睹，遼宗室子。本書卷一三三及《遼史》卷一〇二皆有傳。

皇統元年，以功授寧遠大將軍，[1]豪剌唐古部節度使。[2]五年，授千户。六年，遷西北路招討使。[3]九年，再遷天德尹、西南路招討使。[4]天德二年，[5]召見。四年，遷臨洮尹，[6]加金紫光禄大夫。[7]卒官，年五十三。

[1]寧遠大將軍：武散官。章宗時改爲懷遠大將軍。從四品下階。

［2］豪剌唐古部節度使："豪剌"，中華點校本改作"迭剌"。按，有金一代唐古部族節度使、迭剌部族節度使向來分設，文獻中從未見"迭剌唐古部節度使"職名。《遼史》卷三三《營衛志》有"鶻剌唐古部"，"節度使屬西南面招討司"。疑此處"豪剌唐古部"即《遼史》"鶻剌唐古部"。金初承遼制，設豪剌唐古部節度使。

［3］西北路招討使：招懷降附，征討携離。正三品。署司置桓州，治所在今内蒙古自治區正藍旗南黑城子。後北遷三十里建新桓州城，在今内蒙古自治區正藍旗北四郎城。

［4］天德尹、西南路招討使：金皇統九年（1149）升豐州爲天德總管府，置西南路招討司，以天德尹兼領。治所在今内蒙古自治區呼和浩特市東。

［5］天德：金海陵王年號（1149—1153）。

［6］臨洮：總管府。治所在今甘肅省臨洮縣。

［7］金紫光禄大夫：文散官。正二品上階。

蒲查，自上京梅堅河徙屯天德。[1]初爲元帥府扎也，[2]使於四方稱職，按事能得其實，領猛安。皇統間，除同知開遠軍節度使，[3]斥候嚴整，邊境無事。正隆初，[4]爲中都路兵馬判官。[5]是時，京畿多盗，蒲查捕得大盗四十餘人，百姓稍安。改安化軍節度副使。[6]大定二年，領行軍萬户，充邳州刺史、知軍事，[7]領本州萬户，管所屯九猛安軍。昌武軍節度使，[8]山東副都統。[9]撤改南征，[10]元帥府以蒲查行副統事。[11]入爲太子少詹事。[12]再遷開遠軍節度使，襲伯父骨赧猛安。[13]歷婆速路兵馬都總管，[14]西北路招討使，[15]卒。

蒲查性廉潔忠直，臨事能斷，凡被任使，無不稱云。

[1]梅堅河：今黑龍江省阿城市阿什河上源。

[2]扎也：也作札野，爲軍帥的隨從官員，自太祖至宣宗，僅見有如宗輔、宗弼、婁室、大昊、徒單克寧這樣的高級軍帥，纔可從軍中選出年輕勇健、有才有智的人，作爲自己麾下的扎也。承應諸事，使於四方，深入偵伺，間道救急，隨從攻戰，追襲逃敵，是其職事。雖起身細微，深得賞識。外出爲官，往往可升爲四、五品的防禦使或刺史。舊釋扎也爲奴僕，與本書記載不符。

[3]同知開遠軍節度使：置雲内州。雲内州，《中國歷史地圖集》置於今内蒙古自治區土默特左旗東南。《中國歷史地名大辭典》認爲在今内蒙古自治區托克托縣東北古城鄉白塔村古城（史爲樂《中國歷史地名大辭典》，中國社會科學出版社 2005 年版，第 318 頁）。同知節度使，通判節度使事，正五品。

[4]正隆：金海陵王年號（1156—1161）。

[5]中都路兵馬判官：即中都路兵馬總管府的總管判官。掌紀綱總府衆務，分判兵案之事。從五品。

[6]安化軍節度副使：置密州，治所在今山東省諸城市。節度副使，位在節度使與同知節度使之下，從五品。

[7]邳州：刺史州。治所在今江蘇省邳州市。　刺史：掌同府尹兼治州事。正五品。

[8]昌武軍節度使：置許州。治所在今河南省許昌市。按，"昌武軍節度使"之前應加"歷"字。本書卷九一《完顏撒改傳》，撒改除昌武軍節度使在世宗初，此後歷官山東路元帥副都統，安化軍節度使、兼副都統如故。金大定四年（1164）率軍渡淮伐宋之前，已"徙鎮安武，仍兼副統"。疑此"昌武軍"乃"安武軍"之訛。

[9]山東副都統：大定三年（1163）五月，罷山東統軍司，置都統、副統。

[10]撒改：中華點校本據撒改無南征事，疑"撒改"爲"撒

曷輦”之誤，“撒曷輦”爲金左副元帥紇石烈志寧本名。按，本書卷九一《完顔撒改傳》，“世宗即位，遣使召撒改，既至，除昌武軍節度使。已而爲山東路元帥副都統，改安化軍節度使，兼副都統如故。四年，徙鎮安武，仍兼副統。領山東、大名、東平三路軍八萬餘渡淮，會大軍伐宋”，可知，本條統軍伐宋之“撒改”即卷九一之“完顔撒改”，與紇石烈志寧（撒曷輦）無涉。

［11］蒲查：據上文，蒲查金大定二年（1162）“領行軍萬户，充邳州刺史、知軍事，領本州萬户，管所屯九猛安”。本書卷二五《地理志中》載，邳州在山東西路下。撒改南征時，其兵事屬東平一路節制。蒲查時爲行山東副統事，亦隨軍南下。本書卷八七《紇石烈志寧傳》所載金宋宿州之戰，即有萬户蒲查，可證蒲查時仍以邳州萬户率軍出戰。　行副統事：凡散官高於職事者帶“行”字。

［12］太子少詹事：佐太子詹事總統東宫内外庶務。從四品。

［13］再遷開遠軍節度使，襲伯父骨赧猛安：本書卷五九《宗室表》所載蒲查任官尚有“西南路招討使”，疑此處漏載。

［14］婆速路兵馬都總管：金天德二年（1150），婆速府路置總管府。兵馬都總管，掌統諸城隍兵馬甲仗，總判府事。正三品。

［15］西北路招討使：本書卷五九《宗室表》作“西南路招討使”與此異，應以本傳爲正。施國祁《金史詳校》卷七誤以爲本書卷八〇《阿离補傳》所見穆宗子“濟國公蒲查”即是冶訶孫蒲查。

贊曰：賢石魯與昭祖爲友，歡都事景祖、世祖爲之臣。蓋金自景祖始大，諸部君臣之分始定，故傳異姓之臣，以歡都爲首。冶訶雖宗室，與歡都同功，故列叙焉。

金史　卷六九

列傳第七

太祖諸子

宗雋 本名訛魯觀　宗傑 本名没里野　宗强 本名阿魯　爽 本名阿鄰　可喜　阿瑣　宗敏 本名阿魯補　元[1]

太祖聖穆皇后生景宣帝、豐王烏烈、趙王宗傑。[2]光懿皇后生遼王宗幹。[3]欽憲皇后生宋王宗望、陳王宗雋、瀋王訛魯。[4]宣獻皇后生睿宗、豳王訛魯朵。[5]元妃烏古論氏生梁王宗弼、衛王宗强、蜀王宗敏。[6]崇妃蕭氏生紀王習泥烈、息王寧吉、莒王燕孫。[7]娘子獨奴可生鄴王斡忽。[8]宗幹、宗望、宗弼自有傳。

[1]元：殿本卷目"元"字下有小注"本名常勝"。

[2]太祖：廟號。本名阿骨打，漢名旻。1113 年至 1123 年在位。本書卷二有紀。　聖穆皇后：唐括氏。本書卷六三有傳。　景宣帝：謚號。名宗峻，本名繩果，太祖嫡長子。本書卷一九有紀。

豐王：封國名。天眷格，次國封號，《大金集禮》第二十、本書《百官志》第十八爲豐。　趙王宗傑：趙王，封國名。天眷格，大國封號第十位；大定格，大國封號第八位。宗傑，本名没里野，本卷有傳。

［3］光懿皇后：裴滿氏。本書卷六三有傳。　遼王宗幹：遼王，封國名。天眷格、大定格，大國封號第一均爲遼。宗幹，本名斡本，太祖庶長子，本書卷七六有傳。

［4］欽憲皇后：紇石烈氏。本書卷六三有傳。　宋王宗望：宋王，封國名。天眷格，大國封號第四位；大定格，大國封號第三位。宗望，太祖第二子，本書卷七四有傳。　陳王宗雋：陳王，封國名。天眷格，大國封號第十九位。宗雋，本名訛魯觀，本卷有傳。　瀋王訛魯：瀋王，封國名。天眷格，次國封號，《大金集禮》第九、本書《百官志》第七爲瀋。

［5］宣獻皇后：僕散氏。本書卷六三有傳。　睿宗：廟號。初名宗輔，後名宗堯，本名訛里朵，世宗父。本書卷一九有紀。　豳王：封國名。天眷格，次國封號，《大金集禮》第八、本書《百官志》第六爲豳。

［6］元妃烏古論氏：無傳。　梁王宗弼：梁王，封國名。天眷格，大國封號，《大金集禮》第三、本書《百官志》第二爲梁。宗弼，本名兀术，太祖第四子，本書卷七七有傳。　衛王宗强：衛王，封國名。天眷格，次國封號，《大金集禮》第四、本書《百官志》第三爲衛。宗强，本名阿魯，本卷有傳。　蜀王宗敏：蜀王，封國名。天眷格，次國封號第一位。本書本卷《宗敏傳》與卷五九《宗室表》皆作“曹王”，當以“曹王”爲正。曹，天眷格、大定格、本書《百官志》均列大國封號第二十位。宗敏，本名阿魯補，本卷有傳。

［7］崇妃蕭氏：本書卷六三有傳。　紀王：封國名。大定格，次國封號第十四位。　息王：封國名。天眷格、大定格、本書《百官志》小國封號第九均爲息。　莒王：封國名。天眷格、大定格、

本書《百官志》，小國封號第十均爲莒。

[8]娘子獨奴可：無傳。　鄴王斡忽：鄴王，封國名。天眷格，小國封號第十一位。按，依例，此下當加“景宣、睿宗自有紀”。又，施國祁《金史詳校》卷七謂：“《松漠紀聞》云太祖八子，《神麓記》云九子，皆非也。惟《節要》云三后三妃十六子，是。”

宗雋，本名訛魯觀。[1]天會十四年，[2]爲東京留守。[3]天眷元年，[4]入朝，與左副元帥撻懶建議，[5]以河南、陝西地與宋。[6]俄爲尚書左丞相，[7]加開府儀同三司，[8]兼侍中，[9]封陳王。二年，拜太保，[10]領三省事，[11]進封兖國王，[12]既而以謀反，誅。

[1]本名訛魯觀：《松漠紀聞》誤以爲本名“蒲路虎”。《大金國志》卷二七又誤爲太宗次子。

[2]天會：金太宗及金熙宗初年號（1123—1135，1135—1137）。

[3]東京留守：留守司長官，帶本府尹兼本路兵馬都總管。正三品。東京路遼陽府置東京留守司，治所在今遼寧省遼陽市。

[4]天眷：熙宗年號（1138—1140）。

[5]左副元帥：元帥府副貳。正二品。　撻懶：即完顔昌，穆宗子。本書卷七七有傳。

[6]河南陝西地：指黄河以南，陝原以西，原僞齊劉豫所轄地區。

[7]尚書左丞相：爲宰相，掌丞天子，平章萬機。從一品。

[8]開府儀同三司：文散官。從一品上階。本書卷七六《宗磐傳》稱“既而左副元帥撻懶、東京留守宗雋入朝，宗磐陰相黨與，而宗雋遂爲右丞相，用事”。所稱“右丞相”與此異。

[9]侍中：門下省長官。

[10]太保：三師之一。師範一人，儀刑四海。正一品。

[11]領三省事：總領中書、門下、尚書三省之事。

[12]兖國王：封國名。天眷格，大國封號《大金集禮》第十八、本書《百官志》第十六爲兖。

宗傑，本名没里野。[1]天會五年，薨。天會十三年，謚孝悼。天眷元年，追封越王。[2]以其長子奭爲會寧牧，[3]封鄧王。[4]後爲上京留守，再改燕京、西京。[5]皇統三年，[6]薨。子阿楞、撻楞。[7]海陵爲相，[8]將謀弑立，構而殺之。海陵篡立，并殺宗傑妻。大定間，[9]贈宗傑太師，進封趙王。

[1]宗傑本名没里野：《大金國志》誤以爲"斡离不一名宗傑"。

[2]越王：封國名。天眷格，大國封號《大金集禮》第十一、本書《百官志》第十爲越。

[3]會寧牧：會寧，府名，隸屬上京，治所在今黑龍江省阿城市之白城。京師或陪都的地方最高長官，以親王充任者，唐宋稱爲牧。金初承襲，亦稱上京會寧府的最高長官爲牧。

[4]鄧王：封國名。天眷格，次國封號《大金集禮》第二十二、本書《百官志》第二十爲鄧。

[5]燕京：海陵遷都後改號中都，治所在今北京市。　西京：治所在今山西省大同市。

[6]皇統：金熙宗年號（1141—1149）。

[7]阿楞撻楞：二人名，本書卷四《熙宗紀》與卷五九《宗室表》作阿懶、撻懶。

[8]海陵：封號。名亮，1149年至1161年在位。本書卷五有紀。

[9]大定：金世宗年號（1161—1189）。

宗强，本名阿魯。天眷元年，封紀王。三年，代宗固爲燕京留守，[1]封衛王、太師。皇統二年十月薨。[2]輟朝七日，喪至上京，上親臨哭之慟，仍親視喪事。子阿鄰、可喜、阿瑣。

[1]宗固：本名胡魯，太宗子。本書卷七六有傳。

[2]"封衛王"至"皇統二年十月薨"：本書卷四《熙宗紀》謂，皇統元年（1141）五月太師宗幹薨，六月衛王宗强薨。施國祁《金史詳校》卷七謂，此句當改訂爲"皇統元年五月，拜太師，封衛王，六月薨"。

爽，本名阿鄰。天德三年，[1]授世襲猛安。[2]正隆二年，[3]除横海軍節度使。[4]改安武軍，[5]留京師奉朝請。[6]海陵將伐宋，嚴酒禁，爽坐與其弟阿瑣，及從父兄京、徒單貞會飲，[7]被杖，下遷歸化州刺史，[8]奪猛安。未幾，復除安武軍節度使。

[1]天德：金海陵王年號（1149—1153）。

[2]世襲猛安：女真官名和世襲爵稱。金常把猛安授貴族、功臣，受封者領有猛安的人口和封地，准其世襲，稱世襲猛安。

[3]正隆：金海陵年號（1156—1161）。

[4]横海軍節度使：置滄州，掌鎮撫諸軍防刺、總判本鎮兵馬之事，兼本州管内觀察使事。從三品。治所在今河北省滄州市東南四十里舊州鎮。

[5]安武軍：即安武軍節度使，置冀州，治所在今河北省冀

州市。

［6］京：本名忽魯，宗望子。本書卷七四有傳。

［7］徒單貞：忒黑辟剌人。本名特思。本書卷一三二有傳。

［8］歸化州：大定七年（1167）更爲宣化州，八年復更爲宣德州。治所在今河北省張家口市宣化縣。　刺史：掌同府尹，兼治州事。正五品。

海陵渡淮，分遣使者翦滅宗室，爽憂懼不知所出。會世宗即位東京，[1]宗室璋推爽弟阿瑣行中都留守，[2]遣人報爽。爽棄妻子來奔，與弟忻州刺史可喜，[3]俱至中都。東迎車駕，至梁魚務入見，[4]世宗大悦，即除殿前馬步軍都指揮使。[5]封温王，[6]改祕書監。[7]母憂，尋起復，遷太子太保，[8]進封壽王。[9]

［1］世宗：廟號。名雍，1161年至1189年在位。本書卷六至八有紀。

［2］璋：本名胡麻愈，斡者孫，神土懣子。本書卷六五有傳。行中都留守：散官高於職事者帶“行”字。

［3］忻州：刺史州。治所在今山西省忻州市。

［4］梁魚務：地名。在今遼寧省黑山縣繞陽河站西南古城子村。金毓黻《東北通史》謂：“梁魚務，即在繞陽河岸蓮花泊，尚有古城遺址。”

［5］殿前馬步軍都指揮使：即殿前都點檢司的侍衛親軍都指揮使，一般皆由殿前都點檢兼領。

［6］温王：封國名。大定格，次國封號第三十爲温。

［7］祕書監：著作局、筆硯局、書畫局、司天臺，皆隸秘書監。從三品。

［8］太子太保：東宮宮師府三師之一。掌保護東宮，導以德義。

正二品。三師指太子師、太子太傅、太子太保。

[9]壽王：封國名。大定格、本書《百官志》，次國封號第二十九均爲壽。

頃之，世宗第五女蜀國公主下嫁唐括鼎，[1]賜宴神龍殿，謂爽曰："朕與卿兄弟，在正隆時，朝夕常懼不保，豈意今日賴爾兄弟之福，可以享安樂矣。"爽泣下，頓首謝。未幾，判大宗正事，[2]太子太保如故。

[1]蜀國公主：公主封號。蜀，天眷格，次國封號第一位；大定格，大國封號第十八位。　唐括鼎：上京率河人，唐括德温長子。

[2]判大宗正事：大宗正府長官。以皇族中屬親者充，掌敦睦糾率宗屬，欽奉王命。從一品。

爽有疾，詔除其子符寶祗候思列爲忠順軍節度副使。[1]爽入謝，上曰："朕以卿疾，使卿子遷官，冀卿因喜而愈也。思列年少，未閑政事，[2]卿訓以義方，使有善可稱，別加升擢。"爽疾少間，將從上如涼陘，[3]賜錢千萬，進封英王，[4]轉太子太傅。[5]復世襲猛安，進封榮王，[6]改太子太師。

[1]符寶祗候：隸殿前都點檢司。舊名牌印祗候，金大定二年(1162)改名符寶祗候，後又改名符寶郎。掌御寶及金銀等牌。　思列：本書《宗室表》失載。　忠順軍節度副使：置蔚州，治所在今河北省蔚縣。節度副使，位在節度使與同知節度使之下，從五品。

[2]閑：閑暇。原作“閒”，據中華點校本改。

[3]涼陘：地名。在今河北省沽源縣西南閃電河上源處。

[4]英王：封國名。天眷格，次國封號第二十九位；本書《百官志》，次國封號第二十八位。

[5]太子太傅：東宫師府三師之一。正二品。

[6]榮王：封國名。天眷格，次國封號，《大金集禮》第二十八、本書《百官志》第二十七爲榮。

顯宗長女鄴國公主下嫁烏古論誼，[1]賜宴慶和殿，爽坐西向，迎夕照，面發赤似醉。上問曰："卿醉邪？"對曰："未也，臣面迎日色，非酒紅也。"上悦，顧群臣曰："此弟出言，未嘗不實，自小如此。"因謂顯宗兄弟曰："汝等可以爲法。"以爽貲用有闕，特賜錢一萬貫。二十三年，爽疾久不愈，勑有司曰："榮王告滿百日，[2]當給以王俸。"

[1]顯宗：廟號。名允恭，世宗第二子，章宗父。本書卷一九有紀。　鄴國公主：公主封號。時爲廣平郡主，章宗即位進封鄴國公主。天眷格、大定格、明昌格（本書《百官志》），小國封號第十一均爲鄴。　烏古論誼：烏古論元忠子。本書卷一二〇有傳。

[2]告：休假。此句謂，爽病假滿百日，雖不能支取太子太師俸，仍當給榮王俸。

既薨，上悼痛，輟朝，遣官致祭，賻銀千兩、重綵四十端、絹四百匹。陪葬山陵，親王、百官送葬。他日，謂大臣曰："榮王之葬，朕以不果親送爲恨。"其見友愛如此。

可喜，以宗室子，[1]累官唐括部族節度使，[2]降忻州刺史。海陵遣使殺之，[3]可喜聞世宗即位，即棄州來歸，與其兄歸化州刺史阿鄰會于中都。[4]是時，弟阿瑣權中都留守事，可喜謂阿鄰曰："阿瑣愚戇，恐不能撫治，欲少留以助之。"阿鄰迺行。可喜留中都，聞世宗發東京，迺迎見于麻吉鋪。[5]除兵部尚書，[6]佩金牌，將兵往南京。[7]行至中都，聞南京已定，遂止。

[1]以宗室子：施國祁《金史詳校》卷七謂，此四字當削。

[2]唐括部族節度使："唐括部族"亦作"唐古部族"，金承安三年（1198）改爲部羅火扎石合節度使，屬西京路部族節度使。

[3]海陵遣使殺之：施國祁《金史詳校》卷七謂，海陵下當加"將"字。

[4]歸化州刺史阿鄰：阿鄰，即其兄爽。本卷《爽傳》云"未幾，復除安武軍節度使"，世宗即位後不當仍稱"歸化州刺史"。

[5]麻吉鋪：地名。又作麻吉步部，在今遼寧省錦州市與葫蘆島市之間。

[6]兵部尚書：兵部長官。正三品。

[7]南京：金初曰汴京，貞元元年（1153）更號南京。治所在今河南省開封市。

可喜材武過人，狠戾好亂，自以太祖孫，頗有異志。世宗初至中都，倥傯多事，扈從諸軍未暇行賞，或有怨言。昭武大將軍斡論，[1]正隆末，被詔佩金牌，取河南兵四百人，監完顔轂英軍于歸化，[2]次彰德。[3]會獨吉和尚持大定赦文至。[4]和尚使人招之，斡論不聽，率兵來迎，和尚亦以所將蒲輦兵，[5]列陣待之。斡論兵皆不肯戰，遂請降。和尚邀之入相州，收其甲兵，置酒相勞，斡論托腹疾，不肯飲。至夜，已張燈，時時出門，與其心腹密謀，欲就執和尚。稍具弓矢，和尚覺之，佯爲不知，使其從者迫而伺之，斡論不得發。上至中都近郊，斡論上謁，上亦撫慰之。斡論自慊，初無降志。及河南統軍司令史斡里朵，[6]爲人狡險，憙圖事，[7]斡論取兵于河南統軍使陁滿訛里也，[8]斡里朵與俱來，俱不自安。[9]同知延安尹李惟忠，[10]與熙宗弑逆，[11]構殺韓王亨，[12]世宗疏斥之。同知中都留守璋，[13]初自領其職，因而授之。完顔布輝爲副統，[14]以罪解職，居京師。於是可喜、斡論、李惟忠、斡里朵、璋、布輝謀，欲因扈從軍士怨望作亂。斡論曰："押軍猛安沃窟剌，[15]必不違我。"惟忠曰："惟忠嘗爲神翼軍總管，[16]有兩銀牌尚在，可以矯發内藏賞士。萬户高松與我舊，[17]必見聽。"衆曰："若得此軍，舉事無難矣。"斡論往約沃窟剌，沃窟剌從之。惟忠往説高松，高松不聽，語在《松傳》。

［1］昭武大將軍斡論：本書卷六六《布輝傳》作昭毅大將軍斡論，與此異。昭武大將軍，武散官，正四品上階。昭毅大將軍，正四品中階。

［2］完顔彀英：本名撻懶。本書卷七二有傳。

［3］彰德：宋相州彰德軍節度，金天會七年（1129）仍置彰德軍節度，明昌三年（1192）升爲府。治所在今河南省安陽市。

［4］獨吉和尚：獨吉義之子。大定初，佩金牌，"持詔書宣諭中都以南州郡"。見本書卷八六《獨吉義傳》。

［5］蒲輦：即蒲里衍，謀克之副，又稱牌子頭。一蒲輦領有五十正兵。

[6]河南統軍司令史：亦稱書史，掌行署文牘，上名監印。河南統軍司，置南京，治所在今河南省開封市。　斡里朵：人名。僅見於本傳。

[7]憙：同“喜”，喜歡。

[8]統軍使：督領軍馬，鎮攝封陲，分營衛，視察奸。正三品。　陁滿訛里也：咸平路窟吐忽河人。本書卷八二有傳。

[9]俱不自安：施國祁《金史詳校》卷七謂，此傳叙事無法。“俱不自安”四字，當改入“居京師”文下。

[10]同知延安尹：延安，府名，治所在今陝西省延安市。諸府同知，爲府尹佐貳，正四品。　李惟忠：本名李老僧，海陵賜名惟忠。本書卷一三二有傳。

[11]熙宗：廟號。名亶。1135年至1149年在位。本書卷四有紀。

[12]韓王亨：韓王，封國名。天眷格，次國封號，《大金集禮》第六、本書《百官志》第四爲韓。亨，宗弼子，本書卷七七有傳。

[13]同知中都留守：帶同知本府尹兼本路兵馬都總管。正四品。　璋：神土懣子。本書卷六五有傳。

[14]完顔布輝：始祖兄苗裔合住之後。本書卷六六有傳。　副統：此指世宗自東京赴中都的先行軍副統。

[15]押軍猛安：女真官名。“押軍”即“統押軍兵”或“管押軍兵”的簡稱。押軍猛安與世襲猛安有别，是作爲戰時或邊防軍事組織猛安軍的長官。　沃窟剌：人名。僅見本傳。

[16]神翼軍總管：海陵南伐，將三十二軍，神翼軍爲其一。軍各置都總管、副總管及巡察使、副各一員。

[17]萬户：全稱爲管押東京路渤海萬户。　高松：澄州析木渤海人。本名檀朵。本書卷八二有傳。

大定二年正月甲戌，上謁山陵，可喜中道稱疾而歸。乙亥夜，召斡論、惟忠、斡里朵、璋、布輝會其家，沃窟剌以兵赴之。璋曰："今不得高松軍，事不可成矣。"可喜、璋、布輝乃擒斡論、惟忠、斡里朵、沃窟剌，詣有司自首。既下詔獄，可喜不肯自言其始謀，及與斡論面質，然後款伏。上念兄弟少，太祖孫惟數人在，惻然傷之。詔罪止可喜一身，其兄弟子孫皆不緣坐。遂誅斡論、惟忠、斡里朵、沃窟剌等，其沃窟剌下謀克、士卒皆釋之。[1]除璋彰化軍節度使，[2]布輝濬州防禦使。[3]辛巳，詔天下。是日，賜扈從萬户銀百兩，猛安五十兩，謀克絹十匹，甲士絹五匹、錢六貫，[4]阿里喜以下賜各有差。[5]

[1]謀克：此指女真人地方軍政長官。女真地方行政組織，以三百户爲一謀克，軍事編制以一百人爲一謀克。長官均稱謀克，也稱百夫長。

[2]彰化軍節度使：置涇州。治所在今甘肅省涇川縣。

[3]濬州：防禦州。治所在今河南省濬縣。　防禦使：掌防捍不虞，禦制盗賊，餘同府尹。從四品。

[4]甲士：此指猛安謀克軍中作戰的正卒士兵。

[5]阿里喜以下：指謀克軍中的阿里喜、旗鼓、吹笛、本司火頭人等。阿里喜，士卒之副從。

阿瑣，[1]宗强之幼子也。長身多力。天德二年，以宗室子，[2]授奉國上將軍，[3]累加金吾衛上將軍，[4]居於中都。

[1]阿瑣：本書卷五《海陵紀》及卷一三二《徒單貞傳》，作“阿速”。

[2]以宗室子：施國祁《金史詳校》卷七謂，此四字當削。

[3]奉國上將軍：武散官。從三品上階。

[4]金吾衛上將軍：武散官。正三品中階。

海陵伐宋，以左衛將軍蒲察沙离只同知中都留守事，[1]佩金牌，守管籥。[2]世宗即位東京，阿瑣與璋率守城軍官烏林荅石家奴等，[3]入留守府，殺沙离只、府判抹撚撒离喝。[4]衆以阿瑣行留守事，璋自署同知留守事，即遣謀克石家奴、烏林荅愿、蒲察蒲査、大興少尹李天吉子磐等，[5]奉表東京。

[1]左衛將軍：即殿前都點檢司的殿前左衛將軍。左右衛將軍及左右衛副將軍，掌宫禁及行從宿衛警嚴，仍總領護衛。　蒲察沙离只：女真人。海陵親信。

[2]籥：同“鑰”，鎖鑰。

[3]烏林荅石家奴：即謀克石家奴，與本書卷一〇二《田琢傳》所見福山縣令烏林荅石家奴，當爲兩人。

[4]府判：即大興府中都留守司府判，又稱判官。　抹撚撒离喝：即本書卷六五《璋傳》所見的判官漫撚撒离喝。

[5]烏林荅愿：嘗於金明昌六年（1195），以尚書左丞爲平章政事。　蒲察蒲査：金大定初年，嘗以濰州刺史爲博州防禦使。　大興少尹：少尹，位在尹、同知下，掌通判府事，正五品。大興，即大興府，治所在今北京市。　李天吉：金大定十八年（1178），嘗爲震武軍節度使。　磐：李磐嘗於大定二十六年，以客省使爲横賜高麗使。

大定二年，授横海軍節度使，賜以名鷹，詔曰："卿方年少，宜自戒慎，留心政事。"改武定軍，[1]以母憂去官。起復興平軍節度使，[2]賜以襲衣廐馬。遷廣寧尹，[3]坐贓一萬四千餘貫，詔杖八十，削兩階，[4]解職。入見于常武殿，[5]上曰："朕謂汝有才力，使之臨民。今汝在法當死，朕以親親之故，曲爲全貸。當思自今戒懼，勿復使惡聲達于朕聽。"改平涼、濟南尹。[6]卒官，年三十七。上命有司致祭，賻銀千兩、重綵四十端、絹四百匹。

[1]武定軍：即武定軍節度使，置奉聖州，金大安元年（1209）升爲府，名德興。治所在今河北省涿鹿縣。

[2]興平軍節度使：置平州，治所在今河北省盧龍縣。

[3]廣寧尹：府尹，府長官，掌宣風導俗，肅清所部，總判府事。正三品。廣寧，府名，治所在今遼寧省北寧市。

[4]兩階：金代文武散官共分九品四十二階。

[5]常武殿：中都宫室有常武殿，爲擊球、習射之所。

[6]平涼：府名。治所在今甘肅省平涼市。　濟南：府名。治所在今山東省濟南市。

宗敏，本名阿魯補。天眷元年，封邢王。[1]皇統三年，爲東京留守，拜左副元帥，兼會寧牧。進拜都元帥，[2]兼判大宗正事。再進太保，領三省事，兼左副元帥，領行臺尚書省事，[3]封曹國王。

[1]邢王：封國名。天眷格，次國封號，《大金集禮》第十八、本書《百官志》第十六爲邢。

[2]都元師：都元帥府長官。從一品。

[3]行臺尚書省：官署名。金天眷三年（1140）復移置於汴京，金皇統二年（1142）定行臺官品皆下中臺一等。本書卷五九《宗室表》稱宗敏“左丞相曹王”，與此異。

海陵謀弑立，畏宗敏屬尊且材勇，欲構誣以除之。時熙宗屢殺大臣，宗敏憂之，謂海陵曰：“主上喜殘殺，而國家事重，奈何？”宗敏言時，適左右無人，海陵將以此爲指并構害之，自念無證不可發，乃止。及弑熙宗，使葛王召宗敏。葛王者，世宗初封也。宗敏聞海陵召，疑懼不敢往，葛王曰：“叔父今不即往，至明日，如何與之相見。”宗敏入宫，海陵欲殺之，尚猶豫，以問左右。烏帶曰：[1]“彼太祖子也，不殺之，衆人必有異議，不如除之。”乃使僕散忽土殺之，[2]忽土刃擊宗敏，宗敏左右走避，膚髮血肉，狼藉徧地。葛王見殺宗敏，問於衆曰：“國王何罪而死？”烏帶曰：“天許大事，尚已行之，此蟣虱耳，何足道者。”天德三年，海陵追封宗敏爲太師，進封爵。妃蒲察氏，[3]進國號。封子撒合輦舒國公，[4]賜名褒，進封王；阿里罕封密國公。[5]正隆六年，契丹撒八反，[6]海陵遣使殺諸宗室，阿里罕遂見殺。[7]大定間，詔復官爵。

[1]烏帶：女真人。漢名言，行臺左丞相阿魯補子。本書卷一三二有傳。

[2]僕散忽土：上京老海達葛人。即僕散師恭，時爲護衛十人長，當内值。本書卷一三二有傳。

[3]妃蒲察氏：即見於本書卷六三《海陵諸嬖傳》的昭妃阿懶。

[4]舒國公：封國名。天眷格、大定格、本書《百官志》，均列小國封號第十三位。

[5]密國公：封國名。天眷格、大定格、本書《百官志》，均列小國封號第二十二位。

[6]撒八：契丹人。西北路招討司譯史，海陵征諸道兵伐宋，撒八與部衆遂殺招討使反。

[7]阿里罕遂見殺：時在金正隆六年（1161），而撒八反，則在正隆五年。

胙王元，景宣皇帝宗峻子也，本名常勝，爲北京留守。[1]弟查剌爲安武軍節度使。[2]

[1]北京：金天眷元年（1138）改遼上京爲北京，治所在今内蒙古自治區巴林左旗林東鎮南波羅城。海陵貞元元年（1153）又改原遼中京大定府爲北京，治所在今内蒙古自治區寧城縣西大明城。此處北京當指原遼上京臨潢府。

[2]查剌：宗峻幼子。

皇統七年四月戊午，左副點檢蒲察阿虎特子尚主，[1]進禮物，賜宴便殿。熙宗被酒，酌酒賜元，元不能飲。上怒，仗劍逼之，元逃去。命左丞宗憲召元，[2]宗憲與元俱去。上益怒。是時户部尚書宗禮在側，[3]使之跪，手殺之。

[1]左副點檢：即殿前左副都點檢，兼侍衛親軍副都指揮使。

從三品。　蒲察阿虎特：即蒲察阿虎迭。本書卷一二〇有傳。　子尚主：指其子蒲察鼎壽，尚熙宗女鄭國公主。見本書卷一二〇《蒲察鼎壽傳》。

[2]左丞：執政官。爲宰相之貳，佐治省事。正二品。　宗憲：撒改子。本書卷七〇有傳。

[3]户部尚書：户部長官。正三品。　宗禮：宗室子，不知所出。金皇統三年（1143），嘗以太府監爲册命使，出使高麗。見於《高麗史》卷一七。

海陵與唐括辯謀廢立，[1]海陵曰："若舉大事，誰當立者。"海陵意謂己迺太祖長房之孫，當立。而辯與秉德初意不在海陵，[2]常勝迺熙宗之弟，辯答曰："無胙王常勝乎。"海陵復問其次，辯曰："鄧王子阿楞。"海陵曰："阿楞屬踈。"由是海陵謂胙王有人望，[3]不除之將不得立，故心忌常勝并阿楞。是時，阿楞方爲奉國上將軍。

[1]唐括辯：女真人。本書卷一三二有傳。

[2]秉德：宗翰孫。本書卷一三二有傳。

[3]胙王有人望：原脱"王"字，從中華點校本補"王"字。

河南軍士孫進自稱"皇弟按察大王"，熙宗疑"皇弟"二字或在常勝也，使特思鞫之，[1]無狀。特思乃嘗疑海陵與唐括辯時時竊議，告之悼后者。[2]海陵知熙宗有疑常勝心，因此可以除之，謂熙宗曰："孫進反有端，不稱他人，迺稱皇弟大王。陛下弟止有常勝、查剌。特思鞫不以實，故出之矣。"熙宗以爲然，使唐括辯、蕭肆按問特思。[3]特思自誣服故出常勝罪。於是，迺殺常勝及其弟查剌，并殺特思。海陵乘此并擠阿楞殺之。阿楞弟撻楞，熙宗本無意殺之，海陵曰："其兄既已伏誅，其弟安得獨存。"又殺之。熙宗以海陵爲忠，愈益任之，而不知其詐也。

[1]特思：人名。熙宗殿前左衛將軍。

[2]悼后：即熙宗悼平皇后裴滿氏。本書卷六三有傳。

[3]蕭肆：奚人。本書卷一二九有傳。

海陵篡立，追封常勝、查剌、阿楞官爵，親臨葬所致祭。大定十三年六月丁巳，世宗召皇太子諸王，侍食于清輝殿，曰："或稱海陵多能，何也。海陵譎詐，睢盱殺人，[1]空虛天下三分之二。[2]太祖諸孫中，惟胙王元天性賢者也。"

[1]睢盱：横暴。

[2]空虛天下三分之二：謂天下三分之二的人，都被弄得窮困匱乏。

元子育，本名合住，大定二十七年，自南京副留守遷大宗正丞，[1]兼勸農副使。[2]上問宰臣曰："合住爲人如何?"平章政事襄、參政宗浩對曰：[3]"爲人清廉幹治。"上曰："乃父亦然。"又曰："蒲陽温胙王元，[4]外若愚訥，臨事明敏過人。朕於兄弟間，於元尤款密。"

［1］副留守：帶本府少尹兼本路兵馬副都總管。從四品。　大宗正丞：兩員，一員於宗室内選能幹者充任。從四品。

［2］勸農副使：與勸農使掌勸課天下力田之事，正五品。

［3］平章政事：爲宰相，掌丞天子，平章萬機。從一品。　襄：昭祖五世孫。本書卷九一有傳。　參政：即參知政事。執政官，爲宰相之貳，佐治省事。從二品。　宗浩：昭祖四世孫。本書卷九三有傳。

［4］蒲陽温：《金國語解》謂，"蒲陽温曰幼子"。本書卷六八《歡都傳》則謂，"蒲陽温者，漢語云幼弟也"。世宗烏禄與胙王元爲從兄弟，此指幼弟。女真人有"幼子守灶"之習，人愛其幼弟幼子。以此，既可稱其幼子，也可稱其幼弟。

贊曰：太祖躬擐甲胄，以定國家，舉無遺策，而諸子勇略材識，足以遂父之志。傳及太宗，而諸孫享其成矣。

金史　卷七〇

列傳第八

撒改　宗憲 本名阿懶　習不失　宗亨 本名撻不也[1]　宗賢 本名賽里　石土門　忠 本名迪古迺　習室　思敬 本名撒改

撒改者，景祖孫，[2]韓國公劾者之長子，[3]世祖之兄子也。[4]劾者於次最長。景祖方計定諸部，[5]愛世祖膽勇材略。及諸子長，國俗當異宮居，而命劾者與世祖同邸，劾者專治家務，世祖主外事。[6]世祖襲節度使，[7]越劾孫而傳肅宗、穆宗，[8]皆景祖志也。穆宗初襲位，念劾者長兄不得立，遂命撒改爲國相。[9]

[1]撻不也："撻"，原作"塔"，據殿本、局本、中華點校本及本卷傳文統一。

[2]景祖：廟號。名烏古迺。本書卷一有紀。

[3]韓國公：封國名。天眷格，次國封號《大金集禮》第六、本書《百官志》第四爲韓。

[4]世祖：廟號。名劾里鉢。1074 年至 1092 年在位。本書卷一有紀。

［5］方計定諸部：中華點校本謂，“計”，《永樂大典》卷六七六四引文作“討”。

［6］刻者專治家務，世祖主外事：本書卷一《世紀》謂，景祖曰，“刻者柔和，可治家務。刻里鉢有器量智識，何事不成”。

［7］節度使：此指生女真部族節度使。

［8］肅宗：廟號。名頗刺淑。1092 年至 1094 年在位。本書卷一有紀。　穆宗：廟號。名盈歌。1094 年至 1103 年在位。本書卷一有紀。

［9］國相：生女真部族節度使的“匡輔”，直譯爲“衆部長”。

穆宗履藉父兄趾業，鋤除强梗不服己者。使撒改取馬紀嶺道攻阿踈。[1]穆宗自將，期阿踈城下會軍。撒改行次阿不塞水，[2]烏延部斜勒勃堇來謁，[3]謂撒改曰：“聞國相將與太師會軍阿踈城下，此爲深入必取之策。宜先撫定潺蠢、星顯之路，[4]落其黨附，奪其民人，然後合軍未晚也。”撒改從之，攻鈍恩城，[5]請濟師，穆宗與之。撒改遂攻下鈍恩城，而與穆宗來會阿踈城下。鈍恩在南，阿踈在北，穆宗初遣撒改分道，即會攻阿踈，聞其用斜勒計，先取鈍恩城，與初議不合，頗不然之。及遼使來止勿攻阿踈，然後深以先取鈍恩城爲功也。及以國相都統討留可、詐都、塢塔等軍，[6]而阿踈亡入于遼，終不敢歸，留可、詐都、塢塔、鈍恩皆降。

［1］馬紀嶺：今黑龍江省五常市南及吉林舒蘭、蛟河市境之老爺嶺。　阿踈：星顯水紇石烈部人。本書卷六七有傳。其城亦稱阿踈城，在今吉林省延吉市布爾哈通河附近。

［2］阿不塞水：亦作阿跋斯水或阿不辛河，今吉林省敦化市北

的勒福成河。

[3]斜勒：達紀保子，即本書卷六七《留可傳》所見的斜勒勃堇。　勃堇：部長稱勃堇。

[4]潺蠢：地區名。在潺蠢水，今吉林省汪清縣與圖們市境内的嘎呀河。　星顯：地區名。在星顯水，今吉林省延吉市布爾哈通河。

[5]鈍恩：阿里民忒石水紇石烈部人。本書卷六七有傳。其城，在今吉林省延吉市西南卡興洞。

[6]以國相都統：都統，行軍作戰諸軍的統帥。"以國相都統"，即以國相爲諸軍統帥。　留可：統門、渾蠢水合流之地烏古論部人。本書卷六七有傳。其城在今吉林省琿春市。　詐都：渾春水徒單部安春之子。　塢塔：人名。其城在今吉林省琿春市西北的密江村。又是部名，或寫作"兀里坦"。

康宗没，[1]太祖稱都勃極烈，[2]與撒改分治諸部，[3]匹脱水以北太祖統之，[4]來流水人民撒改統之。[5]明年甲午，嗣節度命方至。

[1]康宗：廟號。名烏雅束。1103年至1113年在位。本書卷一有紀。　没：與"殁"通。

[2]太祖：廟號。名阿骨打，漢名旻。1113年至1123年在位。本書卷一有紀。　都勃極烈：女真官名。《金國語解》謂："總治官名，猶漢云冢宰。"

[3]分治諸部：指分治安出虎水完顔本部以外的諸部，即本書卷六七《烏春傳》所云"來流水以南，匹古敦水以北"的諸部。

[4]匹脱水：亦作匹古敦水，今黑龍江省蜚克圖河。

[5]來流水：今西流松花江的支流拉林河。

遼主荒于遊畋,[1]政事怠廢。太祖知遼可伐，遂起兵。九月，與遼人戰于界上，獲謝十。[2]太祖使告克于撒改，賜以所獲謝十乘馬。撒改及將士皆歡呼曰："義兵始至遼界，一戰而勝，滅遼必自此始矣。"遣子宗翰及完顏希尹來賀捷,[3]因勸進，太祖未之從也。十月，師克寧江州,[4]破遼師十萬于鴨子河,[5]師還。十二月，太宗及撒改、辭不失率諸將復勸進。[6]收國元年正月朔,[7]太祖即位，撒改行國相如故。伐遼之計決於迪古迺,[8]贊成大計實自撒改啓之。撒改自以宗室近屬，且長房，繼肅宗爲國相，既貴且重，故身任大計，贊成如此，諸人莫之或先也。

[1]遼主：指遼天祚帝耶律延禧。1101 年至 1125 年在位。

[2]謝十：契丹人。即遼將耶律謝十。

[3]宗翰：撒改長子。本書卷七四有傳。　完顏希尹：歡都子。本書卷七三有傳。

[4]寧江州：治所在今何地説法甚多。主要有：大烏拉，即今吉林省永吉縣烏拉街（高士奇《扈從東巡日録》）；厄黑木站，即今吉林省蛟河市天崗（楊賓《柳邊紀略》）；石頭城子，即今吉林省松原市三岔河鄉石頭城子（《吉林通志》卷一一）；吉林省松原市榆樹溝（日本學者池内宏《遼代混同江考》，載《滿鮮史研究》中世第一册）；吉林省松原市小城子或五家站（日本學者三上次男《金史研究》第一册《金代女真社會的研究》）；吉林省松原市伯都訥古城（李健才《東北史地考略》）；吉林省榆樹市大坡古城（紹維、志國《榆樹大坡古城調查——兼論遼寧江州治地望》，《博物館研究》1982 年創刊號；張英《遼代寧江州治地望新證》，《長春文物》1982 年第 2 期）。

[5]鴨子河：《〈中國歷史地圖集〉釋文匯編·東北卷》謂，今松花江自陶賴昭至肇東市南一段，及嫩江與洮兒河合流以下一段。李健才《東北史地考略》謂，即今第一松花江的西段。或謂今嫩江。其説不一。

[6]太宗：廟號。名吴乞買。1123年至1135年在位。本書卷三有紀。　辭不失：亦作習不失，烏骨出次子。本卷有傳。

[7]收國：金太祖年號（1115—1116）。

[8]迪古迺：即完顔忠，石土門之弟。本卷有傳。

太祖即位後，群臣奏事，撒改等前跪，上起，泣止之曰："今日成功，皆諸君協輔之力，吾雖處大位，未易改舊俗也。"[1]撒改等感激，再拜謝。凡臣下宴集，太祖嘗赴之，主人拜，上亦荅拜。天輔後，[2]始正君臣之禮焉。七月，太宗爲諳版勃極烈，[3]撒改國論勃極烈，[4]辭不失阿買勃極烈，[5]杲國論昃勃極烈。[6]勃極烈，女直之尊官也。太祖自正位號，[7]凡半歲，未聞有封拜。太宗介弟，優禮絶等，杲，母弟之最幼者，撒改、辭不失以宗室，同封拜。九月，加國論胡魯勃極烈。[8]天輔五年，薨。太祖往弔，乘白馬，剺額哭之慟。[9]及葬，復親臨之，賵以所御馬。

[1]未易改舊俗：《三朝北盟會編》卷一六六引《金虜節要》謂："蓋女真初起，阿骨打之徒爲君也，粘罕之徒爲臣也。雖有君臣之稱，而無尊卑之别。"

[2]天輔：金太祖年號（1117—1123）。

[3]諳版勃極烈：女真朝官名。居守，貳國政，後爲國初儲嗣的專稱，直譯爲"大勃極烈"。

［4］國論勃極烈：女真朝官名。即所謂國相，直譯爲“國勃極烈”。

［5］阿買勃極烈：女真朝官名。治城邑，直譯爲“第一勃極烈”。

［6］杲：本名斜也，太祖母弟。本書卷七六有傳。　國論昃勃極烈：女真朝官名。陰陽之官，直譯爲“國之第二勃極烈”。

［7］正位號：指天輔元年（1117）正月，太祖稱“大聖皇帝”，始正君臣之禮。

［8］國論胡魯勃極烈：女真朝官名。統數部者曰忽魯，國論忽魯勃極烈，國之統領官的稱號。

［9］剺額哭之慟：用刀劃謂剺。古代北方民族，遇大難大憂，多有剺面慟哭之俗。

撒改爲人，敦厚多智，長于用人，家居純儉，好稼穡。自始爲國相，能馴服諸部，訟獄得其情，當時有言：“不見國相，事何從决。”及舉兵伐遼，撒改每以宗臣爲内外倚重，不以戰多爲其功也。天會十五年，[1]追封燕國王。[2]正隆降封陳國公。[3]大定三年，[4]改贈金源郡王，[5]配饗太祖廟廷，謚忠毅。十五年，詔圖像于衍慶宫。[6]子宗翰、宗憲。[7]宗翰别有傳。

［1］天會：金太宗及金熙宗初年號（1123—1135，1135—1137）。

［2］燕國王：封國名。天眷格，大國封號第二爲燕。按，本書卷三一《禮志四》功臣配享條謂，天德二年（1150），詔以撒改東向配太祖位，本傳從略。施國祁《金史詳校》卷七謂，此下當加“天德二年配享太祖廟廷”。

[3]正隆：海陵年號（1156—1161）。　陳國公：封國名。從一品曰國公。天眷格、大定格，大國封號第十九爲陳。

[4]大定：世宗年號（1161—1189）。

[5]金源郡王：封王之郡號，第一爲金源郡王。

[6]十五年詔圖像于衍慶宫：本書卷三一《禮志四》功臣配享條謂："八年，上命圖畫功臣於太祖廟，有司第祖宗佐命之臣，勳績之大小，官資之崇卑，以次上聞。"　衍慶宫：燕京所建太祖原廟，金天德四年（1152）名其宫曰衍慶。

[7]子宗翰、宗憲：據本書卷七四《宗翰傳》與卷五九《宗室表》，宗翰有弟名扎保迪。施國祁《金史詳校》卷七謂，此句之下當加"扎保迪"。

宗憲本名阿懶。[1]頒行女直字書，[2]年十六，選入學。太宗幸學，宗憲與諸生俱謁，宗憲進止恂雅，太宗召至前，令誦所習，語音清亮，善應對。侍臣奏曰："此左副元帥宗翰弟也。"[3]上嗟賞久之。兼通契丹、漢字。未冠，從宗翰伐宋，汴京破，[4]衆人争趨府庫取財物，宗憲獨載圖書以歸。朝廷議制度禮樂，往往因仍遼舊，宗憲曰："方今奄有遼、宋，當遠引前古，因時制宜，成一代之法，何乃近取遼人制度哉。"希尹曰："而意甚與我合。"[5]由是器重之。

[1]宗憲本名阿懶：《松漠紀聞》，粘罕"庶弟名宗憲，字吉甫，好讀書，甚賢"。

[2]女直字書：指天輔三年（1119）八月，太祖所頒行的，完顔希尹依仿漢人楷字因契丹字制度合本國語，所制的女真大字字書。

［3］左副元帥：都元帥府都元帥佐貳。正二品。

［4］汴京：宋京師東京開封府，金初名汴京，金貞元元年（1153）更號南京。治所在今河南省開封市。

［5］而意甚與我合：施國祁《金史詳校》卷七稱“而”當作“爾”。“而”與“爾”通，第二人稱代詞。

撻懶、宗雋唱議以齊地與宋，[1]宗憲廷争折之。當時不用其言，其後宗弼復取河南、陝西地，[2]如宗憲策。以捕宗磐、宗雋功，授昭武大將軍。[3]修國史，[4]累官尚書左丞。[5]熙宗從容謂之曰：[6]“嚮以河南、陝西地與宋人，卿以爲不當與，今復取之，是猶用卿言也。卿識慮深遠，自今以往，其盡言無隱。”宗憲拜謝，遂攝門下侍郎。[7]

［1］撻懶：即完顔昌，穆宗子。本書卷七七有傳。　宗雋：太祖子。本書卷六九有傳。　唱：與“倡”通。　齊地：指劉豫所據河南、陝西地。

［2］宗弼：本名兀术，太祖第四子。本書卷七七有傳。

［3］宗磐：太宗長子。本書卷七六有傳。　昭武大將軍：武散官。正四品上階。

［4］修國史：掌修國史，判國史院事。

［5］尚書左丞：執政官。爲宰相之貳，佐治省事。正二品。

［6］熙宗：廟號。名亶。1135 年至 1149 年在位。本書卷四有紀。

［7］門下侍郎：門下省長官侍中佐貳。

初，熙宗以疑似殺左丞相希尹，[1]久之，察其無罪，深閔惜之，謂宗憲曰："希尹有大功于國，無罪而死。朕將録用其孫，如之何?"宗憲對曰："陛下深念希尹，録用其孫，幸甚。若不先明死者無罪，生者何由得仕。"上曰："卿言是也。"即日復希尹官爵，用其孫守道爲應奉翰林文字。[2]皇統五年，[3]將肆赦，議覃恩止及女直人。宗憲奏曰："莫非王臣，慶幸豈可有間邪。"遂改其文，使均被焉。轉行臺平章政事。[4]天德初，[5]爲中京留守、安武軍節度使，[6]封河内郡王。[7]改太原尹，[8]進封鉅鹿郡王。[9]正隆例奪王爵，再遷震武、武定軍節度使。[10]

[1]左丞相：爲宰相，掌丞天子，平章萬機。左右丞相及平章政事，皆從一品。

[2]守道：本書卷八八有傳。　應奉翰林文字：翰林學士院屬員。從七品。

[3]皇統：熙宗年號（1141—1149）。

[4]行臺平章政事：行臺尚書省官員。官品下中臺一等。

[5]天德：金海陵王年號（1149—1153）。

[6]中京：遼中京，金初因之，貞元元年（1153）更名北京。治所在今内蒙古自治區寧城縣大明城。　留守：帶本府尹，兼本路兵馬都總管。正三品。　安武軍節度使：安武軍，置冀州，治所在今河北省冀州市。節度使掌鎮撫諸軍防刺，總判本鎮兵馬之事，兼本州管内觀察使事。從三品。

[7]河内郡王：明昌前郡王封號。正一品。

[8]太原尹：掌宣風導俗，肅清所部，總判府事。正三品。太原，府名，治所在今山西省太原市。

[9]鉅鹿郡王：明昌前郡王封號。正一品。

［10］震武軍節度使：置代州，治所在今山西省代縣。　武定軍節度使：置奉聖州，金大安元年（1209）升爲府，名德興。治所在今河北省涿鹿縣。

世宗即位，[1]遣使召之，詔曰："叔若能來，宜速至此。若爲紇石烈志寧、白彦敬所遏，[2]亦不煩叔憂。"宗憲聞世宗即位，先已棄官來歸，與使者遇於中都，[3]遂見上于小遼口，[4]除中都留守，即遣赴任。詔與元帥完顔榖英同議軍事。[5]明年，改西京留守。[6]八月，改南京。僕散忠義自行臺朝京師，[7]宗憲攝行臺尚書省事。召爲太子太師，[8]上謂宗憲曰："卿年老舊人，更事多矣，皇太子年尚少，謹訓導之。"俄拜平章政事，太子太師如故。詔以《太祖實録》賜宗憲及平章政事完顔元宜、左丞紇石烈良弼、判祕書監温王爽各一本。[9]

［1］世宗：廟號。名雍。1161年至1189年在位。本書卷六至卷八有紀。

［2］紇石烈志寧：上京胡塔安人。本書卷八七有傳。　白彦敬：部羅火部族人。初名彦恭，避顯宗諱更名彦敬。本書卷八四有傳。

［3］中都：京師名。治所在今北京市。

［4］小遼口：在東京遼陽府與梁魚務之間。

［5］元帥：據本書卷六《世宗紀上》，完顔榖英時爲左副元帥。在"元帥"之前，當補"左副"二字。　完顔榖英：宗室銀术可子。本書卷七二有傳。

［6］西京：治所在今山西省大同市。

［7］僕散忠義：上京拔盧古河人。本書卷八七有傳。　行臺：行臺尚書省，置南京。時僕散忠義以丞相總戎事，居南京節制

諸將。

[8]太子太師：宫師府三師之首。掌保護東宫，導以德義。正三品。

[9]《太祖實録》：本書卷四《熙宗紀》稱皇統八年（1148）“宗弼進《太祖實禄》”，卷六六《勗傳》稱，勗“八年，奏上《太祖實禄》”。當以宗弼爲監修，完顔勗爲同監修。　完顔元宜：本姓耶律，賜姓完顔氏。本書卷一三二有傳。　紇石烈良弼：回怕川人。本書卷八八有傳。　判祕書監：秘書監。從三品。高位兼低職帶“判”字。　温王：封國名。天眷格、大定格、本書《百官志》，次國封號第三十均爲温。　爽：宗强子。本書卷六九有傳。

移剌高山奴前爲寧州刺史，[1]以貪污免。世宗以功臣子孫宗族中無顯仕者，以爲祕書少監。[2]是時，母喪未除，有司奏其事，宗憲曰：“高山奴傲狠貪墨，不可致之左右。”世宗曰：“朕以其父祖有功耳，既爲人如此，豈可玷職位哉。”追還制命。因顧右丞蘇保衡、參政石琚曰：[3]“此朕之過舉，不可不改，卿等當盡心以輔朕也。”有司言，諸路猛安謀克，怙其世襲多擾民，請同流官，以三十月爲考。詔下尚書省議，宗憲乃上議曰：“昔太祖皇帝撫定天下，誓封功臣襲猛安謀克，今若改爲遷調，非太祖約。臣謂凡猛安謀克，當明核善惡，進賢退不肖，有不職者，其弟姪中更擇賢者代之。”上從其議。進拜右丞相。大定六年，薨，年五十九。上輟朝，悼惜者久之，命百官致奠，賻銀一千五百兩、重綵五十端、絹五百匹。

[1]移剌高山奴：功臣子孫，曾在徒單合喜軍前任使。　寧州：

刺史州。治所在今甘肅省寧縣。　刺史：掌同府尹，兼治州事。正五品。

［2］祕書少監：秘書監佐貳。正五品。

［3］右丞：即尚書右丞。爲執政官，佐治省事。正二品。　蘇保衡：雲中天成人。本書卷八九有傳。　參政：即參知政事。爲執政官，佐治省事。從二品。　石琚：定州人。本書卷八八有傳。

習不失本作辭不失，後定爲習不失，昭祖之孫，烏骨出之次子也。[1]初，昭祖久無繼嗣，與威順皇后徒單氏禱於巫，[2]而生景祖及烏骨出。烏骨出長而酗酒，屢悖其母。昭祖没，徒單氏與景祖謀而殺之。部人怒，欲害景祖，徒單氏自以爲事，而景祖乃得免。

［1］昭祖：廟號。名石魯。本書卷一有紀。　烏骨出：又作烏古出，本書卷六五有傳。

［2］威順皇后徒單氏：活刺渾水徒單部人。本書卷六三有傳。"威"，原作"昭"，中華點校本據本書卷三二《禮志五》、卷六三《后妃傳》、卷六五《烏古出傳》改，今從。

習不失健捷，能左右射。世祖襲節度，肅宗與拒桓赧、散達，[1]戰於斡魯紺出水，[2]已再失利。世祖至軍，吏士無人色。世祖使習不失先陣於脱豁改原，[3]而身出搏戰，敗其步軍。習不失自陣後奮擊之，敗其騎軍，所乘馬中九矢，不能馳，遂步趨而出。方戰，其外兄烏葛名善射，[4]居敵騎中，將射，習不失熟視識之，呼曰："此小兒，是汝一人之事乎，何爲推鋒居前如此。"以弓弰擊馬首而去。[5]是役也，習不失之功居多。桓赧、散達既敗，習不失馬棄陣中者亦自歸。

[1]桓赧、散達：兄弟二人，國相雅達之子，居完顔部邑屯村。本書卷六七有傳。

[2]斡魯紺出水：據本書卷六七《桓赧傳》、卷六八《歡都傳》，在今黑龍江省蜚克圖河南。

[3]脱豁改原：今黑龍江省賓縣南，南祖嶺一帶平原。

[4]烏葛名：習不失姑舅表兄。本書僅此一見。

[5]以弓弰擊馬首而去："擊"，原作"繫"。《永樂大典》卷六七六四"王"字韻下《宗室封王》二十八"金源郡王"條下引《習不失傳》作"擊"。施國祁《金史詳校》卷七謂"'繫'當作'擊'"。中華點校本據改，今從。

世祖嘗疑术甲孛里篤或與烏春等爲變，[1]遣習不失單騎往觀。孛里篤與忽魯置酒樓上以飲之，[2]習不失聞其私語昵昵，若將執己者，一躍下樓，傍出藩籬之外，棄馬而歸，[3]其勇趫如此。盃乃約烏春舉兵，[4]世祖至蘇素海甸與烏春遇。[5]肅宗前戰，斜列、習不失佐之，[6]束緼縱火，煙焰蔽天，大敗烏春，執盃乃以歸。太祖獲麻産，[7]獻馘于遼。遼人賞功，穆宗、太祖、歡都、習不失皆爲詳穩焉。[8]後與阿里合懣、斡帶俱佐撒改攻留可城，[9]下之。太祖伐遼，使領兵千人，夾侍左右。出河店之役，[10]惟習不失之策與太祖合，卒破十萬之師，挫其軍鋒。遂與太宗、撒改等勸進。收國元年七月，與太宗、撒改、杲俱爲勃極烈，習不失爲阿買勃極烈云。

[1]术甲孛里篤：术甲爲女真人部姓，孛里篤爲其名。僅見於

本傳。　烏春：阿跋斯水温都部人。本書卷六七有傳。

[2]忽魯：术甲部人。本書僅此一見。

[3]棄馬而歸：中華點校本引《永樂大典》卷六七六四，“棄”作“乘”。

[4]盃乃：安出虎水北斡勒部人。

[5]蘇素海甸：今黑龍江省尚志市東南，葦河、亮河一帶。“甸”，原作“春”，從中華點校本改。

[6]斜列：世祖部將。本書凡十見，即卷六八《歡都傳》所見“諸父之子習烈。”

[7]麻産：活剌渾水訶隣鄉紇石烈部人。本書卷六七有傳。

[8]歡都：完顔部人。祖賢石魯。本書卷六八有傳。　詳穩：遼諸官府監治長官。

[9]阿里合懣：即阿离合懣，景祖第八子。本書卷七三有傳。斡帶：太祖母弟。本書卷六五有傳。

[10]出河店：地名。一説在今黑龍江省肇源縣望海屯舊址，一説在肇源縣茂興鎮南的吐什吐古城，一説在今黑龍江省肇東市的八里城。

天輔七年，太宗與習不失居守，鄆王昂違紀律失衆，[1]法當死。於是，遼人以燕京降，[2]宋人約歲幣，[3]三月世宗生。[4]習不失謂太宗曰：“兄弟骨肉，以恩掩義，寧屈法以全之。今國家迭有大慶，[5]可減昂以無死。若主上有責言，以我爲説。”太宗然之，遂杖昂以聞。太祖每伐遼，輒命習不失與太宗居守，雖無方面功，而倚任與撒改比侔矣。是歲七月，薨。會太祖班師道病，太宗奉迎謁見，恐太祖感動而疾轉甚，不敢以薨告。太祖輒問曰：“阿買勃極烈安在?”太宗紿對曰：“今即至矣。”正隆二年，贈開府儀同三司，[6]追封曹國公。[7]大定三年，進封金源郡王，配饗太祖廟廷，謚曰忠毅。[8]

[1]鄆王：封國名。天眷格，次國封號《大金集禮》第二十三、本書《百官志》第二十一爲鄆。　昂：世祖幼子。本書卷六五有傳。

[2]遼人以燕京降：指金天輔六年（1122）十二月辛卯，遼燕京百官詣軍門降。

[3]宋人納歲幣：指金天輔七年二月，宋使趙良嗣來，請加歲幣代燕地租稅。

[4]三月世宗生：指天輔七年三月甲寅朔，太祖孫世宗烏禄生。施國祁《金史詳校》卷七據《太祖紀》謂，“三月”當作“是日”。

[5]今國家迭有大慶：“今”，原作“令”，據南監本、北監本、殿本、局本、中華點校本改。

[6]開府儀同三司：文散官。從一品上階。

[7]曹國公：封國名。天眷格、大定格、本書《百官志》，大國封號第二十均爲曹。按，本書卷三一《禮志四》“功臣配享”條謂，金天德二年（1150）二月，詔以辭不失配太祖位。傳從略。施國祁《金史詳校》卷七謂，“正隆”上當加“天德二年配享太祖廟廷”。

[8]忠毅：本書卷三一《禮志四》作“毅武”。又施國祁《金史詳校》卷七謂，“配享太祖廟廷”六字當削。“毅武”下當加“圖像衍慶宫”。

子鶻沙虎，國初有功，[1]天會間，爲真定留守。[2]子撻不也。

[1]鶻沙虎，國初有功：據本書卷三《太宗紀》，天會四年

(1126)，取平遥、靈石、孝義、介休諸縣。六年，敗宋兵於鞏。七年，破晋寧軍。十年，閱諸路丁壯，調赴軍。

[2]真定：府名。治所在今河北省正定縣。

宗亨本名撻不也，性忠謹。天眷初，[1]以宗室子充護衛。[2]擒宗磐、宗雋有功，加忠勇校尉，[3]遷昭信校尉、尚廄局直長。[4]三年，陞本局副使。[5]丁父憂，時宗正官屬，例以材選，宗亨在選中，遂起復，爲淑温特宗室將軍。[6]改會寧府少尹，[7]歷登州刺史，[8]改獻州刺史，[9]爲特滿群牧使、同知北京路轉運使，[10]改澤州定國軍節度使。[11]

[1]天眷：金熙宗年號（1138—1140）。原作"天輔"，從中華點校本改。

[2]護衛：天子之衛士。選年二十以上，四十以下，有門第、才行及善射者充任。

[3]忠勇校尉：武散官。正八品上階。

[4]昭信校尉：武散官。正七品下階。　尚廄局直長：尚廄局屬官，司馬牛群。

[5]本局副使：指尚廄局副使。位在提點與使之下，掌御馬調習牧養，以奉其事。從六品。

[6]淑温特宗室將軍：大宗正府諸宗室將軍。正七品。淑温特，又作東温忒，本書卷五五《百官志一》誤作"東温忒"。施國祁《金史詳校》卷七以爲即"温忒"。張博泉認爲"淑温特"或"東温忒"乃"宋瓦"或"粟末"的異寫，指今東流松花江。其宗室將軍治所，當在會寧府，今黑龍江省阿城市境内松花江附近（張博泉《女真新論》，吉林文史出版社1993年版）。

[7]會寧府少尹：會寧府，治所在今黑龍江省阿城市南的白城。少尹，通判府事，正五品。

[8]登州：治所在今山東省蓬萊市。

[9]獻州：刺史州。原本樂壽縣，金天會七年（1129）升爲壽州，天德三年（1151）更名獻州。治所在今河北省獻縣。"獻州刺史"下原有"澤州定"三字，從中華點校本删。

[10]特滿群牧使：牧所在今河北省張北縣一帶。群牧使，女真言"烏魯古使"，烏魯古漢語爲"滋息"。掌檢校群牧畜養蕃息事。從四品。　同知北京路轉運使：北京路，治所在今内蒙古自治區寧城縣西的大明城。同知轉運使，位在使下，副使之上，掌税賦錢穀、倉庫出納、權衡度量之制，從四品。

[11]澤州定國軍節度使：定國軍節度使，置同州，治所在今陝西省大荔縣。施國祁《金史詳校》卷七謂"澤"當作"同"。

海陵庶人南伐，[1]以本職領武揚軍都總管。[2]過淮，世宗即位，以手詔賜宗亨。宗亨得詔，即入朝。大定二年，授右宣徽使，[3]未幾，爲北京路兵馬都統，[4]以討契丹賊。右副元帥僕散忠義與窩斡遇于花道，[5]宗亨與左翼萬户蒲察世傑等，[6]以七謀克軍與之戰，失利。及窩斡敗，其黨括里、扎八率衆南奔，[7]宗亨追及之。扎八詐降，宗亨信之。扎八詭曰："括里遁，願往邀。"宗亨聽其去。大縱軍士，取賊所棄囊橐人畜，多自有之。括里、扎八亡入于宋。坐是，降爲寧州刺史。

[1]海陵庶人：即完顔亮。金大定二年（1162）降封海陵郡王，二十年詔降海陵庶人。本書卷五有紀。

[2]武揚軍都總管：武揚軍，海陵南伐所將三十二軍之一。軍

置都總管、副總管及巡察使、副，各一員。“揚”，原作“陽”，從中華點校本改。

[3]右宣徽使：宣徽院長官。正三品。施國祁《金史詳校》卷七謂“‘右’，《窩斡傳》作‘左’”。查本書卷一三三《移剌窩斡傳》，大定二年四月“右宣徽使亨爲北京路都統”，“括里、扎八率衆南走，詔左宣徽使宗亨追及之”。宗亨似先爲“右宣徽使”，後爲“左宣徽使”，此處所載應爲“右宣徽使”。當不誤。

[4]北京路兵馬都統：會同元帥府征討窩斡的北京路兵馬統帥。“北京”，原作“西北”，從中華點校本改。

[5]右副元帥：正二品。　窩斡：西北路契丹部族人。即移剌窩斡。本書卷一三三有傳。　花道：地名。在今内蒙古自治區赤峰市東南。

[6]左翼萬户：左翼，軍隊布署的稱號，即行軍作戰的左翼軍。萬户，軍事長官稱號，位在軍帥之上，都統之下。　蒲察世傑：曷速館斡篤河人，徙居遼陽，時爲西北路副統。本書卷九一有傳。

[7]括里：契丹人。咸平府謀克，與所部自山後逃歸，遂招誘富家奴隸起事，後以其衆合於撒八及窩斡。　扎八：契丹人。即移剌扎八，《宋史·孝宗紀一》作“蕭鷓巴”。世宗命其招諭窩斡，見窩斡兵衆多，車帳滿野，遂留事窩斡。

宗賢本名賽里，習不失之孫也。從都統杲取中京，襲遼帝于鴛鴦濼。[1]宗翰使撻懶襲耶律馬哥，[2]都統使蒲家奴及賽里等，[3]以兵助之。蒲家奴使賽里、斜野、裴滿胡撻、達魯古厮列、耶律吴十等各率兵分行招諭。[4]獲遼留守迪越家人輜重，[5]并降群牧官木盧瓦，得馬甚多，使逐水草牧之。賽里等趨業迭，[6]遂以偏師深入，敵邀擊之，撒合戰没。[7]蒲家奴至旺國崖西，[8]賽里兵會之。[9]累官至左副點檢。[10]

[1]鴛鴦濼：今河北省張北縣西北的安固里淖。

[2]耶律馬哥：契丹人。時以遼知北院大王事爲都統，將兵屯鴛鴦濼。

[3]蒲家奴：漢名昱，景祖孫，時爲副統。本書卷六五有傳。

[4]斜野：宗室子。天會初，奉使高麗，又嘗襲遥輦昭古牙。海陵貞元間，爲烏古迪烈司招討。　裴滿胡撻：胡撻，又作忽撻，忽達，胡塔，熙宗悼平皇后父。本書卷一二〇有傳。　達魯古斯列：即本書卷二《太祖紀》天輔二年（1118）所見的達魯古部勃堇辭列。　耶律昊十：遼東京州縣契丹人。收國二年（1116）降金，天眷二年（1139）以謀反伏誅。

[5]迪越：契丹人。本書僅此一見。似爲《遼史》卷二九《天祚紀》保大三年（1123）所見，夜劫梁王雅里奔西北部的軍將耶律敵烈。　群牧官木盧瓦：本書僅此一見。《遼史》卷二九《天祚紀》保大三年，見有名“謀盧瓦”者，但其爲送兔紐金印僞降的牌印郎君，與本文不合。金初因遼諸抹而置群牧，《遼史》卷三一《營衛志》見有“謀魯碗”抹里，本書卷二四《地理志上》與卷四四《兵志》見有“耶魯椀”群牧或“合魯椀”群牧。疑本文“群牧官木盧瓦”爲“木盧瓦群牧官”之誤。待考。

[6]業迭：地名。據本書卷六五《蒲家奴傳》，當在西北居延一帶。

[7]撒合：人名。或即撒合輦的異寫，女真人有以此爲名，意爲“黎黑”。　没：與“歿”通。

[8]旺國崖：《契丹國志》卷一一作國崖。《三朝北盟會編》卷一〇引《燕雲奉使録》作五國崖。五當是王字之誤，即此旺國崖。本書卷二四《地理志上》謂在撫州，即河北省張北縣境内。

[9]賽里兵會之：本書卷六五《蒲家奴傳》作“賽里亦以兵會

太祖”。施國祁《金史詳校》卷七謂“此下似有脱文”。

［10］左副點檢：即殿前都點檢司佐貳，殿前左副都點檢，兼侍衛親軍副都指揮使。從三品。

天眷二年，方捕宗雋，賽里坐會飲其家，奪官爵。未幾，復官。[1]皇統四年，授世襲謀克。[2]轉都點檢，[3]封豳國公。[4]拜平章政事。[5]進拜右丞相，兼中書令。[6]進拜太保、左丞相，[7]監修國史。[8]罷爲左副元帥。無何，復爲太保、左丞相，左副元帥如故。進太師，領三省事，[9]兼都元帥，[10]監修國史。出爲南京留守，領行臺尚書省事。復爲左副元帥，兼西京留守。再爲太保，領三省事。復爲左丞相，兼都元帥。

［1］未幾，復官：據本書卷七九《王倫傳》，賽里於金皇統二年（1142），嘗送天水郡王喪柩及宋帝母韋氏還江南。本傳略。

［2］世襲謀克：女真官名。金常把謀克授貴族功臣，受封者領有謀克的人口和封地，准其世襲，稱世襲謀克。

［3］都點檢：即殿前都點檢，兼侍衛親軍都指揮使，掌行從宿衛，關防門禁，督攝隊仗，總判司事。正三品。

［4］豳國公：封國名。天眷格，次國封號《大金集禮》第八、本書《百官志》第六爲豳。

［5］平章政事：金設左右丞相各一員，平章政事二員，爲宰相，掌丞天子，平章萬機。皆從一品。

［6］中書令：中書省長官。金初例由右丞相兼任。海陵王合中書、門下省於尚書省後，中書省已被取消，中書令一職當不再設置，此官成爲宰相加銜，或爲舉行祭祀，上尊號、尊謚時臨時設置的官職。

[7]太保：三師之一。師範一人，儀刑四海。正一品。

[8]監修國史：多以丞相兼任，掌監修國史事。

[9]領三省事：即領尚書、門下、中書三省事。

[10]都元帥：都元帥府長官。掌征討之事，兵罷則省。從一品。

賽里自護衛，未十年位兼將相，常感激，思自効以報朝廷。雖於悼后爲母黨，[1]后專政，大臣或因之以取進用，賽里未嘗附之。皇太子濟安薨，[2]魏王道濟死，[3]熙宗未有嗣子。賽里勸熙宗選後宫以廣繼嗣，不少顧忌於后，后以此怨之。與海陵同在相位，未嘗少肯假借，海陵雖專而心憚賽里，外以屬尊加禮敬而内常忌之。海陵知悼后怨賽里，因與后共力排出之，賽里亦不以是少變。

[1]於悼后爲母黨：悼后，熙宗悼平皇后裴滿氏。本書卷六三有傳。宗賢於悼后，當爲表親。

[2]濟安：本書卷八〇有傳。

[3]道濟：本書卷八〇有傳。

胙王常勝死，[1]熙宗納其妻宫中。[2]頃之，殺悼后及妃數人，將以常勝妻爲后，未果也。及海陵弑熙宗，詭以熙宗將議立后，召諸王大臣。賽里聞召，以爲信然，將入宫，謂人曰："上必欲立常勝妻爲后，我當力争之。"及被執，猶以爲熙宗將立常勝妻，而先殺之也，曰："誰能爲我言者，我死固不足惜，獨念主上左右無助耳。”遂遇害。

[1]胙王：封國名。天眷格、大定格、本書《百官志》，小國封號第二十三均爲胙。　常勝：漢名元，宗峻子，熙宗弟。本書卷六九有傳。

[2]其妻：名撒卯。

石土門，漢字一作神徒門，耶懶路完顏部人。[1]世爲其部長。父直离海，[2]始祖弟保活里四世孫，雖同宗屬，不相通問久矣。景祖時，直离海使部人邈孫來，[3]請復通宗系。景祖留邈孫歲餘，厚其餼廩飲食，善遇之。及還，以幣帛數篚爲贈，結其厚意。久之，耶懶歲饑，景祖與之馬牛，爲助糴費，使世祖往致之。會世祖有疾，石土門日夕不離左右，世祖疾愈辭歸，與握手爲别，約它日無相忘。石土門體貌魁偉，勇敢善戰，質直孝友，强記辯捷，臨事果斷。

[1]耶懶路：耶懶，又作“押懶”。路以水爲名，其水即今俄羅斯濱海邊疆區的塔烏黑河。

[2]直离海：本書卷五九《宗室表》作“滓不乃”。

[3]邈孫：本書僅此一見，與穆宗時蒲察部邈遜勃堇同名。

世祖襲位，交好益深，鄰部不悦，遂合兵攻之。石土門使弟阿斯懣率二百人南下拒敵，敵兵千人，已出其東，據高阜，[1]石土門將五千人迎擊之。[2]敵將斡里本者，[3]勇士也，出挑戰。石土門射中其馬，斡里本反射，射中石土門腹，石土門拔箭，戰愈力。阿斯懣與勇士七人步戰，殺斡里本，諸部兵遂敗。石土門因招諭諸部，使附於世祖，世祖嘉之。後伐烏春、窩謀罕及鈍恩、狄庫德等，[4]皆以所部從戰，有功。

[1]高阜："阜"，原作"泉"。中華點校本據《永樂大典》卷六七六五"金源郡王"條下引本書《石土門傳》改。今從。

[2]將五千人：施國祁《金史詳校》卷七謂"五千"當作"五十"。

[3]斡里本：本書僅見本傳。

[4]窩謀罕：烏春同黨，其城在今吉林省敦化市額穆鎮東南黑石屯村。 狄庫德：烏古論部人。又作敵庫德，居米里迷石罕城，在今吉林省琿春市東北的西土門子附近。

弟阿斯懣尋卒，及終喪，大會其族。太祖率官屬往焉，就以伐遼之議訪之。方會祭，有飛烏自東而西，太祖射之，矢貫左翼而墜。石土門持至上前稱慶曰："烏鳶人所甚惡，今射獲之，此吉兆也。"即以金版獻之。[1]後以本部兵從擊高麗。[2]及伐遼，功尤多。王師攻下西京，賜以金牌。[3]其子蟬蠢從行，[4]上語之曰："吾妃之妹白散者在遼，[5]俟其獲，當以爲汝婦。"竟如其言。

[1]以金版獻之：《逸周書·大聚解》："乃召昆吾冶而銘之金版。"此言將吉兆銘於金版，獻太祖。

[2]從擊高麗：指康宗四年（1106），從斡賽與高麗戰於曷懶甸。

[3]金牌：金收國二年（1116），始製金牌，授以萬户。

[4]蟬蠢：本傳及卷五九《宗室表》皆謂石土門“子習失、思敬”。據此知石土門有三子。

[5]吾妃：指太祖崇妃蕭氏。　白散：疑即見於本書卷六三《海陵嫡母徒單氏傳》的“郡君白散”。

上之西征，諸將皆從，石土門乃率善射者三百人來衛京師。時太宗居守，喜其至，親出迎勞。繼聞黄龍府叛，[1]與睿宗討平之，[2]睿宗賜以奴婢五百人。師還，賞賚良渥。至是卒，[3]年六十一。正隆二年，封金源郡王。[4]子習失、思敬。

[1]黄龍府：治所在今吉林省農安縣城。

[2]睿宗：廟號。名宗輔，世宗父。本書卷一九有紀。

[3]至是卒：據本書卷二《太祖紀》，時爲天輔六年（1122）。

[4]封金源郡王：按，本書卷八〇《阿离補傳》載，大定間所定衍慶亞次功臣，有金源郡王石土門。本傳從略。

完顔忠本名迪古迺，字阿思魁，石土門之弟。太祖器重之，將舉兵伐遼，而未決也，欲與迪古迺計事，於是宗翰、宗幹、完顔希尹皆從。[1]居數日，少間，太祖與迪古迺凴肩而語曰：[2]“我此來豈徒然也，有謀於汝，汝爲我決之。遼名爲大國，其實空虚，主驕而士怯，戰陣無勇，可取也。吾欲舉兵，杖義而西，[3]君以爲如何？”迪古迺曰：“以主公英武，[4]士衆樂爲用。遼帝荒于畋獵，政令無常，易與也。”太祖然之。明年，[5]太祖伐遼，使婆盧火來徵兵，[6]迪古迺以兵會師。收國元年十二月，上禦遼主兵，次爻剌，[7]迪古迺與銀术哥守達魯古路。[8]二年，與斡魯、蒲察會斡魯古，[9]討高永昌，[10]破其兵，東京降。[11]遂與斡魯古等禦耶律捏里，[12]敗之于蒺藜山，[13]拔顯州，[14]乾、惠等州降。[15]

[1]宗幹：太祖庶長子。本書卷七六有傳。

[2]馮：同“憑”。

[3]杖：與“仗”通。原誤作“扶”，從中華點校本改。

[4]以主公英武：“主”，原作“王”，從中華點校本改。

[5]明年：指金太祖二年（1114）。

[6]婆盧火：安帝五代孫。本書卷七一有傳。

[7]爻剌：地名。即爻剌春水之地，當在今吉林省松原市境内。熙宗嘗於此建天開殿，殿在寧江州西。

[8]銀术哥：又作銀术可，宗室子。本書卷七二有傳。　達魯古路：地區名。達魯古及其城所在地，主要有三説，一説在今吉林省前郭縣他虎城，一説在今拉林河下游西，一説在今松原市舊扶餘縣城北十里的土城子。當時以達魯古名部者，有本部與分置之不同，似不可以一部地斷各部之所在（張博泉《遼金達魯古部與達魯古城再議》，《黑龍江民族叢刊》1998年第4期）。

[9]斡魯：韓國公劾者第三子。本書卷七一有傳。　蒲察：穆宗子。　斡魯古：宗室子。本書卷七一有傳。

[10]高永昌：渤海人。遼東京裨將，收國二年（1116）正月，入據東京稱帝，改元隆基。五月，兵敗，被擒殺。

[11]東京：府名。治所在今遼寧省遼陽市。

[12]耶律捏里：契丹人。耶律淳，遼興宗第四孫。《遼史》卷三〇有紀。

[13]蒺藜山：在今遼寧省阜新市北。

[14]顯州：治所在今遼寧省北寧市西南五里北鎮廟。

［15］乾：州名。治所在今遼寧省北寧市南。　惠州：治所在今内蒙古自治區敖漢旗南。

天輔二年，與婁室俱入見。[1]上曰："遼主近在中京，而敢輒來。"各杖之三十。太祖駐軍草濼，[2]迪古迺取奉聖州，破其兵五千于鷄鳴山，[3]奉聖州降。太祖入燕京，[4]迪古迺出德勝口，[5]以代石土門爲耶懶路都勃堇。[6]天會二年，[7]以耶懶地薄斥鹵，遷其部於蘇濱水，[8]仍以术實勒之田益之。

［1］婁室：完顔部人。本書卷七二有傳。

［2］草濼：據本書卷一九《顯宗紀》，濼在山後高凉之地。當在今河北省張北、崇禮縣一帶。

［3］鷄鳴山：本書卷二四《地理志上》謂，德興府德興縣，舊名永興，有鷄鳴山。永興爲今河北省涿鹿縣，山當在境内。

［4］燕京：治所在今北京市。

［5］德勝口：長城關口。在今北京市昌平區居庸關東。

［6］都勃堇：女真官名。統數部者稱都勃堇，路之長官亦稱都勃堇，後改稱萬户。

［7］天會二年：原脱"天會"二字，從中華點校本補。

［8］蘇濱：又作速濱、速頻、恤品，蘇濱水即今大綏芬河。术實勒：地名。僅此一見，具體地點待考。

熙宗即位，加太子太師。十四年，加保大軍節度使，[1]同中書門下平章事，[2]薨。天德二年，迪古迺配饗太祖廟廷。大定二年，追封金源郡王。[3]

［1］保大軍節度使：置鄜州。治所在今陝西省富縣。“加保大軍節度使”當爲遥領的虚銜。據本書卷二四《地理志上》“恤品路”條所載，其實際的官職應是萬户。

［2］同中書門下平章事：金初沿用的唐官制，意與中書、門下協商處理政務。凡節度使加同中書門下平章事者，僅爲虚銜。

［3］大定二年，追封金源郡王：按本書卷三一《禮志四》“功臣配享”條載，大定間圖畫功臣於太祖廟（衍慶宫），完顔忠爲右廡第七位。金明昌四年（1193），次序始定，爲東廊第八位。並稱其爲“開府儀同三司金源郡明毅王”。本傳皆從略。施國祁《金史詳校》卷七謂，此下當加“十五年圖像衍慶宫，謚明毅”。

習室。[1]康宗時，高麗築九城于曷懶甸，[2]習室從斡賽軍。[3]太祖攻寧江州，習室推鋒力戰，授猛安。[4]後從斜也克中京，襲遼主于鴛鴦濼，略定山西，[5]敗夏將李良輔兵，[6]與婁室俱獲遼帝于余睹谷。[7]

［1］習室：本書卷五九《宗室表》與本卷《石土門傳》，皆作“習失”。

［2］高麗築九城：指咸州、英州、雄州、吉州、福州、公崄鎮及宜州、通泰、平戎九城。　曷懶甸：地區名。指朝鮮灣西北岸，今朝鮮咸興以北及今吉林省延邊州海蘭江一帶。

［3］斡賽：世祖子，太祖異母弟。本書卷六五有傳。

［4］猛安：女真官名。女真地方行政組織以三百户爲一謀克，十謀克爲一猛安。軍事組織百人爲謀克，十謀克爲猛安，長官稱猛安，也稱千夫長。

［5］略定山：山字下原有闕文。據本書卷二《太祖紀》，當作“略定山西”。

［6］李良輔：夏人。本書凡五見，金天輔六年（1122），嘗將

夏兵救遼，與金作戰。

［7］余睹谷：地名。據《遼史》卷二九《天祚紀》，在應州新城東六十里。

宗翰伐宋，與銀术可圍守太原。明年，[1]攻襄垣，[2]下潞城，[3]降西京，[4]至汴。元帥府以懷、孟北阻太行，[5]南瀕河，控制險要，使習室統十二猛安軍鎮撫之。於是，殄平寇盜，招集流亡，四境以安。天會五年，薨。熙宗時，贈特進。[6]大定間，謚威敏。[7]

［1］明年：指金天會四年（1126）。

［2］襄垣：縣名。治所在今山西省襄垣縣。

［3］潞城：縣名。治所在今山西省潞城市。

［4］西京：宋西京，即洛陽。治所在今河南省洛陽市。

［5］懷：州名。治所在今河南省沁陽市。　孟：州名。治所在今河南省孟縣。

［6］特進：文散官。從一品中次階。

［7］謚威敏：本書卷三一《禮志四》“功臣配享”條，作“威敬”。施國祁《金史詳校》卷七謂，此下當加“配享太祖廟廷”。

世宗思太祖、太宗創業艱難，求當時群臣勳業最著者，圖像于衍慶宫：遼王斜也、金源郡王撒改、遼王宗幹、秦王宗翰、宋王宗望、梁王宗弼、金源郡王習不失、金源郡王斡魯、金源郡王希尹、金源郡王婁室、楚王宗雄、魯王闍母、金源郡王銀术可、隋國公阿离合懣、金源郡王完顏忠、豫國公蒲家奴、金源郡王撒离喝、兖國公劉彦宗、特進斡魯古、齊國公韓企先，并習室凡二十一人。[1]

[1]凡二十一人：據本書卷三一《禮志四》“功臣配享”條，此二十一人，爲金大定二十二年（1182）所定圖像於衍慶宫的功臣，祇是没有去掉大定十八年所黜習室，而失載了紇石烈志寧。

初，海陵罷諸路萬户，置蘇濱路節度使。[1]世宗時，[2]近臣奏請改蘇濱爲耶懶節度使，不忘舊功。上曰：“蘇濱、耶懶二水相距千里，節度使治蘇濱，不必改。石土門親管猛安子孫襲封者，[3]可改爲耶懶猛安，以示不忘其初。”

[1]蘇濱路節度使：又作恤品路節度使，治所在今俄羅斯濱海邊疆區的烏蘇里斯克城（雙城子）。

[2]世宗時：據本書卷二四《地理志上》，指金世宗大定十一年（1171）。

[3]親管猛安：即世襲猛安。

思敬本名撒改，押懶河人，金源郡王神土懣之子，習失弟也。[1]初名思恭，避顯宗諱改焉。[2]體貌雄偉，美鬚髯，純直有材幹。年十一，從其父謁見太祖。太祖在納鄰淀，[3]方獵，因詔從獵，射黄羊獲之，太祖賜以從馬。

[1]習失弟也：“習失”，原作“辭不失”，中華點校本據本書本卷《石土門傳》、卷五九《宗室表》改，今從。按，此傳乃《石土門傳》的附傳，正傳已云其爲何處之人，亦明其爲習失之弟，故

施國祁《金史詳校》卷七謂，此文重出，當削。

[2]避顯宗諱改焉：顯宗，廟號。名允恭，世宗第二子，章宗父。本書卷一九有紀。思恭之“恭”字，與顯宗名諱相同，避之，改爲“敬”。

[3]納鄰淀：納鄰即拉林的不同譯寫。納鄰淀，當爲拉林河流域一湖濼名。具體地點待考。

宗翰自太原伐宋，從其兄習室攻太原。宗翰取河南，思敬從完顔活女涉渡河，[1]下洛陽、圍汴皆有功。師還，隸遼王宗幹麾下。太宗幸東京温湯，[2]思敬權護衛，[3]押衛卒百人從行。領謀克，從征朮虎麟有功，[4]遂充護衛。

[1]完顔活女：完顔婁室子。本書卷七二有傳。　涉渡河：本書卷三《太宗紀》作“渡盟津”。盟津，在金屬河東南路孟州，今屬河南省孟縣。

[2]東京温湯：今遼寧省鞍山市湯崗子温泉。

[3]權：代理、攝守。　護衛：皇帝的衛戍部隊。定員二百人，由五至七品官子孫及宗室、親軍、諸局分承應人中選拔，考試合格方可録用。負責皇宫的警衛及行從宿衛。此處護衛當是官名。護衛軍有護衛將軍、護衛百夫長、護衛五十人長、護衛十人長以及護衛等不同等級。從思敬前後任職情况來看，此處應指護衛百人長。

[4]朮虎麟：朮虎，女真部姓。麟，爲其漢名。其人此名本書僅此一見，待考。

天眷二年，以捕宗磐、宗雋功，[1]遷顯武將軍。[2]熙宗捕魚混同江，[3]網索絶，曹國王宗敏乘醉，[4]鞭馬入江，手引繫網大繩，沉於水中。熙宗呼左右救之，倉卒莫有應者，思敬躍入水，引宗敏出。熙宗稱嘆，賞賚甚厚。擢右衛將軍，[5]襲押懶路萬户，[6]授世襲謀克。七年，[7]召見，賜以襲衣、廐馬、錢萬貫。及歸，復遣使賜弓劍。是年，入爲工部尚書，[8]改殿前都點檢。無何，爲吏部尚書。[9]

[1]捕：原作“補”，據南監本、北監本、殿本、局本、中華點校本改。

[2]顯武將軍：武散官。從五品中階。

[3]混同江：即今松花江自哈爾濱市往北至同江市的一段，和黑龍江自同江市往北直至入海口的一段。熙宗捕魚處，當在上京“混同江行宫”附近。

[4]曹國王：封國號。天眷格、大定格、本書《百官志》均列大國封號第二十位。　宗敏：太祖子。本書卷六九有傳。

[5]右衛將軍：即殿前右衛將軍。殿前左、右衛將軍，掌宫禁及行從宿衛警嚴，仍總領護衛。

[6]押懶路萬户：押懶，即耶懶。金天會二年（1124），耶懶路都勃堇遷於蘇濱水，稱押懶路萬户。海陵王罷諸路萬户，置恤品路節度使。

[7]七年：上文稱“天眷二年”，“天眷”僅三年，此七年當指皇統七年，之前應加“皇統“二字。

[8]工部尚書：工部長官。掌修造營建法式，諸作工匠，屯田山林川澤之禁，江河堤岸道路橋梁之事。總判司事。正三品。

[9]吏部尚書：吏部長官。掌文武選授、勛封、考課、出給制誥之政。正三品。

天德初，爲報諭宋國使。[1]宋人以舊例，請觀錢塘江潮。思敬不觀，曰："我國東有巨海，而江水有大於錢塘者。"竟不往。使還，拜尚書右丞，罷爲真定尹。用廉，封河内郡王，徙封鉅鹿。[2]丁母憂，起復本官，改益都尹。[3]正隆二年，例奪王爵，改慶陽尹。[4]

[1]報諭宋國使：據本書卷五《海陵紀》，以廢立事報諭宋。

[2]鉅鹿：即鉅鹿郡王。

[3]益都：府名。治所在今山東省青州市。

[4]慶陽：府名。治所在今甘肅省慶陽市。

大定二年，授西南路招討使，[1]封濟國公，[2]兼天德軍節度使。[3]俄爲北路都統，[4]佩金牌及銀牌二，西北路招討使唐括孛古底副之。[5]將本路兵二千，[6]會孛古底，視地形衝要，或于狗濼屯駐，[7]伺契丹賊出没之地，置守禦，遠斥候，賊至則戰，不以晝夜爲限。詔孛古底曰："爾兵少，思敬未至，不得先戰。"僕散忠義敗窩斡於陷泉，[8]詔思敬選新馬三千，備追襲。窩斡入于奚中，思敬爲元帥右都監，[9]以舊領軍入奚地張哥宅，[10]會大軍討之。敗僞節度特末也，[11]獲二百餘人。賊降將稍合住與其黨神獨斡，[12]執窩斡并其母徐輦、妻子弟姪家屬及金銀牌印詣思敬降。思敬獻俘于京師，賜金百兩、銀千兩、重綵四十端、玉帶、廐馬、名鷹。拜右副元帥，經略南邊，駐山東。罷爲北京留守。復拜右副元帥，仍經略山東。[13]

[1]西南路招討使：招討司置豐州，治所在今内蒙古自治區呼和浩特市東南白塔村。招討使，招懷降附，征討携離，正三品。

[2]濟國公：封國名。天眷格、大定格，小國封號第二爲濟。

[3]天德軍節度使：金大定元年（1161）降天德軍總管府爲天德軍節度使，置豐州。

[4]北路都統：據本書卷六《世宗紀上》，以西南路招討使完顔思敬，"督北邊將士"，北路指北邊地。施國祁《金史詳校》卷七誤以爲"北上當加西"。

[5]西北路招討使：招討司置桓州，治所在今内蒙古自治區正藍旗南黑城子。後北遷三十里建新桓州城，在今内蒙古自治區正藍旗北四郎城。　唐括孛古底：女真人。又作唐括孛古的。

[6]二千：本書卷一三三《移剌窩斡傳》記此事作"五千"。

[7]狗濼：在今内蒙古自治區太僕寺旗西南九連城淖爾。

[8]陷泉：在臨潢府境，裊嶺西。《中國通史》第六册附《金史地名表》認爲在今内蒙古自治區巴林左旗境内。具體地點待考。《中國歷史地名大辭典》認爲在今内蒙古自治區喀喇沁旗西南。

[9]元帥右都監：從三品。

[10]張哥宅：似爲"張哥寨"。僅此一見，具體地點不詳。

[11]特末也：契丹人。窩斡同黨，本書僅此一見。

[12]稍合住：即本書卷六《世宗紀上》大定二年（1162）的"奚猛安合住"。窩斡黨羽，詳見本書卷八七《紇石烈志寧傳》。　神獨斡：窩斡親近，稍合住同黨。

[13]"罷爲北京留守"至"仍經略山東"：中華點校本據下文與本書卷六《世宗紀上》指出，此十七字與下文重復，且有錯誤。無"仍經略山東"之事。

初，猛安謀克屯田山東，[1]各隨所受地土，散處州縣。世宗不欲猛安謀克與民户雜處，欲使相聚居之，遣户部郎中完顏讓往元帥府議之。[2]思敬與山東路總管徒單克寧議曰：[3]"大軍方進伐宋，宜以家屬權寓州縣，量留軍衆以爲備禦。俟邊事寧息，猛安謀克各使聚居，則軍民俱便。"還奏，上從之。其後遂以猛安謀克自爲保聚，其田土與民田犬牙相入者，互易之。三年四月，召還京師，以爲北京留守，賜金鞍、勒馬。七年，召爲平章政事。先是，省併猛安謀克，及海陵時無功授猛、克者，[4]皆罷之，失職者甚衆。思敬請量才用之，上從其請。

[1]猛安謀克：女真以三百户爲謀克，十謀克爲猛安。此指猛安謀克户。

[2]户部郎中：位在侍郎之下，員外郎之上。從五品。　完顏讓：歷任大興少尹、臨洮尹、兵部尚書。

[3]山東路總管：置益都府，治所在今山東省青州市。總管，即都總管，府尹兼領，掌統諸城隍兵馬甲仗，總判府事。正三品。　徒單克寧：其先金源縣人，後占籍山東萊州。本書卷九二有傳。

[4]授猛、克者：施國祁《金史詳校》卷七謂，"猛"當作"謀"。中華點校本謂，"猛"下當脱"安謀"二字。

思敬前爲真定尹，其子取部民女爲妾。至是，其兄乞離異，其妾畏思敬在相位，不敢去。詔還其家。

九年，拜樞密使，[1]上疏論五事：其一，女直人可依漢人以文理選試。其二，契丹人可分隸女直猛安。其三，鹽濼官可罷去。其四，與猛安同勾當副千户官亦可罷。其五，親王府官屬以文資官擬注，教以女直語言文字。上皆從之。其後女直人試進士，夾谷衡、尼厖古鑑、徒單鎰、完顏匡輩，[2]皆由此致宰相，實思敬啓之也。

[1]樞密使：樞密院長官。掌凡武備機密之事。從一品。

[2]夾谷衡：金大定十三年（1173）女真進士第四。本書卷九四有傳。 尼厖古鑑：登大定十三年進士第。本書卷九五有傳。 徒單鎰：大定十三年八月，詔策女真進士，鎰等二十七人及第。本書卷九九有傳。 完顏匡：始祖九世孫。大定二十五年中禮部策論進士，府試不中。二十八年試詩賦，不取，特賜及第。本書卷九八有傳。

久之，上謂思敬曰："朕欲修《熙宗實録》，[1]卿嘗爲侍從，必能記其事跡。"對曰："熙宗時，内外皆得人，風雨時，年穀豐，盜賊息，百姓安，此其大概也，何必餘事。"上大悦。世宗喜立事，故其微諫如此。大定十三年，薨。上輟朝，親臨喪，哭之慟，曰："舊臣也。"賻贈加厚，葬禮悉從官給。

[1]熙宗實録：金大定二十年（1180），完顏守道始修成。

孫吾佩术特，大定二十四年，除明威將軍，[1]授速濱路寶鄰山猛安。[2]

[1]明威將軍：武散官。正五品下階。

[2]速濱路寶鄰山猛安：寶鄰山僅此一見，具體地點不詳。

贊曰：劾者讓國世祖，以開帝業。撒改治國家，定社稷，尊立太祖，深謀遠略，爲一代宗臣，賢矣哉。習不失蓋前人之愆，著勳五世。《易》曰“有子，考無咎”，[1]其此之謂乎。始祖與季弟異部而處，子孫俱爲强宗，而取遼之策，卒定于迪古迺，豈天道陰有以相之邪。

[1]易曰有子，考無咎：引自《易經·蠱》。這里的“考”，乃“孝”的借用字。是説“有兒子孝，無害”。

金史　卷七一

列傳第九

斡魯　斡魯古勃堇　婆盧火　吾扎忽　闍母　宗敘 本名德壽

斡魯，韓國公劾者第三子。[1] 康宗初，[2] 蘇濱水含國部斡豁勃堇及斡准、職德二部有異志。[3] 斡帶治之，[4] 斡賽、斡魯爲之佐，[5] 遂伐斡豁，拔其城以歸。高麗築九城於曷懶甸。[6] 斡賽母疾病，斡魯代將其兵者數月。斡魯亦對築九城與高麗抗，出則戰，入則守。斡賽用之，卒城高麗。

[1]韓國公：封國名。從一品曰國公。天眷格，次國封號《大金集禮》第六、本書《百官志》第四爲韓。　劾者：景祖長子。　第三子：本書卷五九《宗室表》謂，劾者有子二人，斡魯爲其次，與此異。

[2]康宗：廟號。名烏雅束。1103 年至 1113 年在位。本書卷一有紀。

[3]蘇濱水：今大綏芬河。　含國部："含國"，即"興凱"的不同譯寫，其部原居地當在興凱湖、綏芬河一帶（張博泉等《金史

論稿》第一卷，吉林文史出版社 1986 年版，第 71 頁）。　勃堇：女真官名。部長或部族官稱勃堇。　斡准、職德二部：指斡准部狄庫德勃堇與職德部斷故速勃堇。

[4]斡帶：世祖子，太祖母弟。本書卷六五有傳。

[5]斡賽：世祖子，太祖異母弟。本書卷六五有傳。

[6]高麗築九城：指咸州、英州、雄州、吉州、福州、公嶮鎮、宜州、通泰、平戎九城。　曷懶甸：地區名。今東朝鮮灣西北岸，朝鮮咸興以北及中國吉林省延邊朝鮮族自治州海蘭江一帶。

收國二年四月，[1]詔斡魯統諸軍，與闍母、蒲察、迪古迺合咸州路都統斡魯古等，[2]伐高永昌。[3]詔曰："永昌誘脅戍卒，竊據一方，直投其隙而取之耳。此非有遠大計，其亡可立而待也。東京渤海人德我舊矣，易爲招懷。如其不從，即議進討，無事多殺。"

[1]收國：金太祖年號（1115—1116）。

[2]闍母：世祖子，太祖異母弟。本卷有傳。　蒲察：又作蒲查，穆宗子濟國公。　迪古迺：即完顏忠，石土門弟。本書卷七〇有傳。　咸州路都統：又稱咸州軍帥。金收國元年（1115）十二月，置咸州軍帥司，後稱咸州路都統司。治所咸州，在今遼寧省開原市老城鎮。　斡魯古：宗室子。本卷有傳。

[3]高永昌：渤海人。遼東京裨將，收國二年正月，據東京，僭稱帝，五月，兵敗被擒殺。

高永昌，渤海人，在遼爲裨將，以兵三千，屯東京八甔口。[1]永昌見遼政日敗，太祖起兵，[2]遼人不能支，遂覬覦非常。是時，東京漢人與渤海人有怨，而多殺渤海人。永昌乃誘諸渤海，并其戍卒入據東京，旬月之間，遠近響應，有兵八千人，遂僭稱帝，改元隆基。[3]遼人討之，久不能克。

[1]東京：治所遼陽府，在今遼寧省遼陽市。　八甔（dān）口：地名。《契丹國志》卷一〇云，遼天慶六年（1116）“高永昌等二千人屯白草谷，備禦女真”。八甔口與白草谷似爲一地，或謂在今遼寧省瀋陽市東。待考。

[2]太祖：廟號。本名阿骨打，漢名旻。1113 年至 1123 年在位。本書卷二有紀。

[3]改元隆基：《契丹國志》卷一〇則謂，“稱大渤海皇帝，改元應順”。

永昌使撻不野、杓合，[1]以幣求救於太祖，且曰：“願併力以取遼。”太祖使胡沙補往諭之，[2]曰：“同力取遼固可。東京近地，汝輒據之，以僭大號，可乎？若能歸款，當處以王爵。仍遣係遼籍女直胡突古來。”[3]高永昌使撻不野與胡沙補、胡突古偕來，而永昌表辭不遜，且請還所俘渤海人。太祖留胡突古不遣，遣大藥師奴與撻不野往招諭之。[4]

[1]撻不野：當是東京州縣渤海人，即本書卷一二八《盧克忠傳》追獲高永昌於長松島的“渤海人撻不也”。　杓合：本書僅此一見。

[2]胡沙補：女真人。本書卷一二一有傳。

[3]係遼籍女直：入遼籍的女真人，又稱係籍女真、係案女真。　胡突古：本卷《斡魯古勃堇傳》謂，“胡突古嘗叛入于遼，居于

東京，高永昌據東京，太祖索之以歸”。

［4］大藥師奴：渤海人。在遼爲防禦使，太祖克寧江州，被金所獲。

斡魯方趨東京，遼兵六萬來攻照散城，[1]阿徒罕勃堇、烏論石準與戰於益褪之地，[2]大破之。五月，斡魯與遼軍遇於瀋州，[3]敗之，進攻瀋州，取之。永昌聞取瀋州，大懼，使家奴鐸剌以金印一、銀牌五十來，[4]願去名號，稱藩。斡魯使胡沙補、撒八往報之。[5]會渤海高楨降，[6]言永昌非真降者，特以緩師耳。斡魯進兵，永昌遂殺胡沙補等，率衆來拒。遇于沃里活水，[7]我軍既濟，永昌之軍不戰而却，逐北至東京城下。明日，永昌盡率其衆來戰，復大敗之，遂以五千騎奔長松島。[8]

［1］照散城：《〈中國歷史地圖集〉釋文匯編·東北卷》謂，在今遼寧省清原滿族自治縣南山城。按，城在“益褪之地”附近，似在一統河西畔。

［2］阿徒罕：温迪罕部人。本書卷八一有傳。　烏論石準：烏論即烏古論的不同譯字，本處與本書卷八一《阿徒罕傳》兩見。　益褪之地：今吉林省輝南縣至柳河鎮間的一統河一帶。

［3］瀋州：治所在今遼寧省瀋陽市。

［4］鐸剌：東京州縣契丹人。據《遼史》卷二八《天祚紀》，遼天慶六年（1116）五月降金。

［5］撒八：女真人。即本書卷一二一《胡沙補傳》所見，與胡沙補同時遇害的撒八。天會中贈遥鎮節度使。

［6］高楨：原作“高禎”，中華點校本據本書卷八四《高楨傳》，徑改爲“高楨”。今從。其人爲遼陽渤海人，本書卷八四

有傳。

[7]沃里活水：本書卷二四《地理志上》"遼陽府遼陽縣"條，"東梁河，國名兀魯忽必剌，俗名太子河"。沃里活水，即兀魯忽必剌的不同譯名，今遼寧省遼陽市附近的太子河。

[8]長松島：今遼寧省復州灣的長興島。

初，太祖下寧江州，[1]獲東京渤海人皆釋之，往往中道亡去。諸將請殺之，太祖曰："既以克敵下城，何爲多殺。昔先太師嘗破敵，[2]獲百餘人，釋之，皆亡去。既而，往往招其部人來降。今此輩亡，後日當有効用者。"至是，東京人恩勝奴、仙哥等，[3]執永昌妻子以城降，即寧江州所釋東京渤海人也。先太師，蓋謂世祖云。未幾，撻不野執永昌及鐸剌以獻，皆殺之。[4]於是，遼之南路係籍女直及東京州縣盡降。

[1]寧江州：治所在今何地説法甚多。主要有：大烏拉，即今吉林省永吉縣烏拉街（高士奇《扈從東巡日録》）；厄黑木站，即今吉林省蛟河市天崗（楊賓《柳邊紀略》）；石頭城子，即今吉林省松原市三岔河鄉石頭城子（《吉林通志》卷一一）；吉林省松原市榆樹溝（日本學者池内宏《遼代混同江考》，載《滿鮮史研究》中世第一册）；吉林省松原市小城子或五家站（日本學者三上次男《金史研究》第一册《金代女真社會的研究》）；吉林省松原市伯都訥古城（李健才《東北史地考略》）；吉林省榆樹市大坡古城（紹維、志國《榆樹大坡古城調查——兼論遼寧江州治地望》，《博物館研究》1982年創刊號；張英《遼代寧江州治地望新證》，《長春文物》1982年第2期）。

[2]先太師：遼人呼節度使爲太師，自景祖爲生女真部族節度

使，女真人對景祖及其繼嗣者，亦呼爲“太師”或“都太師”。此“先太師”，指世祖。

[3]恩勝奴、仙哥：二人皆東京渤海人。本書僅此一見。

[4]撻不野執永昌及鐸剌以獻，皆殺之：按前引《遼史》卷二八《天祚紀》謂，鐸剌降於女真。本書卷一三三《耶律余睹傳》又謂，其後鐸剌與余睹結黨謀叛，“及鐸剌”三字當爲衍文。“皆殺之”，當指恩勝奴所執永昌妻子及撻不野所執永昌。

以斡魯爲南路都統、迭勃極烈，[1]留烏蠢知東京事。[2]詔除遼法，省賦稅，置猛安謀克一如本朝之制。[3]九月，斡魯上謁于婆魯買水，[4]上慰勞之。辛亥，幸斡魯第，張宴，官屬皆預，賜賚有差。

[1]南路都統：路官名。治所在今遼寧省遼陽市。　迭勃極烈：女真朝官名。倅貳之官，直譯爲第四勃極烈。

[2]烏蠢：即本書卷六六《胡十門傳》所見，與撒改營於馳回山下的烏蠢。　知東京事：金初東京州縣地方長官，又稱知東京留守事。據本書卷八四《高楨傳》，高楨時爲同知東京留守事。

[3]置猛安謀克一如本朝之制：即依女真之制，“以三百户爲謀克，十謀克爲猛安”，同樣具有政治、軍事、生産三位一體的特點。

[4]婆魯買水：又作蒲盧買水，今黑龍江省通河縣東的烏拉渾河。

燭偎水部實里古達，[1]殺酬斡、僕忽得。[2]斡魯分胡剌古、烏蠢之兵討之。[3]酬斡宗室子，魁偉善戰，年十五，隸軍中，多見任用。以兵五百，敗室韋，[4]獲其民衆。及招降燭偎水部，以功爲謀克。僕忽得初事撒改，[5]從討蕭海里，[6]降燭偎水部，領行軍千户。[7]從破黄龍府，[8]戰達魯古城，[9]皆有功。其破寧江州，渤海乙塞補叛去，[10]僕忽得追復之。至是，與酬斡同被害。[11]

[1]燭偎水部：以水名部。燭偎，又作燭隈、主隈。燭偎水，《黑龍江志稿》謂，今黑龍江省佛山鎮附近的札伊芬河。《〈中國歷史地圖集〉釋文匯編·東北卷》謂，今黑龍江省嘉蔭縣境的嘉蔭河。

[2]酬斡、僕忽得：二人皆宗室子。本書卷一二一有傳。張博泉認爲“燭偎水部實里古達殺酬斡、僕忽得”，即本書卷七三《晏傳》所云“烏底改叛”一事。討烏底改者，是斡魯而不是斡論。應把《晏傳》中的這段史實補入《斡魯傳》里（張博泉《完顔晏史事考辨》，載《女真新論》，吉林文史出版社1993年版）。

[3]胡剌古：即本書卷一三五《高麗傳》所見的曷懶甸孛堇胡剌古。

[4]室韋：族名。在今嫩江中上游一帶。

[5]撒改：世祖兄劾者長子。本書卷七〇有傳。

[6]蕭海里：遼人。叛入係案女真阿典部，穆宗率部大破其軍，執而殺之。

[7]行軍千户：千户即猛安，千夫長。行軍千户，指戰時專門授予以掌軍務的千户，不管原來是否爲千户，均可授予。

[8]黄龍府：治所在今吉林省農安縣。

[9]達魯古城：主要有三説，一説在今吉林省前郭縣的他虎城，一説在今拉林河下游西，一説在今吉林省松原市城北十里的土城子。

[10]乙塞補：渤海人。僅見本傳及本書卷一二一《僕忽得傳》。

［11］“燭偎水部實里古達”至“與酬斡同被害”：此段文字，與本書卷一二一《忠義傳》相重。施國祁《金史詳校》卷七謂，在“殺酬斡、僕忽得”句下，當加“事見《忠義傳》”。自“酬斡宗室子”，至“與酬斡同被害”一百零三字，及下文“天眷中”至“贈昭義大將軍”二十字，當削。

斡魯至石里罕河，[1]實里古達遁去，追及于合撻剌山，[2]誅其首惡四人，撫定餘衆。詔曰：“汝討平叛亂，不勞師衆，朕甚嘉之。酬斡等死於國事，聞其尸棄于河，俟冰釋，必求以葬。其民可三百户爲一謀克，以衆所推服者領之，仍以其子弟等爲質。”斡魯乃還。天眷中，[3]酬斡贈奉國上將軍，[4]僕忽得贈昭義大將軍。[5]

［1］石里罕河：又作石里很水。張博泉謂，即漢、魏時的施奄水，唐時的室建河，今黑龍江（張博泉等《金史論稿》第一卷，吉林文史出版社1986年版，第73頁）。

［2］合撻剌山：滿語義爲“七峰”山，即今黑龍江省蘿北縣江東的那拉合達拉山。

［3］天眷：金熙宗年號（1138—1140）。

［4］奉國上將軍：武散官。從三品上階。

［5］昭義大將軍：本書卷五五《百官志一》作昭毅大將軍，武散官，正四品中階。范成大《攬轡録》所載金朝武散官亦有“昭毅”無“昭義”，疑此處“昭義”爲“昭毅”之誤。

斡魯從都統襲遼主，[1]遼主西走，西京已降復叛，[2]敵據城西浮圖，[3]下射攻城者。斡魯與鶻巴魯攻浮圖，[4]奪之，復以精鋭乘浮圖下射城中，遂破西京。夏國王使李良輔將兵三萬來救遼，[5]次于天德之境。[6]婁室與斡魯合軍擊敗之，[7]追至野谷，[8]殺數千人。夏人渡澗水，水暴至，漂溺者不可勝計。遼主在陰山、青塚之間，[9]斡魯爲西南路都統，往襲之。使勃剌淑、撒曷懣以兵二百，[10]襲遼權六院司喝离質於白水濼，[11]獲之。遼主留輜重於青塚，領兵一萬，往應州。[12]遣照里、背荅各率兵邀之，[13]宗望奄至遼主營，[14]盡俘其妻、子、宗族，得其傳國璽。[15]斡魯使使奏捷曰："賴陛下威靈，屢敗敵兵。遼主無歸，勢必來降，已嚴戒鄰境毋納。宋人合饋軍粮，令銀术可往代州受之。"[16]詔："徧諭有功將士，俟朕至彼，當次第推賞。遼主戚屬勿去其輿帳，善撫存之。遼主伶俜去國，懷悲負耻，恐隕其命。孽雖自作，而嘗居大位，深所不忍。如招之肯來，以其宗族付之。已遣楊璞徵粮於宋，[17]銀术可不須往矣。遼趙王習泥烈及諸官吏，[18]並釋其罪，且撫慰之。"

[1]都統：指杲，時忽魯勃極烈杲爲内外諸軍都統。

[2]遼主：指遼天祚帝耶律延禧。　西京：遼西京，治所在今山西省大同市。

[3]城西：本書卷一九《景宣皇帝紀》作"西京城南有浮圖"。"城西"或爲"城南"之誤。　浮圖：又作浮屠，本梵語"佛"的音譯，佛、寺、佛塔、佛教、僧人皆可以浮圖稱之。此指佛教寺院，即今大同市的善化寺，俗稱南寺，院墻高聳如城。

[4]鶻巴魯：本書卷三《太宗紀》天會九年（1131）作鶻拔魯，卷七二《銀术可傳》作胡巴魯，本卷《斡魯古勃堇傳》作斛拔魯。

[5]夏國王：夏崇宗李乾順。1086 年至 1139 年在位。　李良

輔：西夏軍帥。“良”，原作“仁”，從中華點校本改。

［6］天德：指豐州天德軍，治所在今内蒙古自治區呼和浩特市東白塔村。

［7］婁室：完顔部人。本書卷七二有傳。

［8］野谷：據本書卷七二《婁室傳》、卷一三四《西夏傳》，在今陝西省榆林市東北宜水附近。

［9］陰山：今河套以北大漠以南諸山。　青塚：漢王昭君墓，在今内蒙古自治區呼和浩特市南。

［10］勃剌淑、撒曷懣：此二譯名本書僅此一見。

［11］六院司：遼上京路控制諸奚的諸司之一。　喝离質：即本書卷一二一《粘割韓奴傳》所見“北王喝里質”。　白水濼：今内蒙古自治區察哈爾右翼前旗的黄旗海。

［12］應州：治所在今山西省應縣。

［13］照里：即本書卷八一《蕭王家奴傳》所見的“孛堇照里”。也似本書卷二《太祖紀》天輔二年（1118）十二月所見的“紇石烈照里。”　背荅：人名。不詳。

［14］宗望：太祖第二子。本書卷七四有傳。

［15］傳國璽：指《遼史》卷二九《天祚紀三》保大三年（1123）四月，遼牌印郎君謀盧瓦所送的“兔紐金印”。

［16］銀术可：又作銀术哥，宗室子。本書卷七二有傳。　代州：治所在今山西省代縣。

［17］楊璞：又作楊樸，鐵州渤海人，太祖僚佐。本書衹見於此及卷八四《耨盌温敦思忠傳》。其事迹，散見於《大金國志》《三朝北盟會編》及《遼史》等。

［18］趙王：遼封爵名。　習泥烈：天祚子，母昭容妃。

太祖還京師，宗翰爲西北、西南兩路都統，[1]斡魯及蒲家奴副之。[2]宗翰朝京師，詔：“以夏人言，宋侵略新割地，[3]以便宜決之。”斡魯奏曰：“夏人不盡歸户口資帑，又以宋人侵賜地求援兵。宋之邊臣將取所賜夏人疆土，蓋有異圖。”詔曰：“夏人屢求援兵者，或不欲歸我户口，沮吾追襲遼主事也。宋人敢言自取疆土于夏，誠有異圖。宜謹守備，盡索在夏户口，通聞兩國，事審處之。”斡魯復請弗割山西與宋，[4]則遼主不能與宋郭藥師交通。[5]復詔曰：“宗翰請毋與宋山西地，卿復及此，疆埸之事當慎毋忽。”及宗翰等伐宋，斡魯行西南、西北兩路都統事。[6]天會五年，[7]薨。皇統五年，[8]追封鄭國王。[9]天德二年，[10]配享太祖廟廷。[11]

[1]宗翰：國相撒改長子。本書卷七四有傳。

[2]蒲家奴：即完顔昱，景祖孫，劾孫子。本書卷六五有傳。

[3]新割地：金天會二年（1124）正月，金以下寨以北，陰山以南，乙室耶剌部吐禄濼西之地與夏。

[4]弗割山西與宋：山西，指金天會元年（1123）十一月割武、朔二州之地。

[5]郭藥師：鐵州渤海人。時副宋王安中守燕山。本書卷八二有傳。

[6]西南、西北兩路都統：本書卷五九《宗室表》作“西南路都統”，與此異。

[7]天會：金太宗、熙宗年號（1123—1135，1135—1137）。

[8]皇統：金熙宗年號（1141—1149）。

[9]鄭國王：封國名。天眷格，次國封號《大金集禮》第三、本書《百官志》第二爲鄭。施國祁《金史詳校》卷七據本書卷四《熙宗紀》皇統六年（1146）九月所載，謂“追封鄭王”之下，當加“六年立碑”。

［10］天德：金海陵王年號（1149—1153）。

［11］配享太祖廟廷：施國祁《金史詳校》卷七據本書卷三一《禮志四》“功臣配享”條所載，謂“配享太祖廟廷”之下，當加“大定八年圖像衍慶宫，謚剛烈”。

子撒八，銀青光禄大夫。[1]子賽里。

［1］銀青光禄大夫：後改稱銀青榮禄大夫。文散官，正二品下階。

斡魯古勃堇，宗室子也。太祖伐遼，使斡魯古、阿魯撫諭斡忽、急賽兩路係遼女直。[1]與遼節度使撻不也戰，[2]敗之，斬撻不也。酷輦嶺阿魯臺罕等十四太彎皆降，[3]斡忽、急賽兩路亦降。與遼都統實婁戰于咸州西，[4]敗之，斬實婁于陣。與婁室克咸州。阤滿忽吐以所部降于斡魯古，[5]鄰部户七千亦來歸。遂與遼將喝補戰，[6]破其軍數萬人。太祖嘉之，以爲咸州軍帥。[7]

［1］阿魯：即宗室子宗賢，太祖從侄。本書卷六六有傳。　斡忽：路名。斡忽即斡魯渾河的簡稱，今吉林省伊通河。該路指此河以東至霧開河間地區。　急賽：路名。急賽，亦作急塞，即吉勒莎河，今金沙河，亦即鷄塞。今吉林名稱來源於此。該路指以此水爲中心的今吉林市地區（張博泉《從“一體”和“多元”探清以前長春市建城史紀元》，《社會科學探索》1997年增刊）。

［2］遼節度使撻不也：即《遼史》卷二七《天祚紀一》天慶四年（1114）十月，所見的“静江軍節度使蕭撻不也”。其與“統軍蕭撻不野”似爲兩人。

[3]酷輦嶺：今吉林省遼源市東北的二明砬山。　阿魯臺罕：當是阿徒罕的不同譯寫，但與本書卷八一的阿徒罕爲兩人。　太彎：即遼部族官的大王，本名夷離堇。

[4]遼都統實婁：即《遼史》卷二七《天祚紀一》天慶四年（1114）十二月，“南軍諸將實婁”。也是本書卷二《太祖紀》二年甲午（1114）十二月，“統軍實婁”。

[5]陁滿忽吐：即本書卷八二《光英傳》，咸平路窟吐忽河人陁滿訛里也之父陁滿忽土。

[6]喝補：人名。本書僅此一見。

[7]咸州軍帥：司置咸州，後改稱咸州路都統。

斡魯伐高永昌于東京，斡魯古以咸州軍佐之。遼秦晉國王耶律捏里來伐，[1]迪古迺、婁室、婆盧火等將二萬衆，[2]合斡魯古咸州兵往擊之。

[1]秦晉國王：遼封爵名。　耶律捏里：漢名淳，遼興宗第四孫。《遼史》卷三〇有紀。

[2]婆盧火：安帝五代孫。本卷有傳。

胡突古嘗叛入于遼，居于東京，高永昌據東京，太祖索之以歸。斡魯古伐永昌，以便宜署胡突古爲千户，散都魯、訛魯補皆無功，[1]亦以便宜除官。及以便宜解權謀克斛拔魯、黄哥、達及保等職，[2]皆非其罪。太祖聞之，盡復斛拔魯等謀克，胡突古等皆罷去。

[1]散都魯：人名。本書僅此一見。　訛魯補：人名。似即本書卷七七《宗弼傳》與卷八〇《赤盞暉傳》的訛魯補。

[2]權謀克：代理、攝守官職爲權。權謀克，即攝守常備軍中謀克官長。　斛拔魯：人名。即本卷《斡魯傳》的鶻巴魯。　黄哥、達及保：二人名。本書各僅此一見。

太祖聞斡魯古軍中往往闕馬，而官馬多匿於私家，遂檢括之。耶律捏里、佛頂遺斡魯古書，[1]請和。斡魯古以捏里書并所答書來上，且請曰："復有書問，宜如何報之?"詔曰："若彼再來請和，汝當以阿踈等叛亡，[2]索而不獲至於交兵，我行人賽剌亦不遣還。[3]若歸賽剌，及送阿踈等，則和好之議方敢奏聞。仍恐議和非實，無失備禦。"

[1]佛頂：契丹人。即耶律佛頂，遼招討使，後於金天輔六年(1122)四月降金。

[2]阿踈：星顯水紇石烈部人。本書卷六七有傳。

[3]行人：使者的通稱。女真號曰"閘剌"。　賽剌：疑即"閘剌"，失其姓名。據本書卷八四《耨盌温敦思忠傳》，金收國元年(1115)使遼，遇害。

耶律捏里軍蒺藜山，[1]斡魯古以兵一萬，戍東京。太祖使迪古迺、婁室復以兵一萬益之。詔曰："遼主失道，肆命徂征，惟爾將士，當體朕意，拒命者討之，服者撫安之，毋貪俘掠，毋肆殺戮。所賜捏里詔書，可傳致也。"詔捏里曰："汝等誠欲請和，當廢黜昏主，擇立賢者，副朕弔伐之意，然後可議和約。不然，當盡并爾國。其審圖之。"捏里復書斡魯古，云："降去人痕孛見還，[2]則當送阿疎等。”上曰：“痕孛等乃交兵之後來降，阿疎則平日以罪亡去，其事特異。”復詔捏里，令此月十三日送阿疎至顯州，[3]各遣重臣議疆埸事。

[1]蒺藜山：在今遼寧省阜新市北。

[2]痕孛：東京州縣契丹人。據《遼史》卷二八《天祚紀二》，天慶六年（1116）五月降金。

[3]顯州：治所在今遼寧省北寧市西南五里的北鎮廟。

斡魯古等攻顯州，知東京事完顏斡論以兵來會。[1]即以兵三千先渡遼水，得降户千餘，遂薄顯州。郭藥師乘夜來襲，斡論擊走之。斡魯古等遂與捏里等戰于蒺藜山，大敗遼兵，追北至阿里真陂，[2]獲佛頂家屬。遂圍顯州，攻其城西南，軍士神篤踰城先入，燒其佛寺，煙焰撲人，守陴者不能立，諸軍乘之，遂拔顯州。於是，乾、懿、豪、徽、成、川、惠等州皆降。[3]乾州後爲閭陽縣，[4]遼諸陵多在此，禁無所犯。徙成、川州人于同、銀二州居之。[5]

[1]完顏斡論：女真人。金天輔元年（1117）七月，繼烏蠢之後爲知東京事。

[2]阿里真陂：地名。當在蒺藜山與顯州間，具體地點不詳。本是女真語與漢語合璧辭彙。女真人稱不平坦的陂陀，曰“阿懶”或“阿楞”。“阿里真”即“阿懶”或“阿楞”的異寫，“陂”即“陂陀”。

[3]乾：州名。治所在今遼寧省北寧市西南十二里觀音洞附近。懿：州名。治所在今遼寧省阜新縣北繞陽河南岸塔營子古城。

豪：州名。治所在今遼寧省彰武縣南。　徽：州名。治所在今遼寧省阜新縣鶩歡池北。　成：州名。治所在今遼寧省阜新市西北境。　川：州名。治所在今遼寧省北票市與朝陽市間。　惠：州名。治所在今内蒙古自治區敖漢旗南境。

[4]間陽縣：金天會八年（1130）廢乾州，更名間陽縣。屬北京路廣寧府，有遼景宗乾陵。

[5]同：州名。治所在今遼寧省開原市南中固鎮。　銀：州名。治所在今遼寧省鐵嶺市舊鐵嶺縣城。

捏里再以書來請和，斡魯古承前詔，以阿踈爲言，答之。駐軍顯州以聽命。賜斡魯古等馬十匹，詔曰："汝等力摧大敵，攻下諸城，朕甚嘉之。遼主未獲，人心易摇，不可恃戰勝而失備禦。"遼雙州節度使張崇降，[1]斡魯古以便宜命復其職，仍令世襲。

[1]遼雙州節度使：遼保安軍節度使置雙州，又稱雙州節度使。治所在今遼寧省鐵嶺市西六十里古城子村。　張崇：遼保安軍節度使，金天輔二年（1118）正月，以雙州降金。

斡魯古久在咸州，多立功，亦多自恣。劾里保、雙古等告斡魯古不法事：[1]遼帝在中京可追襲而不追襲，[2]咸州粮草豐足而奏數不以實，攻顯州獲生口財畜多自取。捏里、孛剌束等，[3]亦告孛堇訾葛、麻吉、窩論、赤閏、阿剌本、乙剌等，[4]多取生口財畜。遂以闍哥代爲咸州路都統。[5]

[1]劾里保、雙古：二人當爲咸州路都統司的僚佐或部將。

[2]中京：治所在今内蒙古自治區寧城縣西大明城。

[3]捏里、孛剌束：二人亦當爲咸州路都統司的僚佐或部將。

[4]瞢葛：又作完顔蒙刮、銀青光禄大夫蒙适、蒙刮勃堇、猛安蒙葛。見於本書卷二《太祖紀》、卷八〇《阿离補傳》、卷七二《麻吉傳》、卷六五《謾都本傳》。　麻吉：宗室子，銀术可同母弟。本書卷七二有傳。　斡論：即從蒙刮攻東京及廣寧，擊北京山賊的烏孫訛論。本書卷八二有傳。　赤閏：其人不詳。　阿剌本：即從斡魯古攻豪、懿州的阿魯補，冶訶子。本書卷六八有傳。　乙剌：其人不詳。

[5]闍哥：本傳將闍哥與闍母分爲兩人，既稱闍哥爲“宗室子”，代斡魯古爲“咸州路都統”，又謂“使闍母爲其副統”。據本卷《闍母傳》，“及斡魯古以罪去咸州，闍母代之，於是闍母爲咸州路副統”。先代之，後命爲副統者，及闍母一人之職事。所記與此不同。

闍哥亦宗室子也，既代斡魯古治咸州。初，迪古迺、婁室奏，攻顯州新降附之民，可遷其富者于咸州路，其貧者徙内地。於是，詔使闍哥擇其才可幹事者授之謀克，其豪右誠心歸附者擬爲猛安，録其姓名以聞。饑貧之民，官賑給之。而使闍母爲其副統云。久之，遼通、祺、雙、遼四州之民八百餘家，[1]詣咸州都統降。上曰：“遼人賦斂無度，民不堪命，相率求生，不可使失望。分置諸部，擇善地以處之。”

[1]通：州名。治所在今吉林省四平市西一面城古城。　祺：州名。治所在今遼寧省康平縣東南齊家屯。　遼：州名。治所在今遼寧省新民市東北五十八里遼濱塔村。

太祖召斡魯古自問之，斡魯古引伏。闍哥鞫窩論等。詔降斡魯古爲謀克，而禁錮窩論等。天輔六年，[1]討賊于牛心山，[2]道病卒。天眷中，贈特進。[3]天德二年，配享太祖廟廷。[4]大定十五年，[5]謚莊翼。

[1]天輔：金太祖年號（1117—1123）。

[2]牛心山：在臨潢府西北，今大興安嶺西側，内蒙古自治區西烏珠穆沁旗境内。

[3]特進：文散官。從一品中次階。

[4]天德二年，配享太祖廟廷：本書卷三一《禮志四》，金天德二年（1150）配享太祖廟廷者，見有斡魯，而未載斡魯古勃堇。金大定八年（1168），圖畫爲臣於太祖廟（衍慶宫），始見"特進宗人斡魯古"。

[5]大定：金世宗年號（1161—1189）。

婆盧火，安帝五代孫。[1]太祖伐遼，使婆盧火徵迪古迺兵，失期，杖之。後與渾黜以四千人，[2]往助婁室、銀术哥攻黄龍府。辭勒罕、轄孛得兄弟，直攧里部人，[3]嘗寇耶懶路，[4]穆宗遣婆盧火討之。[5]至阿里門河，[6]辭勒罕僞降，遂略馬畜三百而去，復掠兀勒部二十五寨。[7]太祖復使婆盧火討之。婆盧火渡蘇衮河，[8]招降旁近諸部，因籍丁壯爲軍，至特滕吴水，[9]轄孛得僞降，復叛去，執而殺之。婆盧火至特鄰城，[10]圍之，辭勒罕遁去。婆盧火破其城，執其妻子，辭勒罕遂降，曰："我之馬牛財貨盡矣，何以爲生。"婆盧火與之馬十匹。直攧里部産良馬，太祖使紇石烈阿習罕掌其畜牧，[11]婆盧火及子婆速，俱爲謀克。

[1]安帝：謚號。名跋海。本書卷一有紀。

[2]渾黜：即完顏渾黜。徐國公，大定衍慶亞次功臣。

[3]直擷里部：張博泉據《契丹國志》與《新五代史》卷七三《四夷附録》引胡嶠《陷虜記》，認爲直擷里即鐵離，亦即後來的奇勒爾人。居兀勒部北，今黑龍江近海處（見張博泉等《金史論稿》第一卷，第79頁）。

[4]耶懶路：地區名。今俄羅斯濱海邊疆區的塔烏黑河流域，亦即清寧古塔將軍轄境内的雅蘭河流域。

[5]穆宗：廟號。名盈歌。1094年至1103年在位。本書卷一有紀。

[6]阿里門河：施國祁《金史詳校》卷七謂"'門'當作'閔'"。張博泉等《金史論稿》認爲"阿里門河"即本書卷六七《鈍恩傳》中記載的阿里民忒石水，後來的阿敏河（見張博泉等《金史論稿》第一卷，第79頁）。

[7]復掠兀勒部："掠"字，原在"部"字之下，從中華點校本改。兀勒部在厄勒河（額勒河），即今黑龍江、烏蘇里江合流東近海地方（見張博泉等《金史論稿》第一卷，第79頁）。

[8]蘇衮河：應在特鄰城之南境。

[9]特滕吴水：當在特鄰城與蘇衮河之間。

[10]特鄰城：《〈中國歷史地圖集〉釋名匯編·東北卷》謂，在今黑龍江省寧安市東京城西北。張博泉謂，即《元一統志》記載的遼金所建奴兒幹城，在今黑龍江下游特林地方（見張博泉等《金史論稿》第一卷，第80頁）。

[11]紇石烈阿習罕：女真人。本書僅此一見。

天輔五年，摘取諸路猛安中萬餘家，屯田于泰州。[1]婆盧火爲都統，賜耕牛五十。婆盧火舊居按出虎水，[2]自是徙居泰州。而遣拾得、查端、阿里徒歡、奚撻罕等俱徙焉。[3]唯族子撒剌喝嘗爲世祖養子，[4]獨得不徙。

[1]泰州：即遼泰州，也稱舊泰州。一説在今黑龍江省泰來縣塔子城。一説在今吉林省洮南市舊城東二十里的城四家子古城。

[2]按出虎水：今黑龍江省阿城市境内的阿什河。

[3]拾得、查端、阿里徒歡、奚撻罕：據本書卷四六《食貨志一》與卷八四《撒离喝傳》，此四人皆爲居寧江州的婆盧火族人。

[4]撒剌喝：又作撒离喝，即完顔杲，胡魯補山子。本書卷八四有傳。　世祖：廟號。名劾里鉢。1074 年至 1092 年在位。本書卷一有紀。

太祖取燕京，[1]婆盧火爲右翼，兵出居庸關，大敗遼兵，遂取居庸。蕭妃遁去，[2]都監高六等來送款乞降。[3]習古乃追蕭妃至古北口，[4]蕭妃已過三日，不及而還。上令婆盧火、胡實賚率輕騎追之，[5]蕭妃已遠去，獲其從官統軍察剌、宣徽查剌，并其家族，及銀牌二、印十有一。及迭剌叛，[6]婆盧火、石古乃討平之，[7]其群官率衆降者，就使領其所部。太宗以空名宣頭及銀牌給之。[8]

[1]燕京：今北京市。　居庸關：在今北京市昌平區西北。

[2]蕭妃：遼秦晋國王耶律淳妻德妃蕭氏。遼保大二年（1122）淳自立於燕，不久病死。德妃爲皇太后，稱制，改元建興，主軍國事。

［3］都監：遼統軍都監。遼諸統軍職名有都統軍使、副使，都監等。　高六：太祖入燕京，高六等開門待之。後爲宗望部將，嘗破宋兵於廣信。

［4］習古乃：又作實古迺、石古乃，宗室子。本書卷七二有傳。古北口：今北京市密雲縣東北的長城隘口。

［5］胡實賚：即本書卷七二《拔离速傳》的胡實海。

［6］迭剌：東北路部族名。金承安三年（1198）改其部爲土魯渾扎石合節度使。

［7］石古乃：施國祁《金史詳校》卷七謂"'石'當作'習'"。中華點校本謂"石古乃"即上文"追蕭妃至古北口"之"習古乃"。本書卷七二有傳云："習古乃，亦書作實古迺"，卷七二《婁室傳》《銀朮可傳》記與完顏渾黜、婆盧火等攻黄龍府者爲"石古乃"，卷七四《宗翰傳》、卷八〇《阿离補傳》亦作"石古乃"。皆同音異寫，而用"石古乃"三字較多。

［8］太宗：廟號。名吴乞買，漢名晟。1123年至1135年在位。本書卷三有紀。　宣頭：簽署皇帝旨意的遷授文書，稱宣頭。　銀牌：授以猛安的符牌。

同時有婆盧火者，[1]婁室平陝西，婆盧火、繩果監戰。後爲平陽尹，[2]西南路招討使，[3]終於慶陽尹。[4]

［1］同時有婆盧火者：此婆盧火，見於本書卷七二《婁室傳》、卷七四《宗翰傳》、卷一三四《西夏傳》等。

［2］平陽尹：府長官，即府尹。掌宣風導俗、肅清所部、總判府事。正三品。平陽府治所在今山西省臨汾市。

［3］西南路招討使：招懷降附，征討携離。正三品。司置西京路豐州，在今内蒙古自治區呼和浩特市東。

［4］慶陽：府名。治所在今甘肅省慶陽市。

泰州婆盧火守邊屢有功，太宗賜衣一襲，并賜其子剖叔。[1]八年，[2]以甲冑賜所部諸謀克。天會十三年，加同中書門下平章事。[3]天眷元年，駐烏骨迪烈地，[4]薨。贈開府儀同三司，[5]謚剛毅。[6]

[1]剖叔：施國祁《金史詳校》卷七“案‘剖叔’似即上‘婆速’之異文，故《宗室表》止云‘婆速’，第考下文云‘子剖叔襲猛安’，又云‘婆速官特進’，則似兩人矣。疑傳誤，分一人爲二人也”。如是，下文的斡帶與吾扎忽，皆應爲婆速即剖叔之子。

[2]八年：前當加“天會”二字。下文“天會十三年”當去“天會”二字。

[3]加同中書門下平章事：凡外官加此銜者，皆爲虛銜，並不任職。

[4]烏古迪烈地：本書卷五《海陵紀》、卷四四《兵志》皆作“烏古迪烈部”。施國祁《金史詳校》卷七謂“地當作部”。烏骨迪烈，又作烏古迪烈，其部居地在泰州之北，與蒲與路近。

[5]開府儀同三司：文散官。從一品上階。

[6]謚剛毅：據本書卷八〇《阿离補傳》“謚剛毅”之下當加“大定間定衍慶亞次功臣，贈齊國公”。

子剖叔，襲猛安，天眷二年，爲泰州副都統。子斡帶，廣威將軍。[1]婆速，官特進。子吾扎忽。

[1]廣威將軍：武散官。正五品上階。

吾扎忽，善騎射，年二十，以本班祗候郎君都管，[1]從征伐有功，授修武校尉。[2]皇統二年，[3]權領泰州軍。平陝西，至涇州，[4]大破宋兵於馬西鎮，[5]超遷寧遠大將軍，[6]襲猛安。[7]復以本部軍從宗弼，[8]權都統。[9]正隆末，[10]從海陵伐宋。[11]契丹反，與德昌軍節度使移室懣同討契丹，[12]許以便宜從事。

[1]本班祗候郎君都管：本書僅此一見。遼北面著帳官有祗候郎君班詳穩司及本班局等。蕭仲恭在遼曾爲宗戚子弟“孩兒班”班使、本班詳穩，其弟蕭仲宣在遼也曾任本班詳穩，金初完顏撒改也曾爲本班祗候郎君詳穩。本班祗候郎君都管，或是本班祗候郎君詳穩的屬官。

[2]修武校尉：武散官。從八品上階。

[3]皇統二年：據《宋史》卷二九《高宗紀六》紹興十年（1140）及本書卷四《熙宗紀》天眷三年（1140），“平陝西至涇州”，在天眷三年。吾札忽“權領泰州軍，”又在“至涇州”前。“皇統”，疑爲“天眷”之誤。

[4]涇州：治所在今甘肅省涇川縣。

[5]馬西鎮：亦當在今甘肅省涇川縣境。

[6]寧遠大將軍：武散官。後改稱爲懷遠大將軍。從四品下階。

[7]襲猛安：指襲其父剖叔（婆速）的世襲猛安，領有其父猛安的人口和封地。

[8]宗弼：本名兀术，太祖第四子。本書卷七七有傳。

[9]權都統：指權泰州軍都統。

[10]正隆：金海陵王年號（1156—1161）。

[11]海陵：封號。名亮。1149 年至 1161 年在位。本書卷五有紀。

[12]德昌軍節度使：掌鎮撫諸軍防刺，總判本鎮兵馬事，兼本州管內觀察使事。正三品。海陵正隆間置德昌軍節度使於泰州，治

所仍在舊泰州。　移室懣：即温迪罕移室懣。本書卷九一有傳。

大定初，除咸平尹，駐軍泰州。俄改臨潢尹，[1]攝元帥左都監，[2]與廣寧尹僕散渾坦俱從元帥右都監神土懣解臨潢之圍。[3]契丹引衆東行，吾扎忽追及于窊歷山。[4]押軍猛安契丹忽刺叔以所部助敵，[5]攻官軍，官軍失利。泰州節度使烏里雅來救，[6]未至臨潢與敵遇，烏里雅敗，僅以數騎脱歸。敵攻泰州，其勢大振，城中震駭，將士不敢出戰，敵四面登城。押軍猛安烏古孫阿里補率軍士數人持鐔刀循城，[7]應敵力戰，斫刈甚衆，敵乃退，泰州得完。吾扎忽迺使謀克蒲盧渾徙百姓旁邑及險阨之地，[8]以俟大軍。明年，聚甲士萬三千於濟州，[9]會元帥謀衍，[10]敗窩斡於長濼。[11]戰霿𩅢河，[12]戰陷泉，[13]皆有功。改胡里改節度使，[14]卒。

[1]臨潢：府名。治所在今内蒙古自治區巴林左旗林東鎮南波羅城。

[2]元帥左都監：元帥府屬官。位在右監軍之下，右都監之上。從三品。

[3]廣寧：府名。治所在今遼寧省北寧市南五里的北鎮廟。　僕散渾坦：蒲與路挾懣人。本書卷八二有傳。　神土懣：宗室子。本書卷九一有傳。

[4]窊歷山：又稱窊歷。其附近有窊里不水，似即臨潢府寧塞縣的滑河，在今内蒙古自治區阿魯科爾沁旗與扎魯特旗之間。

[5]押軍猛安：即是猛安軍行兵作戰的首領。押軍即統押或管押軍兵之意。　忽刺叔：契丹人。見於本傳及本書卷一三三《窩斡傳》。

[6]烏里雅：即本書卷六《世宗紀上》與卷六一《交聘表中》大定四年（1164），夏生日使、宿直將軍、宗室烏里雅。

[7]烏古孫阿里補：即本書卷八八《移剌道傳》同知睢州事烏古孫阿里補。

[8]蒲盧渾：中都路胡士愛割蠻猛安人。即蒲察通，又作蒲魯渾。本書卷九五有傳。

[9]濟州：遼黄龍府，金天眷間改爲濟州。治所在今吉林省農安縣城。

[10]元帥謀衍：即右副元帥完顔謀衍。

[11]窩斡：西北路契丹部族人，即移剌窩斡。本書卷一三三有傳。　長濼：傅樂焕《遼史叢考》謂，今内蒙古自治區奈曼旗境工程廟泡子。《中國通史》第六册謂，在今吉林省乾安、農安縣間。按，本書卷九四《襄傳》謂，“戰於肇州之長濼”，長濼當在金肇州境。

[12]霿（méng）凇（sōng）河：今遼寧省開原市境的馬鬃河。

[13]陷泉：女真語曰“落孛魯”。在臨潢府境内裊嶺西。

[14]胡里改節度使：胡里改路，國初置萬户，海陵時改置節度使。治所在今黑龍江省依蘭縣。

吾扎忽性聰敏，有才智，善用軍，常出敵之不意。故能以寡敵衆，而所往無不克，號爲“鶻軍”云。[1]

[1]鶻軍：軍隊綽號。遼金均有鶻軍之號，謂其臨戰如鶻鷹之勁猛，無往不克。

闍母，世祖第十一子，[1]太祖異母弟也。高永昌據東京，斡魯往伐之，闍母等爲之佐。已克瀋州，城中出奔者闍母邀擊殆盡。與永昌隔沃里活水，衆遇淖不敢進，闍母以所部先濟，諸軍畢濟。軍東京城下，城中人出城來戰，闍母破之于首山，[2]殲其衆，獲馬五百匹。

[1]世祖第十一子：本書卷五九《宗室表》與卷六五《始祖以下諸子傳》，皆謂世祖子"凡十一人"，闍母排在倒數第三位。卷六五《鄆王昂傳》又謂，昂"世祖最幼子也"。闍母不當爲"世祖第十一子"，"一"字爲衍字，或有誤。局本"十一"改作"九"。

[2]首山：在今遼寧省遼陽市西南。

及斡魯古以罪去咸州，闍母代之，[1]於是闍母爲咸州路副統。遼議和久不成，太祖進兵，詔咸州路都統司，令斜葛留兵一千鎮守，[2]闍母以餘兵會于渾河。[3]太祖攻上京，[4]實臨潢府，[5]諭之不下。遼人恃儲蓄自固。上親臨陣，闍母以衆先登，克其外城，留守撻不野率衆出降。[6]都統杲兵至中京，[7]闍母自城西沿土河以進，[8]城中兵尚餘三千，皆不能守，遂克之。

[1]闍母代之：按本書本卷《斡魯古傳》記載，此事稱"劾里保、雙古等告斡魯古不法事"，太祖"遂以闍哥代爲咸州路都統……而使闍母爲其副統云"。疑此處"闍母"即《斡魯古傳》之"闍哥"。

[2]斜葛：又作斜斡。據本書卷六七《烏春傳》與卷八四《奔睹傳》，爲跋黑之子。

[3]渾河：見於本書者有三。一指今遼寧省開原市西南流經撫順的渾河；一指《遼東行部志》胡士虎（漢語渾河），在宜民縣與懿州間，即遼西渾河路之渾河；一指臨潢附近的渾河。金攻臨潢府

前，會於咸州西，此處所言的渾河，當是遼西渾河路渾河。

[4]上京：遼上京。金天眷元年（1138）改爲北京，貞元元年（1153）以大定府爲北京後，衹稱臨潢府。

[5]實臨潢府："實"意爲實際、事實。實臨潢府，"即臨潢府"，疑爲上京的注解。

[6]留守：遼上京留守。　撻不野：遼有多人名撻不野，此爲遼上京留守撻不野。據本書卷七五《盧彦倫傳》，太祖還師，他又以上京城叛，爲盧彦倫所逐。

[7]杲：本名斜也，太祖母弟，時爲内外諸軍都統。本書卷七六有傳。

[8]土河：今内蒙古自治區赤峰市老哈河。

宗翰等攻西京，闍母、婁室等於城東爲木洞以捍蔽矢石，[1]於北隅以芻茭塞其隍，城中出兵萬餘，將燒之。温迪罕蒲匣率衆力戰，[2]執旗者被創，蒲匣自執旗，奮擊却之。又爲四輪革車，[3]高出於堞，闍母與麾下乘車先登，諸軍繼之，遂克西京。

[1]木洞：《完顔婁室碑》謂，"制攻具，以三木駢榱爲洞垣，右（有）長廊，使士卒行其下"。

[2]温迪罕蒲匣：女真人。本書僅此一見。

[3]四輪革車：《完顔婁室碑》謂："又作樓車，鞏之以革，施四輪其上（下），出陴堞以鬪敵。"

與遼步騎五千戰于朔州之境，[1]斬首三百級。復敗遼騎三百于河陰。[2]遼兵五千屯于馬邑縣南，[3]復擊破之，隳其營壘，盡得其車馬、器械。遼兵三萬，列營于西京之西，闍母以三千擊之。闍母使士卒皆去馬，陣於溝塹之間，曰："以一擊十，不致之死地，不可使戰也。"謂衆曰："若不勝敵，不可以求生。"於是人皆殊死戰，遼兵遂敗，追至其營而止。明日，復敗其兵七百餘人。

[1]朔州：治所在今山西省朔州市。

[2]河陰：縣名。後更名山陰。治所在今山西省山陰縣東南。

[3]馬邑縣：在今山西省山陰縣與朔州市之間。

興中府宜州復叛，[1]闍母討之，并下詔招諭。詔闍母曰："遼之土地皆爲我有，彼雖復叛，終皆吾民，可縱其耕稼，毋得侵掠。"勃堇蒙刮、斜鉢、吾撻等獲契丹九斤，[2]興中平。[3]

[1]興中府：治所在今遼寧省朝陽市。　宜州：遼宜州，金天德三年（1151）更名義州。治所在今遼寧省義縣。

[2]蒙刮：即本卷《斡魯古勃堇傳》孛堇訾葛。　斜鉢：即本書卷六八《歡都傳》穆宗諸父之子斜鉢。　吾撻：人名。本書僅此一見。　契丹九斤：即本書卷八〇《斜卯阿里傳》，阿里屯高州，"契丹昭古牙、九斤合興中兵數萬攻胡里特寨"的契丹人九斤。

[3]興中平："興"，原作"與"。中華點校本據南監本、北監本、殿本、局本及《永樂大典》卷六七六四改，今從。

闍母爲南路都統，討回离保。[1]詔曰："回离保以烏合之衆，保據險阻，其勢必將自斃。若彼不出掠，毋庸攻討。"耶律奧古哲等殺回离保于景、薊之間，[2]其衆遂潰。

[1]回离保：奚王忒鄰之後。本書卷六七、《遼史》卷一一四皆有傳。

[2]耶律奥古哲：契丹人。《遼史》卷一一四作耶律阿古哲。景、薊之間：今河北省遵化市與天津市薊縣之間。

張覺據平州叛，[1]入于宋，闍母自錦州往討之。[2]覺將以兵脅遷、來、潤、隰四州之民，[3]闍母至潤州，擊走張覺軍，逐北至榆關，[4]遣俘持書招之。復敗覺兵於營州東北，[5]欲乘勝進取南京。時方暑雨，退屯海壖，逐水草休息，使僕虺、蒙刮兩猛安屯潤州，[6]制未降州縣，不得與覺交通。九月，[7]闍母破覺將王孝古於新安，[8]敗覺軍於樓峯口。[9]復與覺戰於兔耳山，[10]闍母大敗。太宗使宗望問闍母敗軍之狀，宗望遂以闍母軍討覺。及宗望破張覺，太宗乃赦闍母，召宗望赴闕。

[1]張覺：平州義豐人。本書卷一三三有傳。　平州：金天輔七年（1123）爲南京，天會四年（1126）復爲平州。治所在今河北省盧龍縣。

[2]錦州：治所在今遼寧省錦州市。

[3]遷：州名。治所在今河北省秦皇島市山海關區。　來：州名。治所在今遼寧省綏中縣前衛鎮。　潤：州名。治所在今河北省秦皇島市海陽鎮。　隰：州名。治所在今遼寧省興城市西南。“隰”，原作“濕”，從中華點校本改。

[4]榆關：榆關又作渝關，即山海關。

[5]營州：治所在今河北省昌黎縣。

[6]僕虺：見於本書卷二《太祖紀》與卷六八《冶訶傳》，嘗戰於賓州、義州。

[7]九月：據本書卷三《太宗紀》，爲天會元年（1123）九月。九月前當加“天會元年”四字。

[8]王孝古：本書僅此一見。　新安：鎮名。金大定二十九年（1189）置撫寧縣，治所在今河北省撫寧縣。

[9]樓峯口：在今河北省秦皇島市撫寧縣西。

[10]兔耳山：本書卷二四《地理志上》“中都路順州温陽”條謂，“舊名懷柔”，有“兔耳山”。此山當在今北京市順義區境内。

闍母連破僞都統張敦固，[1]遂克南京，執敦固殺之。上遣使迎勞之，詔曰：“聞下南京，撫定兵民，甚善。諸軍之賞，卿差等以給之。”又詔曰：“南京疆埸如舊，屯兵以鎮之。命有司運米五萬石于廣寧，給南京、潤州戍卒。”遂下宜州，拔叉牙山，[2]殺其節度使韓慶民，[3]得粮五千石。詔以南路歲饑，許田獵。

[1]張敦固：張覺部將。於兔耳山敗闍母，宋加徽猷閣待制。及張覺敗奔於宋，衆推敦固爲都統。至此，爲闍母執殺。

[2]叉牙山：又作杈椏山、查牙山，在今遼寧省錦州市北。

[3]韓慶民：時爲遼宜州節度使。

其後宋童貫、郭藥師治兵，[1]闍母輒因降人知之，即具奏，語在宋事中。[2]而宗翰、宗望皆請伐宋，於是闍母副宗望伐宋。宗望以闍母屬尊，先皇帝任使有功，請以爲都統，己監戰事。於是闍母爲都統，掃喝副之。[3]敗郭藥師兵于白河，[3]遂降燕山。[5]以先鋒渡河圍汴，[6]宋人請盟。將士分屯于安肅、雄、霸、廣信之境，[7]宗望還山西，[8]闍母與劉彥宗留燕京，[9]節制諸軍。八月，[10]復伐宋，大軍克汴州，[11]諸軍屯于城上。城中諸軍潰而西出者十三萬人，闍母、撻懶分擊，[12]大敗之。師還，闍母爲元帥左都監，攻河間，[13]下之，大破敵兵萬餘於莫州。[14]宗輔爲右副元帥，[15]徇地淄、青。[16]闍母與宗弼分兵破山谷諸屯。宋李成兵圍淄州，[17]烏林荅泰欲破之。[18]闍母克濰州。[19]迪古補、朮烈速連破趙子昉等兵，[20]至于河上。[21]烏林荅泰欲破敵于靈城鎮。[22]及議伐康王，[23]闍母欲先定河北，然後進討。太宗乃酌取群議之中，使婁室取陜西，宗翰、宗輔南伐。

[1]童貫：宋開封人，宦官。北宋末年，掌兵權約二十年，權傾一時，後爲宋欽宗處死。《宋史》卷四六〇有傳。

[2]語在宋事中：施國祁《金史詳校》卷七謂此五字當削。

[3]掃喝：本書卷三《太宗紀》作埽喝。闍母爲南京路都統，掃喝爲副。

[4]白河：今河北省三河市附近的潮白河。

[5]燕山：即燕山府。太祖割燕山六州與宋，宋置燕山府，治所在今北京市。

[6]汴：宋京城。治所在今河南省開封市。

[7]安肅：州名。治所在今河北省徐水縣安肅鎮。　雄：州名。治所在今河北省雄縣。　霸：州名。治所在今河北省霸州市。　廣信：宋廣信軍，金天會七年（1129）改名遂州。治所在今河北省徐水縣西遂城。

[8]宗望還山西：本書卷七四《宗望傳》亦謂“宗望還山西”。

然宗望爲東路軍統帥，與西路軍所據山西無涉，《大金國志》卷四謂是時宗望“會於山後避暑議事”。疑“山西”爲“山後”之誤。

［9］劉彦宗：大興宛平人，時爲知燕京樞密院事兼領漢軍都統。本書卷七八有傳。

［10］八月：據本書卷三《太宗紀》爲天會四年（1126）八月，八月前當加“四年”二字。

［11］汴州：施國祁《金史詳校》卷七誤謂，汴州當作汴京。按，金初稱宋東京開封府爲汴州，稱宋京城爲汴或汴梁。“汴州”，本書凡十見，據本書卷七七《劉豫傳》，天會八年（1130）始稱汴州爲汴京。

［12］撻懶：即完顏昌，穆宗子。時爲六部路都統，師還爲元帥左監軍。本書卷七七有傳。

［13］河間：府名。治所在今河北省河間市。

［14］莫州：治所在今河北省任丘市。

［15］宗輔：太祖子，世宗父。本書卷一九有紀。　右副元帥：元帥府屬官，位在都元帥與左副元帥之下。正二品。

［16］淄：州名。治所在今山東省淄博市南淄州。　青：州名。治所在今山東省青州市。

［17］李成：雄州歸信人。本書卷七九有傳。

［18］烏林荅泰欲：鎮國上將軍，大定衍慶亞次功臣。

［19］濰州：治所在今山東省濰坊市。

［20］迪古補：人名。亦作迪古不。　术烈速：女真部將。見於本書卷七四《宗望傳》、卷七七《宗弼傳》及卷八〇《斜卯阿里傳》。　趙子昉：宋人。本書僅兩見。

［21］河上：河，指黄河。

［22］靈城鎮：博州高唐縣有靈城鎮，在今山東省高唐縣南境。

［23］康王：宋高宗趙構。

天會七年,[1]薨，年四十。熙宗時,[2]追封吴國王。[3]天德二年，配享太祖廟廷。正隆，改封譚王。[4]大定二年，徙封魯王,[5]謚莊襄。[6]子宗敘。

[1]天會七年：原作“六年”，從中華點校本改。

[2]熙宗：廟號。名亶。1135 年至 1149 年在位。本書卷四有紀。

[3]吴國王：封國名。天眷格，次國封號第五爲吴。大定格，大國封號第十七爲吴。

[4]譚王：封國名。天眷格、大定格，小國封號第十八爲譚。

[5]魯王：封國名。天眷格，大國封號第十四位，大定格、本書《百官志》，大國封號第十二爲魯。

[6]莊襄：本書卷三一《禮志四》作“莊明”。

宗敘，本名德壽，闍母第四子也。[1]奇偉有大志，喜談兵。天德二年，充護衛,[2]授武義將軍。[3]明年，授世襲謀克，擢御院通進。[4]遷翰林待制,[5]兼修起居注。[6]轉國子司業,[7]兼左補闕。[8]正隆初,[9]轉符寶郎,[10]在宫職凡五年，皆帶劍押領宿衛。遷大宗正丞,[11]以母憂去官。以本官起復，未幾，遷侍衛親軍馬軍都指揮使,[12]改左驍騎都指揮使。[13]明年，海陵幸南京,[14]宗敘至汴。契丹撒八反,[15]宗敘爲咸平尹，兼本路兵馬都總管，以甲仗四千付之，許以便宜。

[1]闍母第四子：其他三子不見記載。

[2]護衛：天子衛士。選年二十以上，四十以下，有門地、才行及善射者充護衛。

[3]武義將軍：武散官。從六品上階。

[4]御院通進：宣徽院閤門屬官。掌諸進獻禮物及薦享編次位序。從七品。

[5]翰林待制：分掌詞命文字，分判翰林學士院事。正五品。

[6]修起居注：記注院屬官。掌記言動。

[7]國子司業：即國子監司業。掌學校。正五品。

[8]左補闕：諫院屬官。正七品。

[9]正隆初："初"，原作"幼"，據南監本、北監本、殿本、局本、中華點校本改。

[10]符寶郎：殿前都點檢司屬官。掌御寶及金銀等牌。

[11]大宗正丞：大宗正府屬官。從四品。

[12]侍衛親軍馬軍都指揮使：海陵貞元遷都後，所置侍衛親軍司的禁軍騎兵統領。

[13]左驍騎都指揮使：金正隆五年（1160），罷親軍司置從駕軍左右驍騎。左驍騎都、副指揮使，隸點檢司，掌騎兵。右驍騎都、副指揮使，隸宣徽院，掌步兵。

[14]南京：金貞元元年（1153）汴京更號南京。

[15]契丹撒八：契丹人。西北路招討司譯史。正隆五年海陵征諸道兵伐宋，撒八等殺招討使，取其貯甲以反。"契"，原作"奚"，從南監本、北監本、殿本、中華點校本改。

宗敘出松亭關，[1]取牛遞于廣寧。[2]聞世宗即位，[3]將歸之，廣寧尹按荅海弟燕京勸宗敘，[4]乃還興中。白彥敬、紇石烈志寧使宗敘奉表降，[5]宗敘見世宗於梁魚務，[6]授寧昌軍節度使。[7]

[1]松亭關：今河北省遷西縣北境長城關隘，女真名"斜烈只"。

［2］牛遞：指以牛馬馱運遞送的軍需物品。

［3］世宗：廟號。名雍。1161 年至1189 年在位。本書卷六至卷八有紀。

［4］按荅海：又名阿魯綰，宗雄次子。本書卷七三有傳。　燕京：人名。按荅海弟。拜赦令後，復有異言，爲世宗所誅。

［5］白彦敬：部羅火部族人。初名彦恭，避顯宗諱改名彦敬，時爲海陵北面行營都統。本書卷八四有傳。　紇石烈志寧：上京胡塔安人。時爲海陵北面行營副統。本書卷八七有傳。

［6］梁魚務：地名。在今遼寧省黑山縣東境繞陽河附近。金毓黻《東北通史》謂："梁魚務，即在繞陽河岸蓮花濼，尚有古城遺址。"

［7］寧昌軍節度使：置懿州，治所在今遼寧省阜新縣北繞陽河南岸塔營子古城。

明年二月，契丹攻寧昌，宗叙止有女直、渤海騎兵三十、漢兵百二十人，自將擊之。遇賊千餘騎，漢兵皆散走，宗叙與女直、渤海三十騎盡鋭力戰。身被二創，所乘馬中箭而仆，遂爲所執。居百餘日，會賊中有臨潢民移剌阿塔等，[1]盗馬授之，得脱歸。

［1］移剌阿塔：契丹人。本書僅此一見。

宗叙陷賊久，盡得其虛實，見元帥完顔謀衍、平章政事完顔元宜，[1]謂之曰："賊衆烏合，無紀律，破之易耳。"於是帥府欲授軍職。宗叙見謀衍貪鹵掠，失事幾，[2]欲歸白上，不肯受職，曰："我有機密，須面奏。"是夕，乃遁去。至廣寧，矯取驛馬，馳至京師。而帥府先事以聞，上遣中使詰之曰：[3]“汝爲節度，不度衆寡，戰敗被獲。幸得脱歸，乃拒帥府命，輒自乘傳赴都。朕姑置汝罪，可速還軍，併力破賊。”宗敘附奏曰：“臣非辭難者，事須面奏，不得不來。”遂召入。乃條奏賊中虚實，及諸軍進退不合事機狀。詔大臣議，皆以其言爲然。是時，已詔僕散忠義代謀衍爲元帥進討。[4]於是拜宗敘爲兵部尚書，[5]以本職領右翼都統，[6]率宗寧、烏延查剌、烏林荅剌撒兵各千人，[7]號三萬，佐忠義軍。至花道，[8]遇賊，與戰。左翼都統宗亨先敗走，[9]忠義亦引却。宗敘勒本部遮擊之，麾帳下士三百，捨馬步戰，賊不得逞。大軍整列復至，合勢擊之，賊遂敗去。而元帥右監軍紇石烈志寧率軍至，[10]追及窩斡於陷泉，大破之。復與志寧及徒單克寧，[11]追至七渡河，[12]復大敗之。元帥忠義遂留宗敘自從。賊平，入爲右宣徽使。[13]

[1]元帥完顏謀衍：婁室子，時爲右副元帥。本書卷七二有傳。　平章政事：爲宰相，掌丞天子，平章萬機。從一品。　完顏元宜：本姓耶律氏，賜姓完顏。本書卷一三二有傳。

[2]事幾：中華點校本據下文有宗敘奏“不合事機”語，徑改爲“事機”。“幾”與“機”通，可不改。

[3]中使：帝王宫廷中派出的使者。

[4]僕散忠義：上京拔盧古河人。時爲平章政事兼右副元帥。本書卷八七有傳。

[5]兵部尚書：兵部長官。正三品。

[6]以本職領右翼都統：“右翼”，原作“左翼”。本書卷八七《僕散忠義傳》“忠義追之，及於花道，宗亨爲左翼，宗敘爲右翼，與賊夾河而陣”。卷一三三《移剌窩斡傳》“僕散忠義至軍中，是

時窩斡西走花道。……萬户查剌、蒲查爲左翼，宗亨統之，宗寧、剌撒爲右翼，宗叙統之”。可知，當時宗叙爲右翼，宗亨爲左翼。據改。

[7]宗寧：系出景祖，阿离合懣之孫，時以祁州刺史爲會寧路押軍萬户。本書卷七三有傳。　烏延查剌：銀青光禄大夫蒲轄奴子。本書卷八六有傳。據本書卷八六《烏延查剌傳》“擊窩斡，戰于花道，大軍未集，查剌在左翼，領六百騎與賊戰”，卷一三三《移剌窩斡傳》“萬户查剌爲左翼，宗亨統之，宗寧、剌撒爲右翼，宗叙統之。……賊渡河，以兵四萬餘先犯左翼軍，查剌以六百騎奮擊敗之”。據此則知烏延查剌當時在左翼宗亨軍，不屬右翼。　烏林荅剌撒：本書卷一三三《窩斡傳》謂，時以邳州刺史爲濟州押軍萬户。

[8]花道：地名。在内蒙古自治區赤峰市東南。

[9]左翼：原作“右翼”，從中華點校本改。　宗亨：習不失孫，時以右宣徽使爲北京路都統，統左翼軍。本書卷七〇有傳。

[10]元帥右監軍：元帥府屬官。位在都元帥、左右副元帥及左監軍之下。正三品。

[11]徒單克寧：其先金源縣人，後占籍萊州。本書卷九二有傳。

[12]七渡河：在今北京市懷柔區西南，流至牛欄山入潮白河。

[13]右宣徽使：掌朝會燕享，凡殿庭禮儀及監知御膳。正三品。

宋兵據海州，[1]將謀深入。詔以宗叙爲元帥右監軍，往禦之。宗叙駐山東，分兵據守要害，敵不得西。尋奉詔，與左副元帥紇石烈志寧參議軍事。四年，宗叙入朝，奏曰：“暑月在近，頓兵邊陲，飛輓頗艱，乞俟秋凉進發。”上從其請。及還軍，授以成算，[2]賜襲衣、弓矢。九月，渡淮，宗叙出唐、鄧，[3]比至襄陽，[4]屢戰皆捷。明年，宋人請和，軍還，除河南路統軍使。[5]

[1]海州：治所在今江蘇省連雲港市。

[2]成算：既定的周密的必勝計劃。

[3]唐：州名。治所在今河南省唐河縣。　鄧：州名。治所在今河南省鄧州市。

[4]襄陽：府名。治所在今湖北省襄樊市。

[5]河南路統軍使：督領軍馬，鎮攝封陲，分營衛，視察奸。正三品。統軍司置開封府。

河决李固渡，[1]分流曹、單之間，[2]詔遣都水監梁肅視河决。[3]宗叙言："河道填淤不受水，故有决溢之患。今欲河復故道，卒難成功，幸而可塞，它日不免决溢山東，非曹、單比也。沿河數州，驟興大役，人心動摇，恐宋人乘間扇誘，構爲邊患。"梁肅亦請聽兩河分流，以殺水勢，遂止不塞。

[1]李固渡：黄河渡口，在今河南省滑縣南境。

[2]曹：州名。治所在今山東省菏澤市。　單：州名。治所在今山東省單縣。

[3]都水監：掌川澤、津梁、舟楫、河渠之事。正四品。　梁肅：奉聖州人。本書卷八九有傳。

十年，召至京師，拜參知政事。[1]上曰："卿奏黄河利害，甚合朕意。朕念百姓差調，官吏爲姦，率斂星火，所費倍蓰，[2]委積經年，腐朽不可復用。若此等類，百孔千瘡，百姓何以堪之。卿参朝政，擇利而行，以副朕心。”及與上論南邊事，宗叙曰：“南人遣諜來，多得我事情。我遣諜人，多不得其實。蓋彼以厚賞故也。”上曰：“彼以厚利資諜人，徒費其財，何能爲也。”

[1]参知政事：爲執政官，宰相之貳，佐治省事。從二品。

[2]所費倍蓰：五倍爲蓰，倍蓰指一倍或五倍，也泛指幾倍的意思。本書卷二七《河渠志》謂，“民增十倍之費”。

十一年，[1]奉詔巡邊，六月，至軍中，將戰，有疾。詔以右丞相紇石烈志寧代，宗叙還。七月，病甚，遺表朝政得失，及邊防利害，力疾，使其子上之。薨，年四十六。上見其遺表，傷悼不已，輟朝，遣宣徽使敬嗣暉致祭，[2]賻銀千兩、綵四十端、絹四百匹。上謂宰臣曰：“宗叙勤勞國家，他人不能及也。”

[1]十一年：據本書卷六《世宗紀上》與卷八七《紇石烈志寧傳》，大定十年（1170）八月遣宗叙北巡，十一年紇石烈志寧代宗叙北征，七月宗叙薨。“十一年”，當移置於“奉詔巡邊”之後，與下文“六月”相接。

[2]敬嗣暉：易州人。時爲左宣徽使。本書卷九一有傳。　綵：施國祁《金史詳校》卷七謂，“綵”前當加“重”字。

初，宗叙嘗請募貧民戍邊屯田，給以廩粟，既貧者無艱食之患，而富家免更代之勞，得專農業。上善其言，而未行也。十七年，上謂宰臣曰：“戍邊之卒，歲冒寒暑，往來番休，以馬牛往戍，往往皆死。且奪其農時，敗其生業，朕甚閔之。朕欲使百姓安于田里，而邊圉强固，卿等何術可以致此。”左丞相良弼曰：[1]“邊地不堪耕種，不能久戍，所以番代耳。”上曰：“卿等以此急務爲末事耶。往歲，參政宗叙嘗爲朕言此事。若宗叙，可謂盡心於國者矣。今以兩路招討司，[2]烏古里、石壘部族，[3]臨潢、泰州等路，分置堡戍，詳定以聞，朕將親覽。”

[1]左丞相：爲宰相，掌丞天子，平章萬機。從一品。　良弼：回怕川人。即紇石烈良弼。本書卷八八有傳。

[2]兩路招討司：指西南與西北兩路招討司，前者治所在今内蒙古自治區呼和浩特市東白塔村，後者治所在今内蒙古自治區正藍旗。

[3]烏古里、石壘部族：西京路相鄰兩部族名。按此乃金之界壕邊堡經劃之始。據本書卷八八《紇石烈良弼傳》，前此宗叙已請置沿邊壕塹。

上追念宗叙，聞其子孫家用不給，詔賜錢三千貫。明昌五年，[1]配享世宗廟廷。

[1]明昌：金章宗年號（1190—1196）。　明昌五年：本書卷三一《禮志四》“功臣配享”條作“明昌四年”。